네이버 스마트스토어 운영하기

지은이 서미진

네이버 비즈니스 스쿨 대표 강사로 온라인 판매를 시작하는 분들을 위한 스마트스토어, 네이버쇼핑 교육을 강의했다. 대한상공회의소와 LG전자에서 마케팅 강의를 진행하고, 강원창조경제혁신센터, 농촌진흥청 국립식량과학원, 울산경제진흥원 등에서 마케터 컨설팅을 담당하고 있다. 네이버 지식iN eXpert에서 온라인사업 전문가로 활동 중이다. 이전에는 옥션, 11번가, 지마켓 등의 온라인 교육센터 기획 구축 운영 업무를 대행했고, 네이버쇼핑 온라인 교육센터와 P&G 바이럴 마케팅 콘텐츠 기획 및 운영을 맡았다. 롯데 그룹(롯데닷컴, 롯데아이몰, 롯데백화점) 온오프라인 교육 프로그램과 온라인 판매 매니저 과정, 쿠팡 교육 운영 대행 총괄 및 온라인 판매자 교육을 진행했다.

이메일 belle7074@naver.com

돈 한 푼 안 들이고 매출이 터지는
네이버 스마트스토어 운영하기

초판 1쇄 발행 2025년 5월 13일

지은이 서미진 / **펴낸이** 전태호
펴낸곳 한빛미디어(주) / **주소** 서울시 서대문구 연희로2길 62 한빛미디어(주) IT출판1부
전화 02-325-5544 / **팩스** 02-336-7124
등록 1999년 6월 24일 제25100-2017-000058호 / **ISBN** 979-11-6921-377-6 13000

총괄 배윤미 / **책임편집** 장용희 / **기획 · 편집** 윤신원
디자인 표지 박정화 내지 박정우 / **전산편집** 박찬희
영업마케팅 송경석, 김형진, 장경환, 조유미, 한종진, 이행은, 김선아, 고광일, 성화정, 김한솔 / **제작** 박성우, 김정우

이 책에 대한 의견이나 오탈자 및 잘못된 내용은 출판사 홈페이지나 아래 이메일로 알려주십시오.
파본은 구매처에서 교환하실 수 있습니다. 책값은 뒤표지에 표시되어 있습니다.

홈페이지 www.hanbit.co.kr / **이메일** ask@hanbit.co.kr

Published by HANBIT Media, Inc. Printed in Korea
Copyright © 2025 서미진 & HANBIT Media, Inc.
이 책의 저작권은 서미진과 한빛미디어(주)에 있습니다.
저작권법에 의해 보호를 받는 저작물이므로 무단 복제 및 무단 전재를 금합니다.

지금 하지 않으면 할 수 없는 일이 있습니다.
책으로 펴내고 싶은 아이디어나 원고를 이메일(writer@hanbit.co.kr)로 보내주세요.
한빛미디어(주)는 여러분의 소중한 경험과 지식을 기다리고 있습니다.

돈 한 푼 안 들이고
매출이 터지는

네이버 스마트 스토어 운영하기

서미진 지음

프롤로그

스마트스토어 '운영력'을 기르면
매출도 자연스럽게 따라옵니다

스마트스토어가 '샵N'이란 이름으로 서비스가 개설된 것이 2012년인데, 벌써 10년이 넘는 시간이 흘렀다니 정말 시간은 빠르고, 그 시간 속에 이 서비스는 엄청나게 많은 것들이 변화했음을 체감하는 한 해입니다. 오픈마켓과 종합몰만 존재하던 시절을 지나, 소셜커머스가 성장하는 시절도 지나고, 모바일에서 모든 것이 이루어지는 시대에서 특정 플랫폼들의 강세로 이커머스 시장이 빛나고 있습니다. 빠른 배송과 브랜딩이 중요해진 이 시기에 아직 작고 귀여운 내 스마트스토어가 잘 성장할 수 있을지 고민과 걱정이 더해지고 있을 것입니다.

포기하지 않는다면, 제자리걸음뿐이라고 느껴도 결국 성장하게 되어 있습니다. 다만 모두의 속도가 다를 뿐이죠. 그 속도에 기울기를 더하는 것은 가치 있는 상품과 유의미한 마케팅입니다. 바로 이것이 '운영력'입니다. 스마트스토어는 누구나 시작할 수 있지만, 매출이 높은 스토어는 '운영 방식'부터 다릅니다.

지난 10년 넘게 초보 판매자들의 컨설턴트로 활동하면서 수천 명의 스마트스토어 창업을 이끌어왔습니다. 그 과정에서 많은 교육생들이 창업하고 성공하는 과정, 그리고 느리고 더디게 성장하는 과정도 지켜보면서 늘 느끼는 점이 한 가지 있습니다. 노력하는 시간 속에서도 끊임없이 변화하는 이 온라인 시장에 눈을 떼지 않고 꾸준히 공부하고 계신 분들이라는 것입니다.

시기에 맞춰 아이템을 변화하고, 다양한 기획을 시도하고, 새로운 마케팅 경험을 놓치지 않는 과정 속에 결국 성장의 기울기가 높아지기도 했습니다. 매출이 오르지 않는 이유부터 판매 채널 확대 전략까지, 실전 컨설팅에서 통했던 노하우를 초보 사장님 눈높이에 맞춰 이 책에 담았습니다.

스마트스토어 성공을 위한
든든한 길잡이가 되겠습니다

《네이버 스마트스토어 시작하기》를 2020년에 출간하여 2023년, 2024년 두 차례 개정판을 출간하였습니다. 이번 《네이버 스마트스토어 운영하기》는 매출이 오르지 않아 고민하는 분들께 드리는 선물입니다. 이제 막 시작했거나, 이미 운영 중인데 성과가 없어 고민이라면 지금이 바로 내 스마트스토어를 바꿀 기회입니다. 저와 함께 '시작'했던 분들이 '운영'까지 하고 있다면, 여전히 끊임없이 성장을 위해 노력하고 있을 것이라 생각합니다. 그리고 곧, 좋은 결과도 얻으리라 믿어 의심치 않습니다.

스마트스토어 운영은 '후킹하는' 문구, 즉 상세페이지의 스토리텔링이 중요합니다. 하지만 이를 알면서도 과대광고로 고객을 속이는 판매자, 광고에 속아 속앓이하는 고객들을 보면서 안타까움을 느꼈습니다. 저는 정직한 사람들이 열심히 일해 빛나는 매출과 기대하던 성공을 맞이하는 것이 옳다고 생각합니다.

이 책은 단순한 스마트스토어 입문 안내서가 아닌, 실제 매출을 올리는 데 필요한 실질적인 운영 노하우가 담겨 있습니다. 무엇이든 간에 흐름과 내용을 정확하게 이해한 상태에서 직접 운영하거나 대행을 맡기면서 효과 좋은 결과들을 얻어내길 바랍니다. 그리고 어떤 마케팅이든 간에 그 끝은 내 스토어의 상품으로 연결되므로, 내 스토어의 내구성을 잘 다져두어야 한다는 점을 잊지 마세요.

이미 아이템을 정했고 스마트스토어를 개설했다면 크게 반은 이룬 셈입니다. 하지만 진짜 성공은 '운영력'에서 비롯됩니다. 그럼, 내 아이템과 스토어를 빠르게 재점검하고, 온라인에서 내 상품이 잘 노출되고 잘 팔릴 수 있도록 저와 함께 다양한 기회에 도전해보세요. 항상 응원하겠습니다.

저자 **서미진**

이 책의 구성

이해가 쏙쏙 되는 내용 설명

매출이 오르지 않는 이유부터 노출, 검색, 리뷰, 혜택, 배송 설정 등의 운영 핵심 포인트까지 초보 판매자가 가장 헷갈려하는 부분을 중심으로 실전 컨설팅처럼 정확하게 짚어줍니다. 스토어가 성장하려면 무엇을 바꿔야 하는지 구체적인 사례와 함께 쉽게 이해할 수 있습니다.

상세한 따라 하기 실습

스토어 상태 진단부터 키워드 분석, 애널리틱스 확인, 기획전 설정, 쇼핑라이브 활용, 스마트플레이스 등록 등 실제로 매출을 끌어올리는 실습을 단계별로 따라 할 수 있습니다. 하나하나 클릭하며 바로 적용할 수 있도록, 실제 화면 중심으로 꼼꼼하게 안내합니다.

어려운 부분을
콕콕 짚어주는 스마트스토어 TIP

생소한 용어를 소개하고 스마트스토어 판매에 필요한 궁금증을 속 시원히 풀어주어, 어려운 내용도 막히지 않고 학습할 수 있게 도와줍니다.

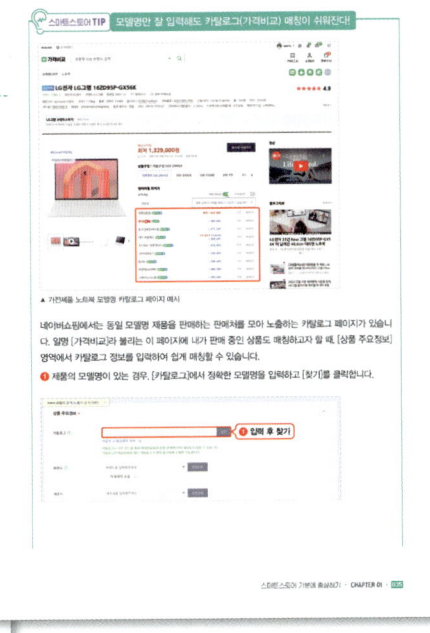

초보자들이 가장 궁금해하는
자주 묻는 질문

스마트스토어 전문 강사로 일하는 저자가 수강생으로부터 자주 받는 질문을 모아 정리했습니다. 판매자가 궁금해하는 주요 내용을 쉽고 명확하게 설명하여 시행착오를 줄이고, 스마트스토어 운영을 더욱 효과적으로 할 수 있도록 도와줍니다.

목차

프롤로그 004
이 책의 구성 006

PART 01 | 스마트스토어를 시작한다면 꼭 알아두어야 할 것들

CHAPTER 01 스마트스토어 기본에 충실하기

SECTION 01 | 컨설팅 1단계 : 내 스토어, 노출은 잘 되나요? 016
- 내 스마트스토어 현재 상태 점검하기 016

 검색 등록만 해도 상위 노출이 되나요? 018

 사업자 등록과 통신판매업 신고는 필수인가요? ... 022

SECTION 02 | 컨설팅 2단계 : 내 상품, 잘 검색되나요? 023
- 네이버 검색 결과 로직 이해하기 023
- 적합도에 맞는 상품정보 입력해보기 027

 키워드별 노출 카테고리를 자주 확인해야 하나요? ... 031

- 인기도를 높이는 [그룹상품등록] 방법 044

SECTION 03 | 컨설팅 3단계 : 내 고객, 혜택을 받고 있나요? 052
- 내 스마트스토어 인테리어 점검하기 052

 프로모션 이미지에는 무엇을 등록하면 좋을까요? ... 056

- 내 고객 제대로 사로잡기 063
- 내 고객의 재방문율 높이기 070
- 공지사항으로 혜택 제대로 어필하기 079

> **자주 묻는 질문** 팝업 내용을 길게 작성해도 되나요? 085

- 쇼핑 스토리로 혜택과 상품 정보 노출하기 089

> **자주 묻는 질문** 쇼핑 스토리를 등록했지만, 내 스토어 메인페이지에 쇼핑 스토리가 노출되지 않아요! 093

- 자유배너로 혜택과 정보 노출하기 096

CHAPTER 02 스마트스토어 매력 더하기

SECTION 01 | 고객을 꽉 붙잡는 상품 구매 리뷰 100
- 나의 스마트스토어 구매 경험 되짚어보기 100
- 리뷰 작성 고객에게는 더 높은 포인트 지급하기 102
- 베스트 리뷰 선정하여 고객의 마음을 얻기 105
- 리뷰 이벤트 진행하여 고객의 신뢰 얻기 108

SECTION 02 | 고객의 만족도를 높이는 배송 설정 112
- 배송이 느린 상품을 안내하는 [주문확인 후 제작] 112
- 빠른 출고가 강점이라면 [오늘출발] 115
- 고객에게 안심을 보장하는 [반품안심케어] 119

PART 02 | 잘 나가는 스마트스토어의 마케팅은 뭐가 다를까?

✓ CHAPTER 01 네이버쇼핑 영역을 200% 활용하는 마케팅

SECTION 01 | 모바일 네이버에서 상품 노출하기 124
- 네이버쇼핑의 진화, 네이버플러스 스토어 125
- [자주 묻는 질문] N배송에 노출되려면 어떻게 해야 하나요? 131
- [자주 묻는 질문] 풀필먼트 서비스, 꼭 해야 할까요? 133
- [자주 묻는 질문] [선물샵]과 [선물하기]가 헷갈려요! 142

SECTION 02 | 직접 프로모션 기획하여 노출하기 144
- 판매상품수가 많다면 기획전을 열자 145
- [자주 묻는 질문] 기획전 제목과 상단배너 타이틀은 같나요? 148
- 기획전을 등록해 본격적으로 판매하자 149
- 판매상품수가 적다면 원쁠템&원쁠딜에 참여하자 152
- [자주 묻는 질문] 상품ID 재사용이 뭔지 잘 모르겠어요! 154
- [자주 묻는 질문] 무검수 대상(화이트리스트)이 뭔가요? 155
- 원쁠템 제안하고 많이 팔아보자 156
- 원쁠템 다음엔 원쁠딜에 도전하자 159
- 원쁠딜 제안하고 적극 노출하자 160
- 숏클립으로 제품을 생생하게 담아내자 164

- 프로모션에 진심이어야 하는 이유　　　　　　　　　　170
- 쇼핑라이브를 시작하게 된다면?　　　　　　　　　　173

✓ CHAPTER 02　네이버 검색을 활용하는 마케팅

SECTION 01 | 네이버 애널리틱스로 고객데이터 분석하기　　　176
- 실시간 분석　　　　　　　　　　　　　　　　　　　177
- 유입 분석　　　　　　　　　　　　　　　　　　　　177
- 페이지 분석　　　　　　　　　　　　　　　　　　　178
- 방문 분석　　　　　　　　　　　　　　　　　　　　179
- 사용자 분석　　　　　　　　　　　　　　　　　　　179

`자주 묻는 질문` 검색 광고를 통해 유입되었는데도 (검색어 없음)으로 표기돼요!　186

SECTION 02 | 목표 키워드와 네이버쇼핑 상품수로 비교 분석하기　　　187
- 자동완성 키워드　　　　　　　　　　　　　　　　　187
- 네이버쇼핑 키워드 추천　　　　　　　　　　　　　190
- 함께 찾는 쇼핑 키워드　　　　　　　　　　　　　　192
- 네이버 검색 결과 쇼핑페이지 상품수 확인하기　　　193
- AI 알고리즘의 결과, 쇼핑 맞춤상품 이해하기　　　　194

PART 03 내 스마트스토어, 이제는 매출 성장을 준비해야 할 때

CHAPTER 01 내 상품의 유입 경로를 확대하라

SECTION 01 | 다양한 기획으로 유입 경로 확대하기 ... 200
- 상품수가 많으면 유입자수가 늘어날까? ... 200
- 꼭 스마트스토어에서만 팔아야 할까? ... 203
- 커머스솔루션마켓 활용법 ... 208
- 구독 서비스 설정법 ... 211

SECTION 02 | 네이버 서비스로 유입 경로 확대하기 ... 216
- 오프라인 매장이 있다면, 필수인 스마트플레이스 ... 216
- 자주 묻는 질문 › 네이버 스마트플레이스가 궁금해요! ... 218
- 스마트플레이스와 네이버 서비스 연동하기 ... 218
- 고객 리뷰를 늘리는 방법 ... 224

CHAPTER 02 네이버쇼핑의 모든 것을 파헤쳐라

SECTION 01 | 키워드 검색 결과와 알고리즘의 이해 ... 230
- 로직을 이해하고 보완할 수 있는 방법 ... 230
- 알고리즘을 뛰어넘어 상품을 노출하기 ... 234
- 네이버쇼핑 검색 광고 활용하기 ... 236

- 대행사와 직접 광고 진행하기　238

SECTION 02 | 스마트스토어에서만 진행할 수 있는 광고　240
- 스마트스토어 판매자 전용, N+상품광고　240
- 내 스토어의 소식을 직접 전하는 쇼핑 소식 광고　244
- 브랜드 스토어 운영하기　247

[자주 묻는 질문] 브랜드 권한 신청 시 주의해야 할 사항은 무엇인가요?　250

스마트스토어 판매자를 위한 성장 전략과 최신 정보

✓ 막막함을 넘어 성장 가속화하기

- 네이버플러스 스토어 앱이 출시되었습니다!　258
- 2025년 6월부터 판매 수수료가 변경됩니다!　259

N 스마트스토어

PART
01
스마트스토어를 시작한다면 꼭 알아두어야 할 것들

CHAPTER 01

스마트스토어 기본에 충실하기

판매자는 스마트스토어 시작 이후에 더 많은 고민을 하게 됩니다. 스토어를 개설하고 상품을 등록했지만 주문이 들어오지 않아 계속 상세페이지만 수정하게 됩니다. 아이템과 진행 상황에 따라 고민의 내용은 다채롭지만, 우리의 궁극적인 목표는 방문자를 늘리고 매출을 만들어 스토어를 성장시키는 것입니다. 여기에서 우리는 내 스토어에 무엇이 부족한지, 어떻게 보완해야 하는지 다양한 시각에서 체크하고 보완해야 합니다.

막막하고 난감한 상황에 있는 판매자들과 밀접한 컨설팅을 진행하면서 도출한 결과로, 자가진단 체크리스트를 만들어보았습니다. 비용을 들이는 마케팅(광고)을 진행하기 전에 내 스토어를 탄탄하게 세팅한다면 양질의 목표를 구현하는 데 더 큰 효과를 가져올 수 있습니다. 크게 스토어 개설, 상품 등록, 마케팅을 위한 설정으로 나누어 체크해보겠습니다.

CHAPTER 01   **SECTION 01**

컨설팅 1단계 : 내 스토어, 노출은 잘 되나요?

내 스마트스토어 현재 상태 점검하기

스마트스토어는 온라인에서 판매를 하고 싶은 분들이라면 누구나 가입할 수 있고 가입 과정이 매우 쉽기 때문에 미처 신경 쓰지 못한 부분들이 있을 수 있습니다. 내 스토어의 탄탄한 기반을 다지기 위해 반드시 체크해보세요!

- ✓ 스토어 이름! 한글로 정하셨나요?
- ✓ 스토어 이름! 네이버에서 검색이 되고 있나요?
- ✓ 스토어 상태! 개인 회원과 사업자 회원의 차이를 알고 있나요?

POINT 1. 스토어 이름! 한글로 정하셨나요?

네이버에서 '다이소'를 검색하면 어떤 검색 결과가 나올까요? 우리가 알고 있는, 동네에 하나쯤은 있고 누구나 자주 방문하는 그 '다이소'의 온라인 사이트가 제일 먼저 노출됩니다. 아직 내 스토어 이름은 '다이소'처럼 누구나 알고 수시로 검색되진 않겠지만, 분명 그렇게 되고 싶어서 시작한 온라인 사업이니만큼 스토어 이름은 네이버에서 잘 검색될 수 있게 지어야 합니다.

'다이소'를 알파벳으로 검색하는 사람은 없습니다. 다들 한글로 검색합니다. 즉, 고객들이 쉽게 인지하고 검색에 유리하게 하려면 내 스토어 이름도 한글로 지어야 합니다.

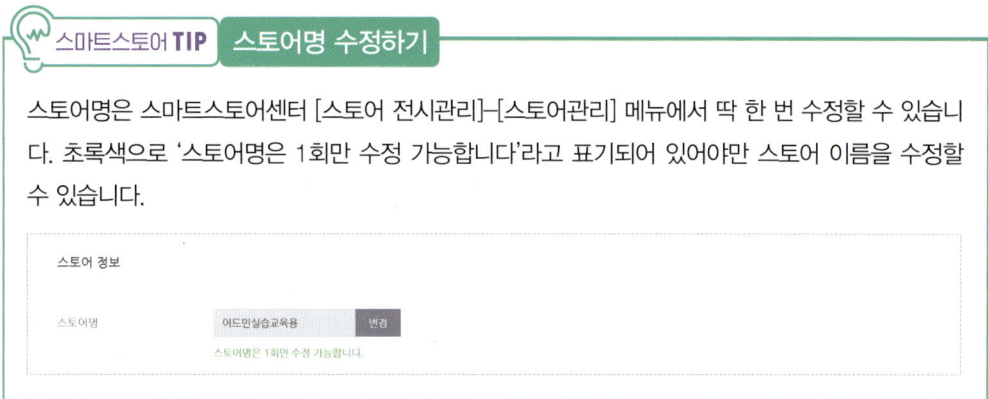

스마트스토어 TIP 스토어명 수정하기

스토어명은 스마트스토어센터 [스토어 전시관리]–[스토어관리] 메뉴에서 딱 한 번 수정할 수 있습니다. 초록색으로 '스토어명은 1회만 수정 가능합니다'라고 표기되어 있어야만 스토어 이름을 수정할 수 있습니다.

POINT 2. 스토어 이름! 네이버에서 검색이 되고 있나요?

네이버에서 키워드를 검색했을 때, 검색 결과에서는 [블로그], [카페], [이미지], [지식iN], [인플루언서], [동영상], [쇼핑], [뉴스] 등이 노출되며 키워드별로 다르게 나타납니다. 앞서 '다이소'를 검색했을 때 '다이소' 웹사이트가 최상단에 노출되듯이, 내 스토어 이름을 검색하면 스토어 웹사이트가 노출되게 설정할 수 있습니다.

스마트스토어센터에서 [스토어관리]–[네이버 서비스 연결]–[웹사이트 검색등록] 항목에서 토글을 클릭하여 [설정함] 상태로 활성화합니다.

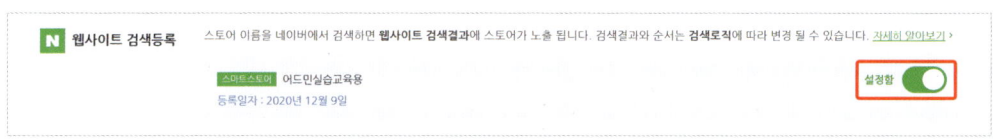

단, 스마트스토어를 개설한 직후에는 네이버에서 사이트 검색을 해봐도 내 스토어를 찾을 수 없습니다. 네이버가 상품이 전혀 없는 스마트스토어를 노출시킬 이유가 없기 때문입니다. 그러니 최소 한 개 이상의 상품을 등록하고 스마트스토어센터에서 [웹사이트 검색등록] 설정을 활성화해야 합니다.

[웹사이트 검색등록]을 활성화하고 네이버에서 스토어 이름을 검색했을 때, 네이버 검색 결과 페이지에서 웹사이트 영역에 노출될 수 있습니다.

▲ 앞서 설정한 스토어 이름(어드민실습교육용)을 검색한 결과

> **자주 묻는 질문** 검색 등록만 해도 상위 노출이 되나요?
>
> 스토어 이름 검색 등록을 활성화하자마자 실시간으로 검색 결과에 적용되지는 않습니다. 키워드 검색 결과에서는 블로그, 이미지, 동영상, 웹사이트 등 다양한 콘텐츠 영역이 노출됩니다. 그리고 네이버 검색 결과 노출 순서는 네이버 검색 로직에 의해 결정되기 때문에, 검색 결과에서 내 스토어가 무조건적으로 최상위 노출이 된다고 할 수 없습니다. 그러나 꾸준한 검색과 유입, 판매가 진행된다면 검색 로직에 의해 자연스럽게 상위로 이동하게 됩니다.
> 또한 검색 결과 순서는 수시로 달라질 수 있습니다. 특히 스토어 이름이 너무 쉽고 흔한 명사, 다른 의미의 인지도가 너무 높은 단어 등으로 작성된 경우, 최상단 노출은 매우 어려울 수 있습니다.

POINT 3. 판매자 유형! 개인인가요, 사업자인가요?

스마트스토어 개설 시 사업자등록증이 없어도 '개인' 판매자로 가입할 수 있습니다. '개인'과 '사업자'는 사업자등록증의 유무에 따라 선택하고 가입을 진행합니다. 보통 온라인 판매를 준비하는 과정에서 사업자등록증을 미리 발급받는 경우도 있지만, 굳이 판매 초기에 사업자 등록을 할 필요는 없습니다.

초기 단계에서는 '가오픈' 기간이라고 생각하고 스마트스토어를 '개인' 판매자로 개설하는 것이 좋습니다. 상품 등록 과정에서 기능적으로 큰 차이가 없기 때문에, 충분한 온라인 판매 학습과 스토어 설정 경험을 쌓을 수 있습니다. 다만, 회사의 스마트스토어를 개설하거나 본인 명의가 아닌 스토어를 만들 때는 사업자등록증을 준비하고 [사업자]를 선택해야 합니다. '사업자' 판매자로 가입하고 사업자 번호 인증을 받은 후 관련 서류를 제출하면, 서류 심사 승인 이후에 모든 메뉴를 이용할 수 있습니다.

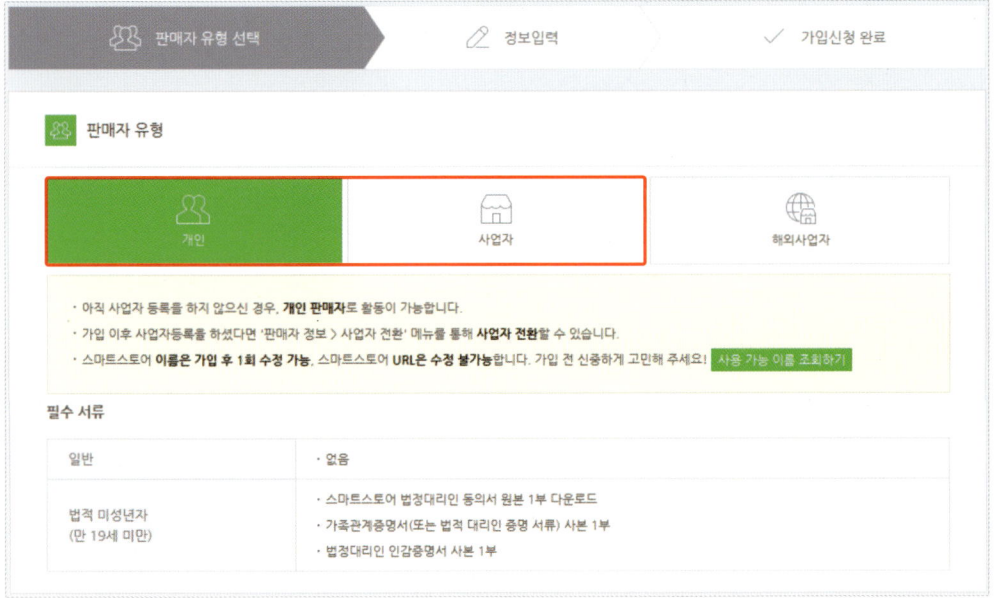

온라인 판매를 시작하는 단계라면 먼저 '개인' 판매자로 가입해서 상품 등록에 필요한 사진과 상세페이지를 준비하며 온라인 판매를 시작하는 것이 좋습니다. '개인' 판매자는 '사업자' 판매자로 전환할 수 있기 때문입니다.

가오픈 기간에는 큰 이슈가 없지만, 어느 정도의 매출(한 달에 1백만 원 내외)이 발생하고 매출이 꾸준히 지속될 것으로 예측된다면 사업자등록증을 준비하여 '사업자' 판매자로 전환해야 합니다. 사업자 등록 없이 '개인' 판매자를 오래 유지할 경우, 결국 세금 문제로 인해 가산세 부담 등의 불이익을 받을 수 있기 때문입니다.

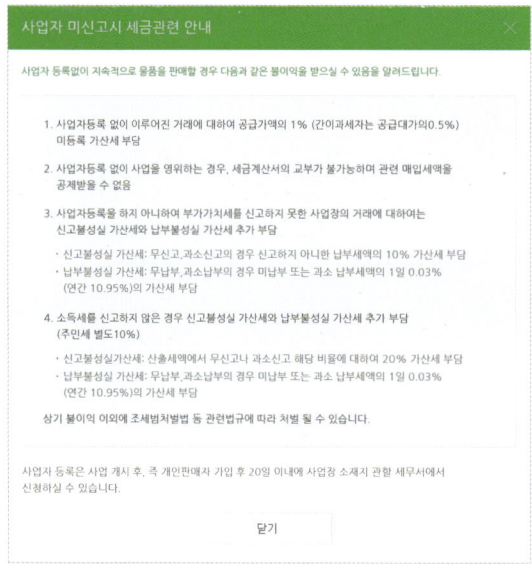

▲ 사업자 미신고 시 세금 관련 안내창

• '개인' 판매자에서 '사업자' 판매자로 전환하기

사업자 전환은 꾸준한 판매를 위해 꼭 필요한 단계입니다. 스마트스토어센터의 [판매자 정보]-[사업자 전환] 메뉴에서 신청 가능합니다.

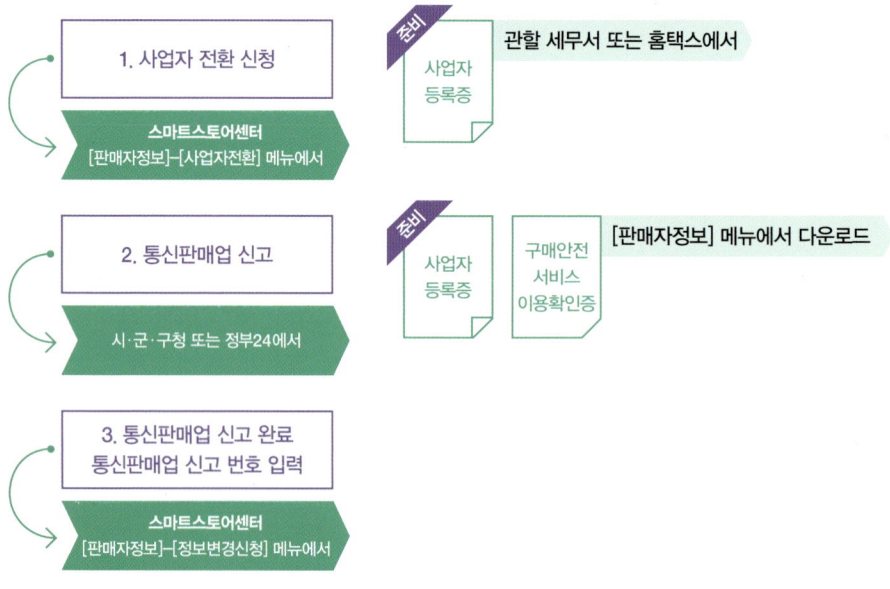

사업자등록번호를 입력하여 [휴폐업 여부 조회]를 완료한 후, 사업자등록증상의 정보를 입력하고 신청을 완료합니다.

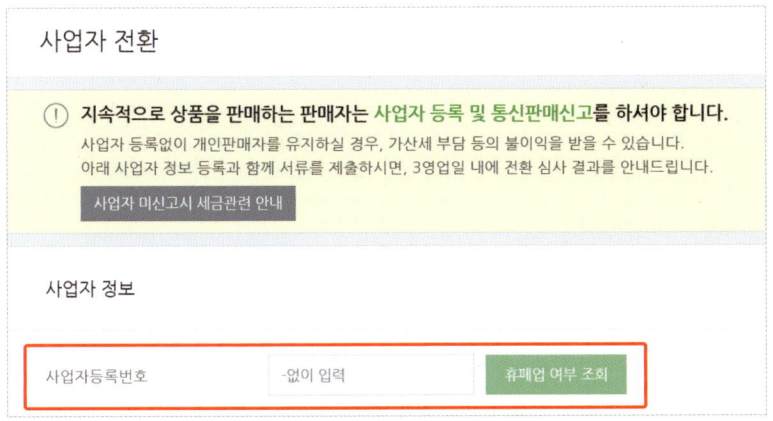
▲ [사업자 전환]-[사업자 정보]에서 사업자등록번호 조회 화면

[통신판매업 신고번호]를 입력하는 부분에서 아직 판매 수량이 적거나 간이 과세자인 경우라면 [통신판매업 미 신고]로 진행하면 됩니다. 2020년 7월부로 통신판매업 신고 면제 기준이 변경됨에 따라 판매건수(구매확정건수) 50건 이상이면 통신판매업 신고가 필수입니다. 아직 미달인 경우는 [통신판매업 미 신고]를 선택하고 전환 신청을 할 수 있습니다.

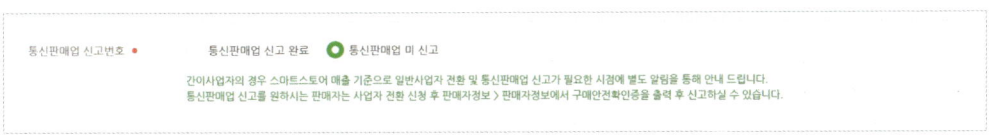

통신판매업 신고가 필요한 시점에는 별도의 팝업창으로 안내받을 수 있습니다. 그때는 사업자등록증과 구매안전서비스 이용확인증을 준비하여 통신판매업 신고를 준비합니다. 구매안전서비스 이용확인증은 사업자 전환 신청 후 [판매자정보]-[판매자정보]에서 출력할 수 있습니다. 단, 사업자 전환 신청을 하지 않은 '개인' 판매자 상태에서는 확인되지 않습니다.

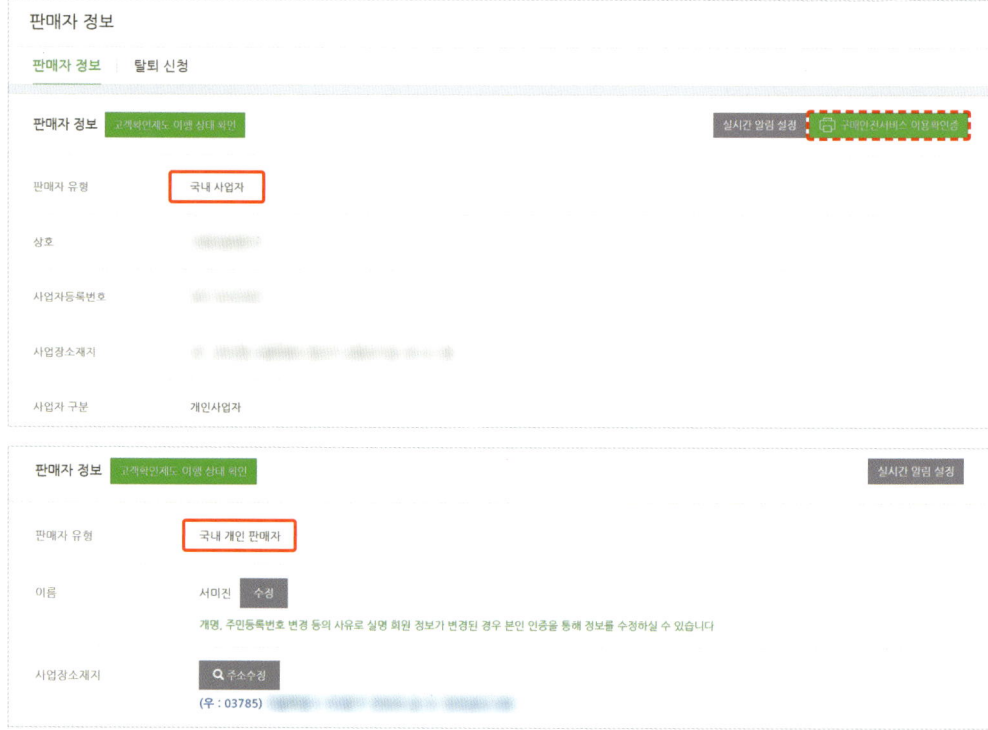

▲ 사업자 전환 신청 시 [판매자 정보] 메뉴의 구매안전확인증 노출 화면(위 : '사업자' 판매자, 아래 : '개인' 판매자)

> **자주 묻는 질문** 사업자 등록과 통신판매업 신고는 필수인가요?

스마트스토어 운영 시 사업자 등록은 여러 가지 이유로 필요합니다. 특히 도매처에서 상품을 구매할 때 세금계산서를 받고, 부가세 환급 등 세금 혜택을 누리기 위해서는 사업자 등록이 필수적입니다. 또한 본격적인 판매를 위한 온라인 광고 진행과 다양한 플랫폼 입점을 위해서는 통신판매업 신고가 요구됩니다.

그러나 무작정 사업자 등록을 서두르는 것은 오히려 역효과일 수 있습니다. 현재 많은 창업 지원 사업이 창업일(사업자 등록 개설일) 기준 1년, 3년, 7년 이내에 지원되는 경우가 많기 때문입니다. 6개월, 1년을 허송세월로 보내며 의미 있는 혜택을 놓치는 실수를 범하지 않도록 현실적인 계획을 세워야 합니다.

실제로 창업 자금을 바탕으로 상품을 본격적으로 사입하기 시작하거나, 오프라인 매장을 계약하고, 온라인 광고를 시작하는 시점부터는 관련 서류를 완벽히 준비해야 합니다. 성급한 사업자 등록보다는 사업의 실질적인 성장 단계에 맞춰 서류를 준비하는 것이 더욱 현명한 접근 방식입니다.

CHAPTER 01　SECTION 02

컨설팅 2단계 :
내 상품,
잘 검색되나요?

네이버 검색 결과 로직 이해하기

스마트스토어에서 상품을 등록하면 네이버 검색 결과 [네이버 가격비교]에서 노출됩니다. 상품 등록 직후에는 광고를 하지 않고는 내 스토어로 고객이 직접 찾아오기가 어렵습니다. 왜냐하면 고객은 내 스토어 이름도 모르고, 방문할 수 있는 경로도 많지 않기 때문입니다.

고객이 네이버에서 상품을 검색했을 때, 검색 결과 [네이버 가격비교]에서 노출되는 내 상품을 클릭하여 유입되는 경우가 가장 일반적입니다. 그렇기 때문에 검색 결과에서 상품수가 몇 백만 개 이상인 경우에는 내 상품이 앞 페이지에 노출되기가 어려워 고객의 유입을 확보하기가 매우 어렵습니다. 이러한 경우 상품을 등록할 때 직관적인 세부 키워드를 활용하면 검색 결과에 함께 노출되는 상품수가 줄어듭니다. 그러면 내 상품이 쉽게 노출되어 고객의 유입을 늘릴 수 있습니다.

네이버 검색 결과를 살펴보겠습니다. 네이버에서 상품 검색했을 때 검색 결과 페이지에서는 [네이버 가격비교]에서 상품이 노출되고, 그 아래에 [네이버플러스 스토어]가 노출됩니다. 스마트스토어에 등록한 상품은 검색 결과에서 [네이버 가격비교]와 [네이버플러스 스토어] 두 영역에서 동시에 노출됩니다.

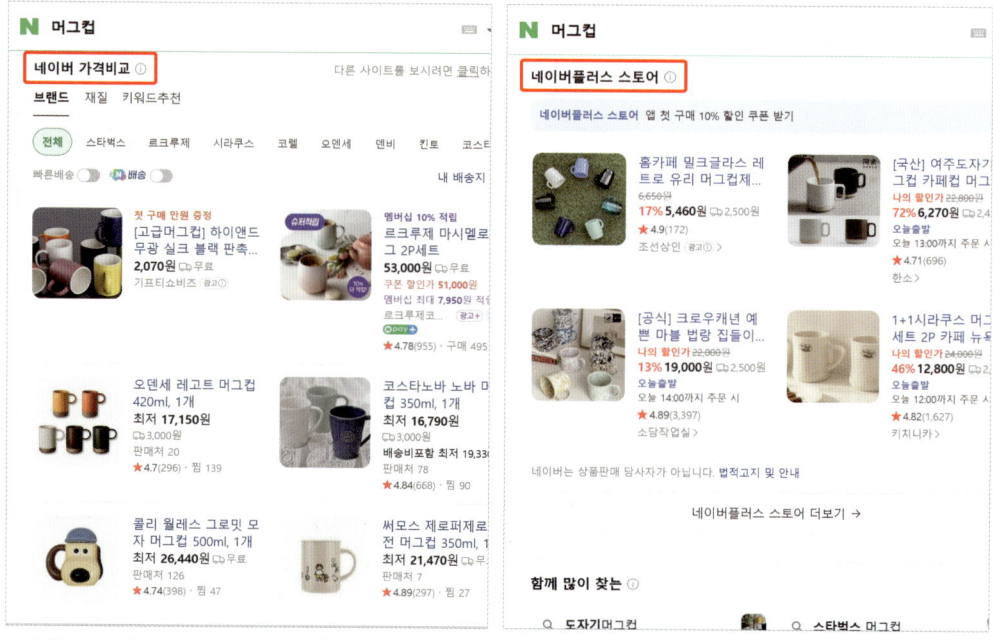

▲ 검색 결과에 나타나는 [네이버 가격비교] 영역　　▲ 검색 결과에 나타나는 [네이버플러스 스토어] 영역

[네이버 가격비교]에서는 외부 쇼핑몰과 함께 표시되어, 동일 모델이나 유사 스펙의 상품과 비교 분석할 수 있고, [네이버 랭킹순]을 기준으로 상품이 정렬됩니다.

[네이버플러스 스토어]에서는 로그인한 고객의 쇼핑 이력을 바탕으로 개인화된 혜택과 프로모션을 제공하며, 현재 다른 고객들이 가장 많이 찾는 상품을 발견할 수 있습니다. 특히 네이버 플러스 멤버십 사용자에게 추가 혜택이 있는 상품을 우선적으로 보여주며, 네이버페이 결제가 가능한 스마트스토어의 상품을 직관적으로 노출합니다. [네이버플러스 스토어]에서는 '추천순'으로 상품이 정렬되는데, 이는 [네이버 랭킹순]의 지수에서 추가적인 개인화 요소가 반영된 정렬 방식입니다.

네이버쇼핑 랭킹순 지수

네이버쇼핑 검색 결과에서는 늘 상품이 한 줄로 정렬됩니다. 이때 상품들은 [네이버(쇼핑) 랭킹순]으로 기본 정렬됩니다.

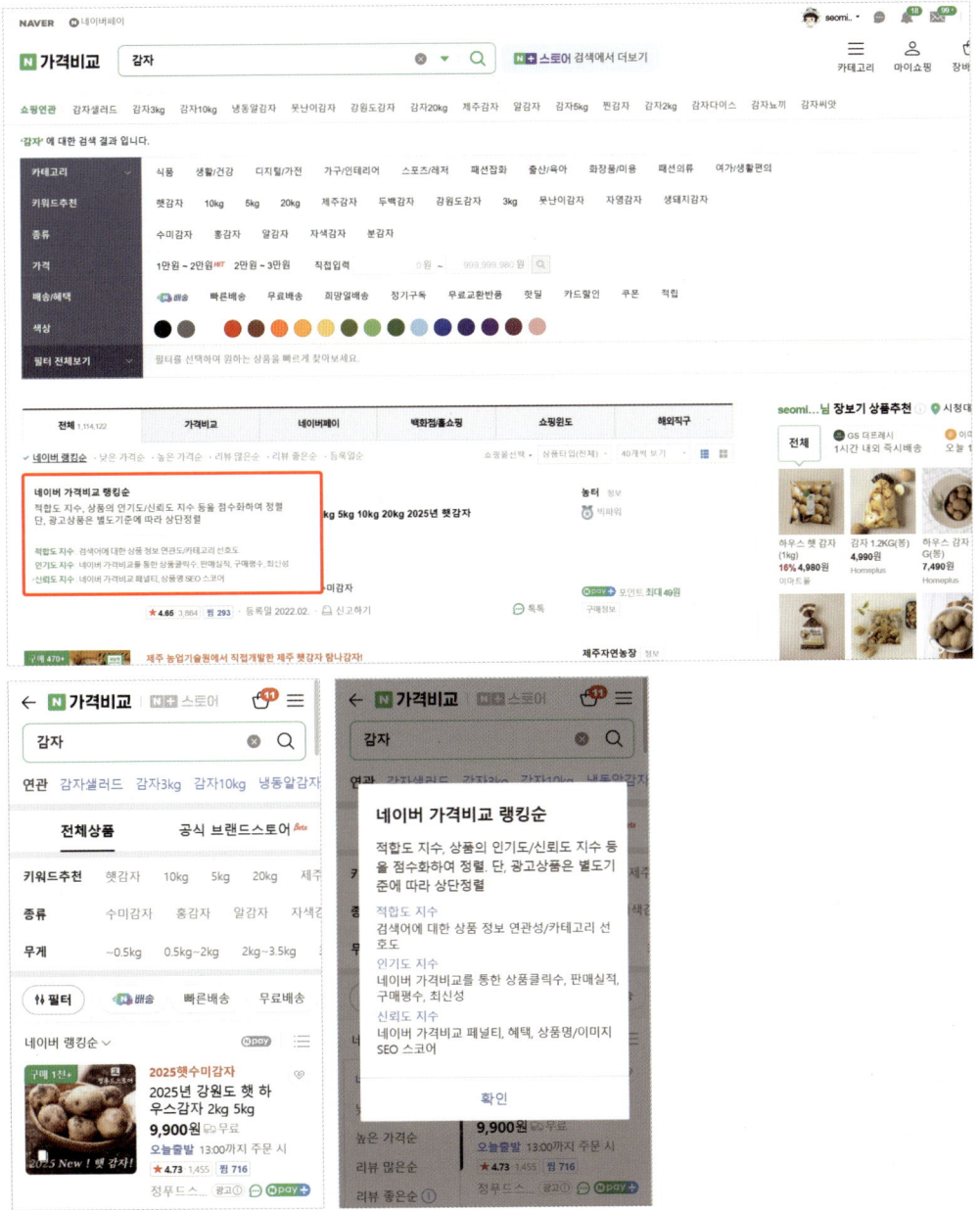

▲ PC, 모바일 모두 [네이버 랭킹순]으로 정렬됩니다.

스마트스토어 기본에 충실하기 • CHAPTER.01

네이버쇼핑 랭킹 지수를 잘 이해하면 내 상품의 노출 순위를 높이는 데 많은 도움이 됩니다. 네이버쇼핑 랭킹은 적합도, 인기도, 신뢰도 세 가지 지수를 점수화하여 정렬됩니다.

> **스마트스토어 TIP | 네이버쇼핑 랭킹순이란?**
>
> - 적합도 : 이용자가 입력한 검색어가 상품명, 카테고리, 제조사/브랜드, 속성/태그 등 상품 정보의 어떤 필드와 연관도가 높은지, 검색어와 관련하여 어떤 카테고리의 선호도가 높은지 산출하여 적합도로 반영됩니다.
> - 인기도 : 해당 상품의 클릭수, 찜수, 판매실적, 구매평수, 최신성 등의 고유한 요소를 카테고리 특성을 고려하여, 인기도로 반영됩니다. 인기도는 카테고리별로 다르게 구성되어 사용됩니다.
> - 신뢰도 : 네이버쇼핑 패널티, 상품명 SEO 등의 요소를 통해 해당 상품이 이용자에게 신뢰를 줄 수 있는지를 산출합니다. 신뢰도가 지켜지지 않으면 상품의 랭킹 순위가 낮아집니다.
>
>

네이버쇼핑 랭킹순에 적용되는 적합도, 인기도, 신뢰도는 [네이버 가격비교]뿐만 아니라 [네이버플러스 스토어] 노출 결과에도 영향을 미칩니다.

▲ 네이버플러스 스토어 검색 결과 '추천순'은 적합도, 인기도, 신뢰도, 개인 선호도를 종합한 점수입니다.

초보 판매자가 스마트스토어를 개설하고 상품을 등록하는 과정에서 상품 정보 입력을 조금만 더 신경쓴다면 적합도와 신뢰도 지수를 충분히 보완할 수 있습니다. 스마트스토어센터에서 상품 등록 시, 최하단에 [쇼핑 상품정보 검색품질 체크]를 활용해 적합도와 신뢰도 지수 반영에 도움 받을 수 있습니다.

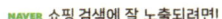

상품 검색 품질에 영향을 미치는 요소들은 아래와 같습니다.

- 카테고리 : 네이버쇼핑에서 검색하고 선택하세요.
- 상품명 : 50자 미만, "핵심 키워드" + 색상, 종류, 타입, 대상, 용도, 재질, 사이즈, 규격, 지역 등을 포함. [상품명 검색품질 체크]는 필수입니다.
- 가격 : 판매가와 할인가를 설정해보세요.
- 이미지 : 1000×1000 픽셀, 정사각형으로 등록하세요. 추가 이미지와 동영상도 준비해보세요.
- 상세설명 : 상세페이지에 사진이 몇 개나 들어있나요?
- 상품 주요정보 : 브랜드/제조사/상품속성 반드시 입력해주세요.
- 검색설정 : 태그를 입력해주세요.

이제부터는 가이드에 맞춰 세부적인 요소들을 잘 등록했는지 체크하고 점검해보겠습니다.

적합도에 맞는 상품정보 입력해보기

상품 등록을 꼼꼼하게만 해도 '적합도' 점수를 쉽게 올릴 수 있습니다. '인기도'는 시간을 들여 차근차근 쌓아야 하고, '신뢰도'는 계속해서 관리해야 하지만, '적합도'는 처음부터 높은 점수를 받을 수 있다는 장점이 있습니다.

[카테고리] 잘못 설정하면 노출에서 밀려요

스마트스토어에서 상품 등록은 [상품 관리]-[상품 등록] 메뉴에서 시작합니다. 상품 등록 시 맨 처음 선택하는 [카테고리]는 내가 추측하거나 나의 바람대로 선택하지 않고, 노출이 우선시되는 카테고리를 따라가는 것이 좋습니다. 고객이 검색하는 '키워드'마다 노출이 우선시되는 카테고리가 있습니다. 네이버쇼핑 랭킹순에서 '적합도' 지수의 카테고리 선호도가 이러합니다. 이미 상품을 등록했다면 카테고리를 재점검해봐야 합니다.

TIP 키워드에 따른 카테고리 선호도를 보려면 반드시 PC 버전 네이버쇼핑에서 검색해야 합니다. 모바일에서는 해당 정보가 노출되지 않습니다.

예를 들어, 사과즙은 [식품] 카테고리를 선택한 후 중분류는 여러 가지로 예측해볼 수 있습니다. 여기서 [농산물], [건강식품], [음료] 중 어느 중분류 카테고리를 선택해야 할까요?

▲ 상품 등록 시 [카테고리] 선택 화면

네이버쇼핑에서 **사과즙**을 검색해보겠습니다. 검색 결과 [식품 〉 건강식품 〉 건강즙/과일즙 〉 사과즙] 카테고리가 선택된 상품군이 우선 노출됩니다.

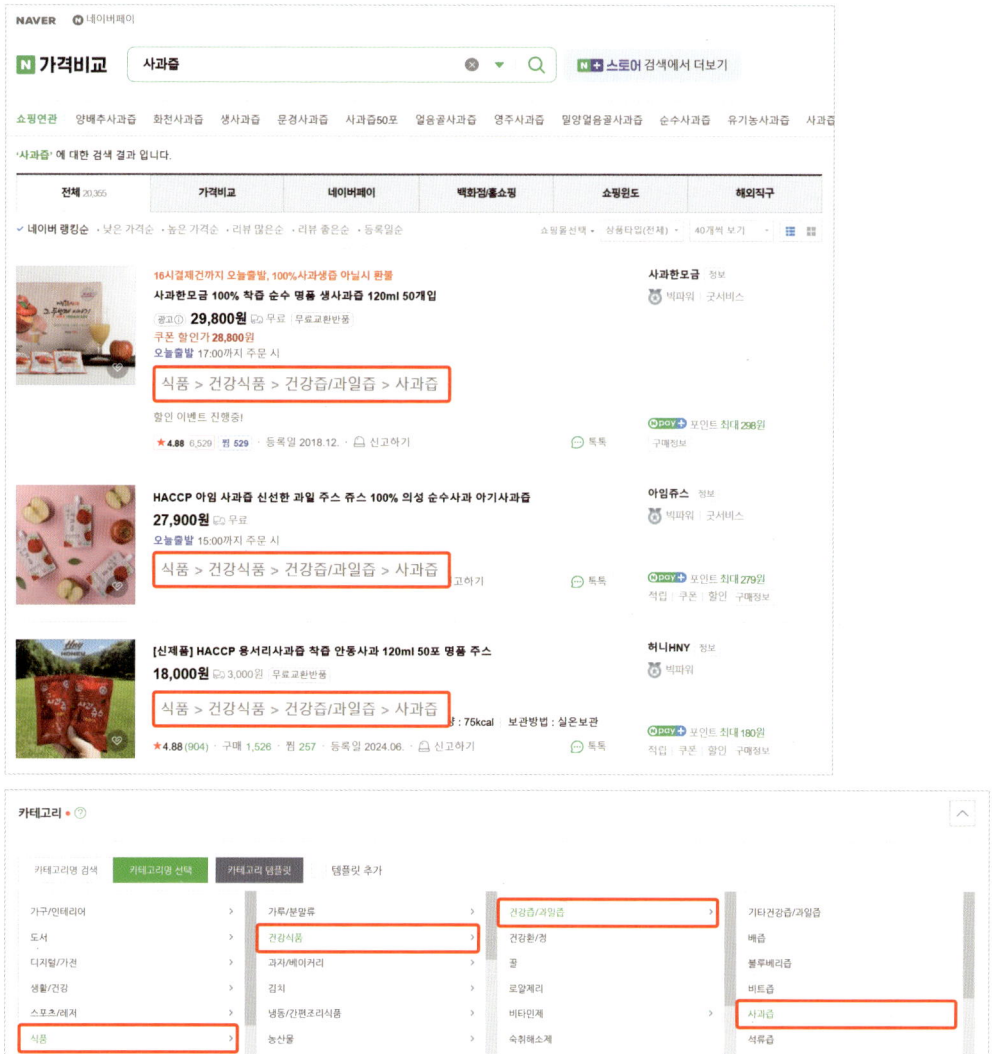

▲ 상품 등록 시 카테고리 선택 화면([식품 > 건강식품 > 건강즙/과일즙 > 사과즙] 카테고리)

즉, 네이버쇼핑에서는 이용자가 입력한 키워드별로, 해당 키워드와 밀접하며 정확한 상품을 노출하기 위해 특정 카테고리의 노출을 우선시합니다. 그러니 내가 선택하고 싶은 카테고리가 아닌, 키워드와 매칭되어 있는 카테고리 데이터를 확인해본 후, 정확한 카테고리를 선택하는 것이 노출에 유리한 방법임을 알 수 있습니다. 현재 잘못된 카테고리를 선택해두었다면 내 상품의 노출 순위는 현저히 떨어져서 고객에게 쉽게 검색되지 못합니다.

단, 핵심 키워드로 검색 시 카테고리가 달라질 수 있음을 명심해야 합니다. [네이버 가격비교]에서 **사과주스**를 검색해보겠습니다. 검색 결과는 [식품 > 음료 > 주스/과즙음료 > 사과주스] 카테고리가 먼저 노출됩니다. **사과당근주스** 검색 시에는 [식품 > 음료 > 주스/과즙음료 > 기타 과즙음료] 카테고리가 먼저 노출되고, **사과잼** 검색 시에는 [식품 > 잼/시럽 > 사과잼] 카테고리가 먼저 노출됩니다. 이렇듯 식품의 대표 키워드만으로 검색해서 섣불리 카테고리를 선택하기보다는 핵심 키워드와 함께 검색해보아야 합니다.

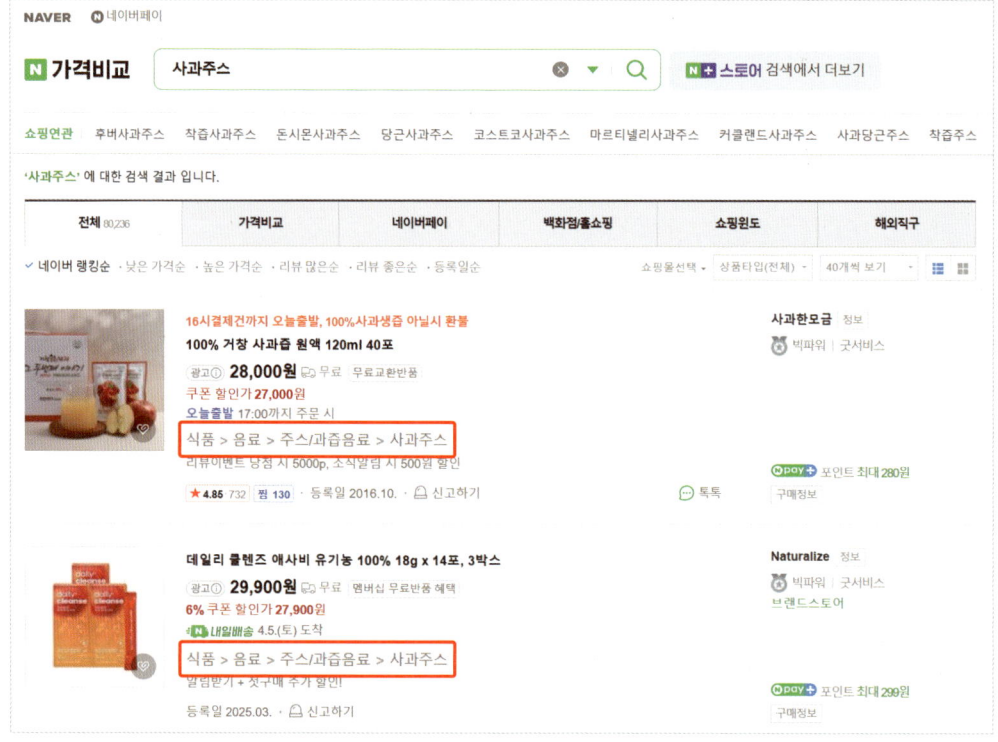

상품에 맞는 핵심 키워드 두세 개를 검색해보면 내가 선택해야 하는 카테고리를 명확히 확인할 수 있습니다. 잘못된 카테고리를 선택하면 노출 순서가 뒤로 밀릴 수 있음을 명심합니다.

 **스마트스토어 TIP** 상품 세부 키워드에 따라 검색 결과 카테고리가 다른 사례

- '포크' 검색 결과 : [생활/건강 > 주방용품 > 식기 > 양식기]
- '일회용포크' 검색 결과 : [생활/건강 > 주방용품 > 주방잡화 > 일회용식기]
- '어린이포크' 검색 결과 : [출산/육아 > 이유식용품 > 유아스푼/포크]

자주 묻는 질문 키워드별 노출 카테고리를 자주 확인해야 하나요?

2023년까지는 **떡볶이밀키트** 키워드의 검색 결과는 [식품 > 밀키트 > 간식/디저트] 카테고리가 1페이지에 노출되었지만, 2024년 3분기에는 [식품 > 냉동/간편조리식품 > 떡볶이] 카테고리의 상품들이 상위 노출되었습니다. 수시로 변경되는 사항은 아니지만, 새로 생성되는 키워드와 트렌드에 맞춰 노출 카테고리가 변경되기도 합니다.

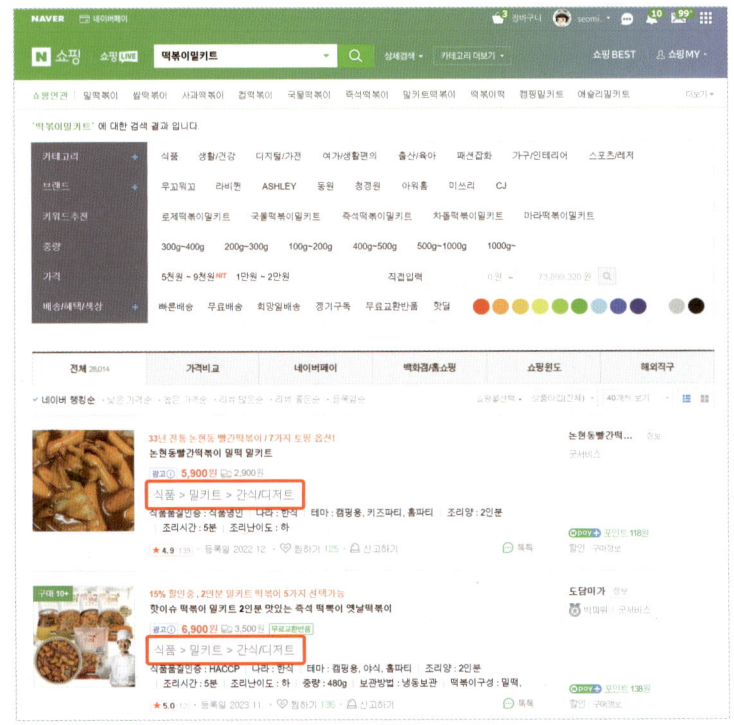

▲ 2023년 검색 결과

판매 중인 상품의 노출수가 크게 낮아지거나 유입량에 큰 변화가 있다면, 첫 번째로 키워드별 노출되는 카테고리를 꼭 확인해보아야 합니다.

[상품명] 적합도에 맞추어 입력하세요

상품명은 고객이 검색할 만한 상품의 특징적인 키워드로 설정해야 합니다. 이번에는 '적합도'에 맞는 노출에 유리한 상품명으로 관리하는 방법을 알아보겠습니다. 상품명 입력란 아래에 [상품명 검색품질 체크] 버튼이 있습니다. 내 상품에 맞는 상품명을 작성하고 [상품명 검색품질 체크]를 클릭했을 때, [검색품질 체크항목에 맞게 잘 입력되었습니다.]라는 알림창이 뜨는지 확인해야 합니다.

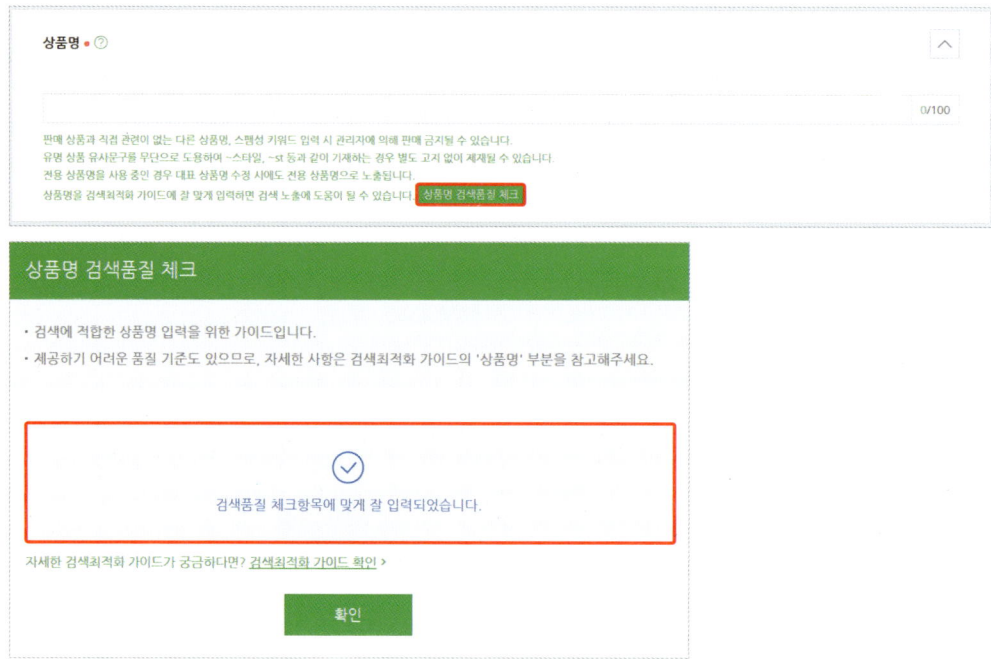

여기서 주의할 점은 [검색품질 체크항목에 맞게 잘 입력되었습니다.]라는 문구가 상품명이 완벽하다는 뜻이 아닙니다. 검색 요소에서 마이너스될 부분이 없다는 뜻입니다. 상품명이 다소 부실하더라도 문제되는 부분이 없다면 [잘 입력되었습니다.]라고 노출됩니다. 그러면 여기서 상품명 검색에 적절한 키워드의 조합이 무엇일까 궁금해집니다. 그 내용은 **Part 02** 187페이지에서 알아보겠습니다.

 **상품명이 부적합하게 등록되기 쉬운 사례**

실제로 상품명이 부적합하게 등록되는 대표 사례는 아래와 같습니다.

① 상품명에서 동일 키워드를 네 번 이상 등록하는 경우, 상품명을 50자 이상 입력하는 경우

② 최고, 인기, 신상 등의 수식어를 사용하는 경우

③ ,(쉼표) 또는 /(슬래시) 등의 특수문자를 여섯 번 이상 사용하는 경우

[상품 주요정보]에 브랜드명을 입력하세요

공산품이라면 반드시 브랜드명이 있어야 합니다. 아직 시작 단계인 내 스토어 이름이라 할지라도 그 이름은 반드시 브랜드명임을 명심해야 합니다. 상품명에 브랜드가 포함되어 있더라도, [상품 주요정보]에서 [브랜드]를 추가로 기재해야 합니다. 등록한 브랜드는 브랜드 검색 시 사용됩니다. [브랜드]를 입력한 상품이 검색 적합도가 더 높기 때문에 네이버쇼핑 랭킹에 반영됩니다.

브랜드명을 입력하면 해당 키워드를 포함하고 있는 브랜드 정보가 자동 완성되어 노출됩니다. 가급적이면 해당 목록 중에서 선택하는 것이 좋습니다. 그러나 상품 정보와 관계 없는 정보를 선택하거나 불필요한 값을 함께 입력하면 검색에서 제외되거나 불이익을 받게 될 수 있으니 욕심내지 말아야 합니다.

▲브랜드명을 입력하면 관련 브랜드가 자동 완성되어 노출됨

아직 브랜드 정보가 네이버에 등록되지 않았거나, 자체 제작 신규 브랜드일 경우에는 [직접입력] 목록만이 보여집니다. 현재는 검색에 활용되지 못하더라도 [직접입력]을 선택하여 내 브랜드명을 기재하는 것이 좋습니다.

직접 입력한 브랜드라면 많은 상품을 등록하고, 또 구매자가 많이 찾는다면, 자동으로 브랜드 등록 대상이 됩니다. 브랜드와 마찬가지로 제조사 정보도 입력합니다. 자동 완성 목록 중에서 선택하거나 직접 제조사 정보를 입력할 수 있습니다. 직접 제작하는 제품의 경우, 스토어 이름 또는 사업자등록증 상호명을 제조사 정보로 꾸준히 등록할 것을 권장합니다.

스마트스토어 TIP 모델명만 잘 입력해도 카탈로그(가격비교) 매칭이 쉬워진다!

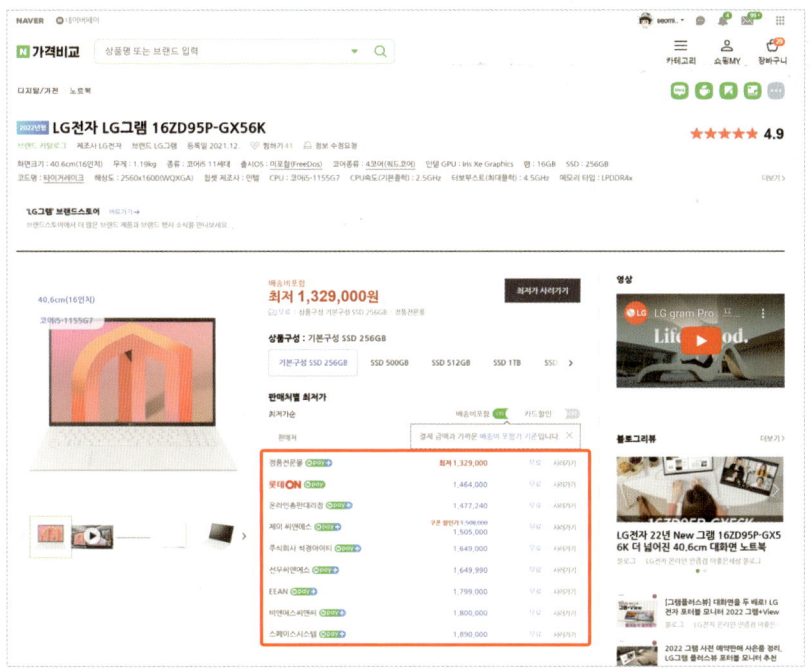

▲ 가전제품 노트북 모델로그 페이지 예시

네이버쇼핑에서는 동일 모델명 제품을 판매하는 판매처를 모아 노출하는 카탈로그 페이지가 있습니다. 일명 [가격비교]라 불리는 이 페이지에 내가 판매 중인 상품도 매칭하고자 할 때, [상품 주요정보] 영역에서 카탈로그 정보를 입력하여 쉽게 매칭할 수 있습니다.

❶ 제품의 모델명이 있는 경우, [카탈로그]에서 정확한 모델명을 입력하고 [찾기]를 클릭합니다.

스마트스토어 기본에 충실하기 · CHAPTER 01 · 035

❷ 모델명 검색 결과에 노출되는 카탈로그 페이지 중에서 내 상품을 선택합니다.

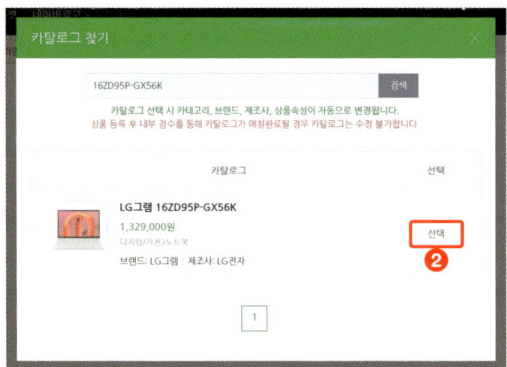

❸ 모델명 선택 시, 모델명/브랜드/제조사/상품속성이 자동으로 입력됩니다. 상품 등록 후에 모델명 변경은 불가하니 이점 유의하여 정확히 선택해야 합니다.

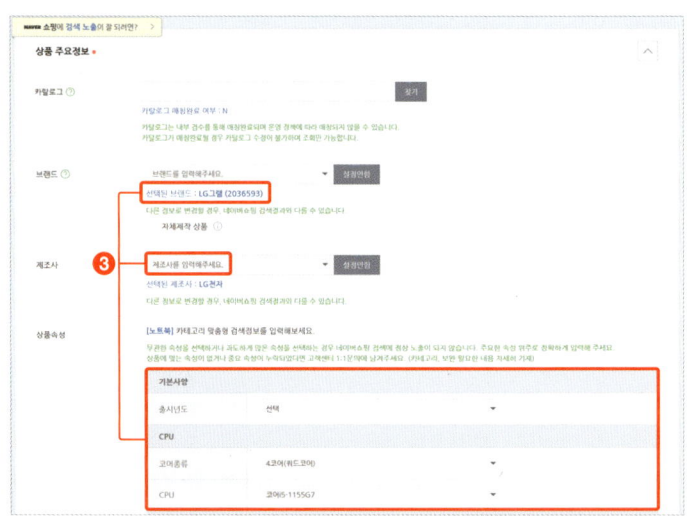

[상품 속성]에 추가로 입력이 필요한 부분이 있을 수 있으니 빈 항목이 없는지 확인하고, 내용을 추가 기재하여 상품 정보를 완성합니다.

모델명을 설정한 상품의 제목은 카탈로그 페이지 내에서만 노출됩니다. 네이버쇼핑 검색 결과에서는 카탈로그 페이지 상품 제목이 기본 상품명으로 노출됩니다. 또한 네이버쇼핑 가격비교 상품으로 매칭되어 카테고리를 변경할 수 없습니다.

탐색 도구로 활용되는 [상품속성]

[상품속성]은 상품 검색에 도움될 뿐만 아니라, 검색 결과에서도 큰 역할을 합니다. 검색 결과 페이지 상단에는 보다 정확한 상품을 찾을 수 있도록 탐색 도구가 보여지는데, 이 [상품속성] 정보가 탐색 도구로 사용됩니다. 특히 모바일에서는 클릭하여 정보를 검색하는 방식이 익숙하다 보니, 검색 사용자의 절반 이상이 탐색 도구를 이용하고 있고 탐색 도구 이용 후 상품의 클릭률이 더 높습니다.

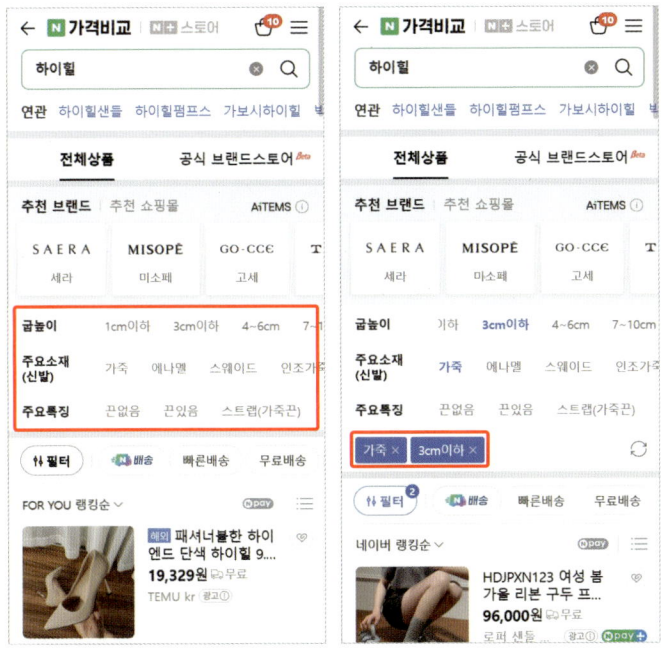

▲ 모바일 화면에서 탐색 도구를 통한 상품 검색

예를 들어, **하이힐**을 검색하면 약 135만 건이 검색됩니다. 여기에서 소재와 굽 높이 정보를 추가 설정했을 때 약 4,100건으로 검색 결과의 상품수는 현저히 달라집니다. 전체 상품수는 모바일에서 확인되지 않으니, PC 버전의 정보를 참고합니다.

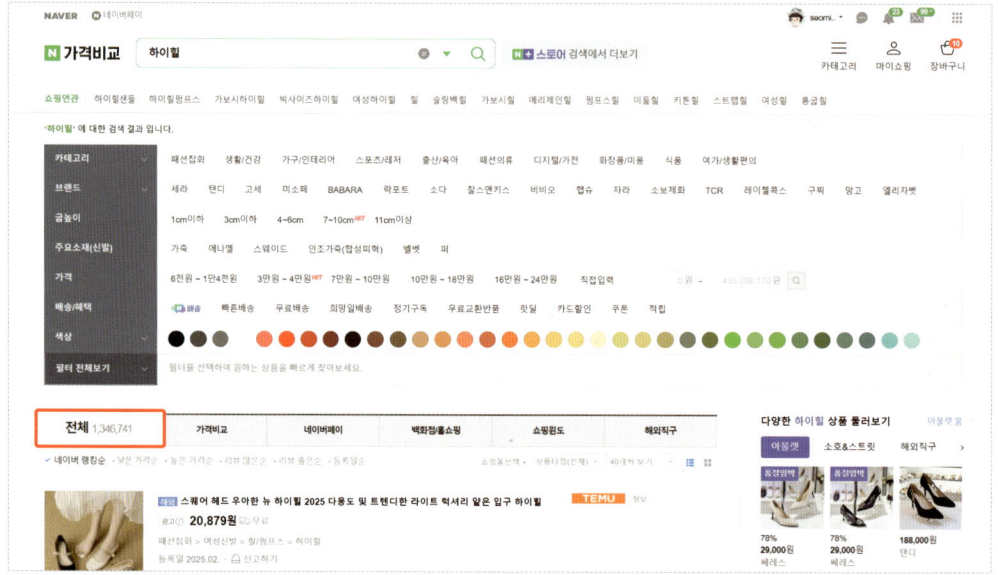

▲ 하이힐 검색 시 135만 건 노출

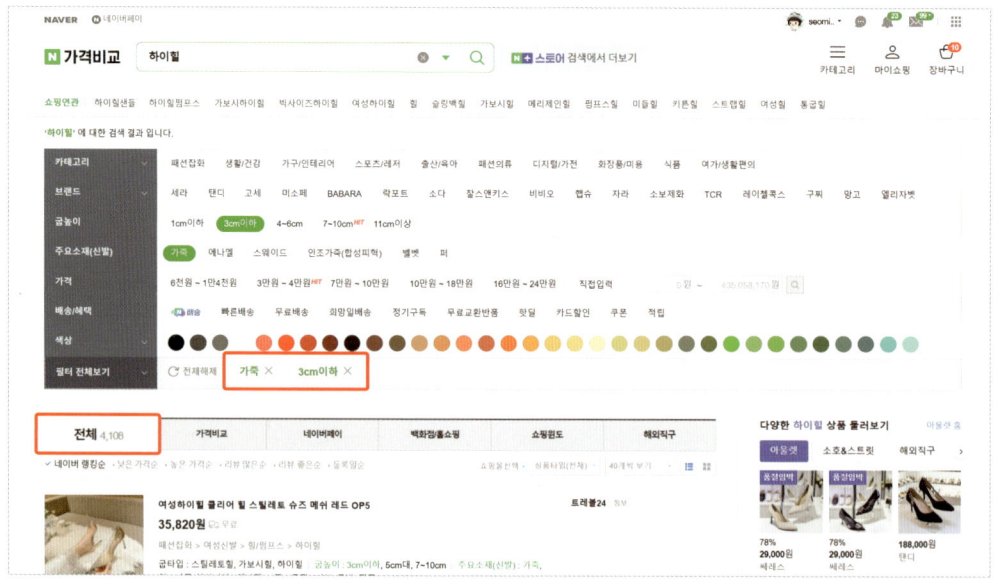

▲ 탐색 도구에서 소재, 굽 높이 선택 후 4,100건 노출

이때 약 4,100건은 [상품속성] 정보가 입력된 상품으로만 필터링되기 때문에 상품 등록 시에 [상품속성] 정보를 꼼꼼히 입력해둘 필요가 있습니다. 디테일한 키워드로 검색하는 고객들에게는 상품명뿐만 아니라 속성 정보도 검색 용도로 활용될 수 있습니다.

상품 등록 과정에서 [상품속성]은 처음 선택한 카테고리에 따라 중/세분류 카테고리에 맞는 속성 목록이 보여집니다. 이때 속성 목록은 시즌, 이슈에 따라 항목이 추가되거나 변경됩니다. 여기에서는 [패션잡화 〉 여성신발 〉 힐/펌프스 〉 가보시힐]을 선택해보겠습니다. [상품 주요정보]-[상품속성] 메뉴 목록에서 ❶ [주요소재(신발)]처럼 선택하는 항목은 최대 세 가지 옵션을 선택할 수 있고, ❷ [토스타일]처럼 리스트에서 선택하는 항목은 단 한 가지 옵션만 선택할 수 있습니다. 또한 디테일한 키워드로 검색하는 고객들에게 상품명뿐만 아니라 속성 정보도 검색 용도로 활용될 수 있으니 참고하세요.

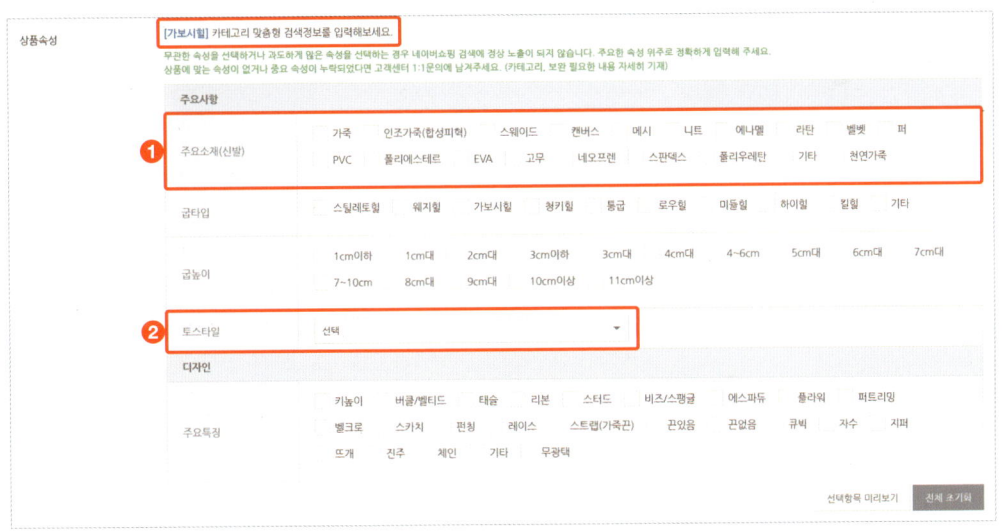

상품을 꾸밀 수 있는 데이터 [태그]

네이버쇼핑 여러 영역에서 해시태그(#)를 포함한 키워드의 목록들로 상품 정보를 확인할 수 있습니다. 상품명에서 입력한 키워드가 아닌, 상품을 보다 다양하게 꾸밀 수 있는 키워드로 상품 정보를 보완하면 노출에 도움될 수 있습니다.

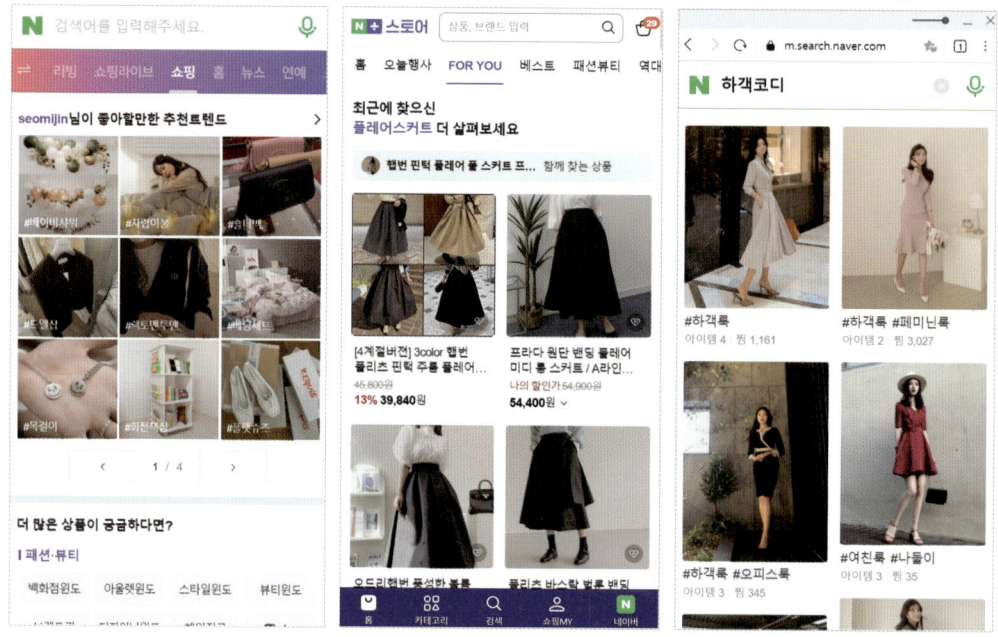

▲ [쇼핑] 탭 추천 트렌드   ▲ 네이버플러스 스토어 [FOR YOU] 탭   ▲ 네이버 검색 결과

앞서 상품 등록 시 입력한 브랜드명, 카테고리명은 자동으로 태그에 반영되므로 입력하지 않아도 됩니다. 태그는 직접 입력할 수도 있습니다.

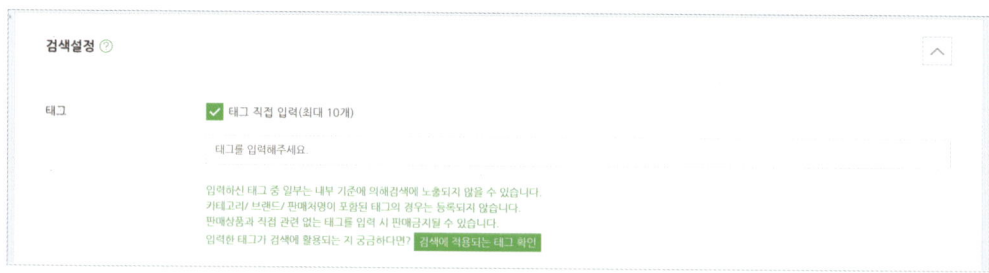

[태그] 입력란에 키워드를 입력하면 자동으로 추천 태그가 목록에 노출됩니다. 추천 태그로 노출되는 목록에서 태그를 선택하면 보다 쉽게 태그를 등록할 수 있습니다. 이 자동 목록은 네이버 [태그사전]에 등록된 추천 목록입니다. 이 추천 태그를 사용해 상품에 어울리는 일관되고 적절한 태그를 선택하는 것이 좋습니다. 여러 개의 태그를 남발하기보다 상품의 본질을 잘 표현할 수 있는 태그를 신중하게 선택해야 합니다.

예시
- 추천 : #깔끔한스타일 #베이직스타일 #오피스코디 #30대여성
- 비추천 : #깔끔한스타일 #공주풍구두 #아재패션 #10대 #20대 #30대

태그는 최대 열 개 선택할 수 있습니다. 태그로 사용할 키워드를 입력했을 때 노란색 음영의 추천 목록이 표시되지 않고, [직접입력]만 노출될 수도 있습니다. 이때 [직접입력]으로 직접 태그를 입력할 수도 있지만 이는 추천하지 않습니다. 추천 태그를 사용하는 것이 상품 노출에 훨씬 효과적입니다. 상품에 맞는 키워드를 입력해보며 추천 태그 중 알맞은 태그를 선택합니다.

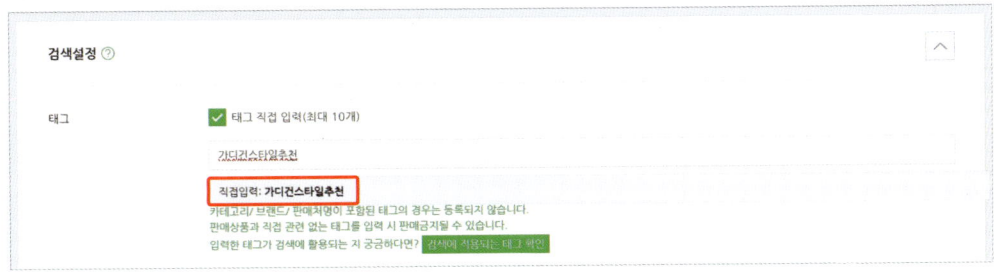

추천 태그 목록에서 선택한 태그는 고유번호가 함께 노출됩니다. 반면 [직접입력]으로 선택한 태그명은 고유번호가 없습니다. 이때, [검색에 적용되는 태그 확인]을 클릭해보면 검색에 활용되는지 바로 확인이 가능합니다.

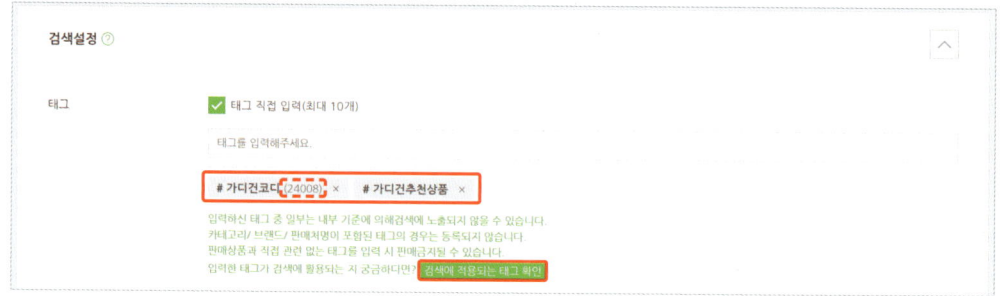

이처럼 [태그사전]에 등록되어 있지 않은 태그명은 노출에 바로 적용되지 않기 때문에 가급적 권장하지 않습니다. 무리하게 열 개를 꽉 채우려고 하기보다는 상품에 적합한 태그명만 적절히 활용하길 권장합니다.

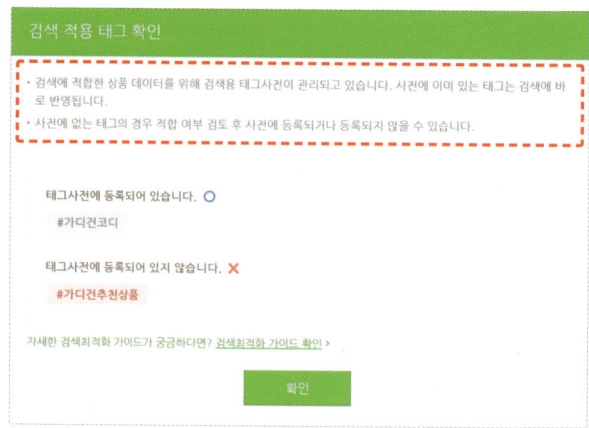

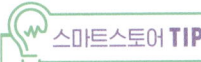 **스마트스토어 TIP** 추천하는 태그 정보(목적)

- (정보) ~스타일, ~룩, ~코디
- (타깃) 연령대, 성별
- (용도) ~용, ~할 때

인기도를 높이는 [그룹상품등록] 방법

지금까지는 같은 상품이라도 용량이나 수량이 다르면, 두 가지 방법으로 등록했습니다. 하나는 옵션으로 등록하는 것이고, 다른 하나는 각각 다른 상품으로 등록하는 것이었습니다. 하지만 이런 방식에는 문제가 있었습니다. 상품이 검색 결과에서 잘 보이지 않거나, 리뷰와 판매 실적이 나눠져서 기록되는 것이었습니다. 이런 문제는 그룹 상품 기능으로 해결할 수 있습니다. 여러 상품을 하나의 그룹으로 묶어서 등록하면, 리뷰와 판매 실적이 한곳에 모이게 됩니다. 덕분에 검색에서도 잘 보이고, 고객에게 알맞은 상품을 추천하기도 더 쉬워집니다.

2025년 4월 기준으로 일부 상품 종류에서만 이 기능을 사용할 수 있지만, 계속 카테고리가 업데이트되고 있습니다. 여기서는 현재 사용 가능한 상품을 중심으로 그룹 상품을 등록해보겠습니다. 일반 상품 등록에 익숙하다면 그룹 상품 등록도 어렵지 않습니다.

카테고리 선택

2025년 4월 기준으로 그룹 상품 등록이 가능한 카테고리가 제한되어 있습니다. 디지털/가전, 화장품/미용 등 여러 카테고리에서만 그룹상품 등록이 가능하며, 일부 중·소분류 카테고리는 노출되지 않습니다. 따라서 해당되는 카테고리의 상품만 등록할 수 있습니다.

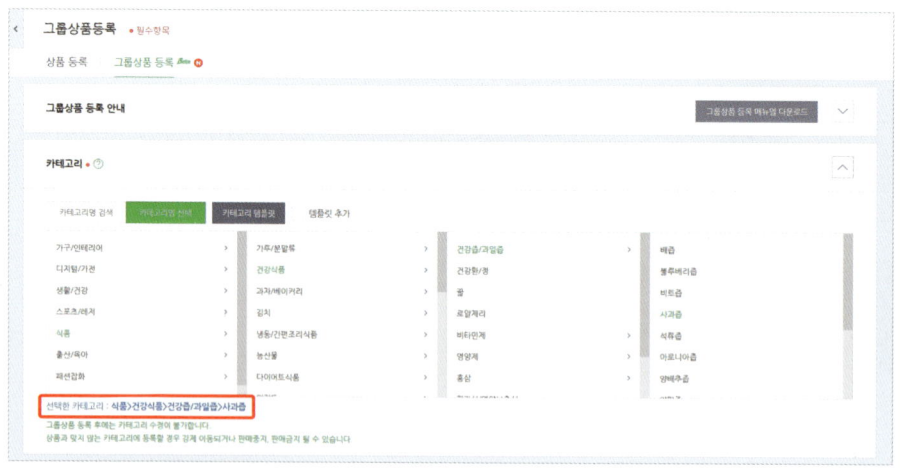

TIP 그룹 상품 카테고리는 등록 후 수정이 불가능합니다.

상품명 작성

그룹 상품명을 작성할 때는 일반 상품과는 다르게 접근해야 합니다. 모든 키워드를 나열하기보다는 그룹을 대표하는 핵심 키워드만으로 상품명을 만들어야 합니다. 여기서는 **강원도 원주농장 사과즙**을 입력해보겠습니다.

TIP 그룹 상품명에 판매 옵션값을 중복 입력하지 않도록 주의합니다.

판매 옵션 설정

판매 옵션을 설정할 때는 선택한 카테고리에 따라 적절한 판매 옵션이 나타납니다. 카테고리별로 설정된 [판매옵션명]이 있습니다. 등록할 상품에 적절한 판매 옵션을 선택합니다.

판매 옵션은 가급적 목록에서 선택하는 것을 권장합니다. 선택한 판매 옵션은 상품명에도 함께 노출됩니다. 그래서 상품명에서 판매 옵션을 상품명으로 중복 입력할 필요가 없습니다. 여기서는 10포, 30포를 등록해보겠습니다.

직접 입력할 수도 있지만 직접 입력한 옵션값은 고유번호가 노출되지 않습니다. 이렇게 55포, 65포처럼 고유번호 없이 직접 입력한 판매옵션값은 정확히 검색되지 않을 수 있습니다. 고유번호가 있는 옵션값을 입력하는 것이 노출에 유리하다는 사실을 명심합니다.

판매 옵션을 선택하고 [목록으로 적용]을 클릭하면 바로 아래 [판매옵션 목록]에 표로 노출됩니다.

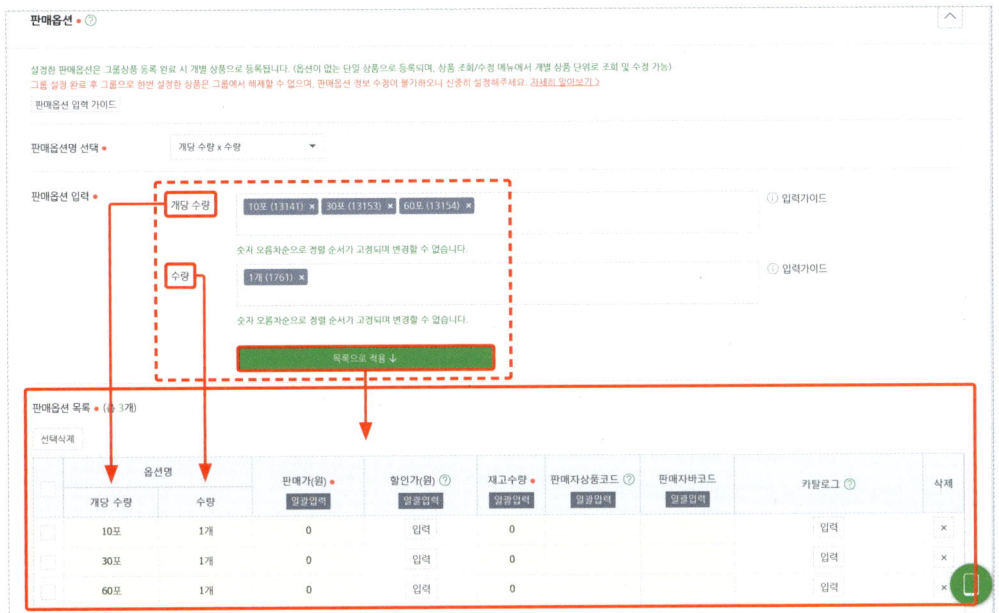

[판매옵션 목록]에서는 각 옵션에 따른 판매 가격, 할인 정보, 재고 수량을 직접 입력할 수 있습니다. 판매 옵션 목록에서 [판매가]와 [재고수량]은 필수 입력 사항입니다.

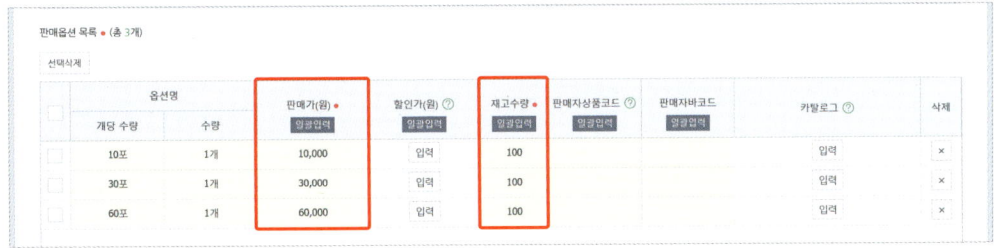

판매가를 입력한 후, 옵션별로 할인가 설정이 가능하다면 할인 정보를 입력하여 [할인가]를 설정하세요. 이 [할인가]는 고객이 최종적으로 결제하는 금액입니다.

상품 이미지 등록

상품 이미지와 동영상을 등록할 때는 상황에 따라 두 가지 방식 중 하나를 선택합니다. 같은 상품의 용량이나 수량만 다른 경우에는 [공통등록]을, 색상이나 구성이 다른 경우에는 [상품별 등록]을 선택하여 대표 이미지를 등록합니다.

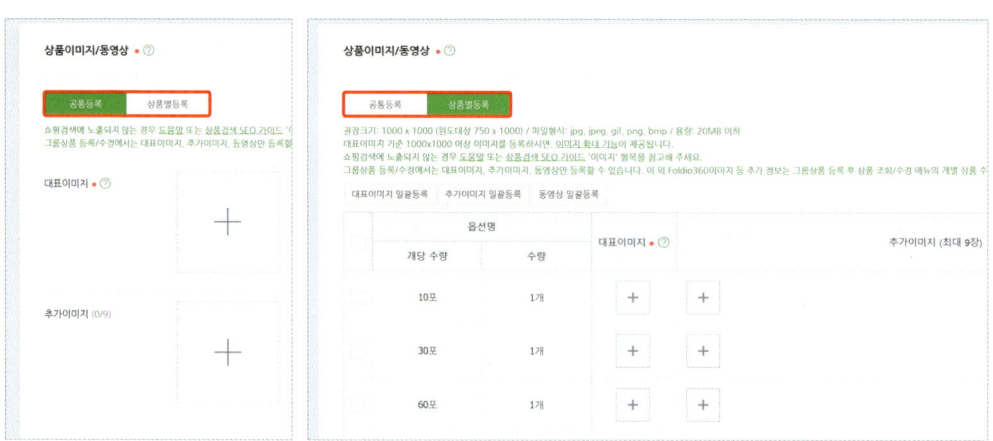

상세 설명 입력

상세 설명도 마찬가지입니다. 동일한 상품이라면 [공통 등록]으로 한번에 등록할 수 있습니다. 하지만 상품 옵션별로 다른 설명이 필요하다면 [상품별 등록]을 선택하여 입력하면 됩니다.

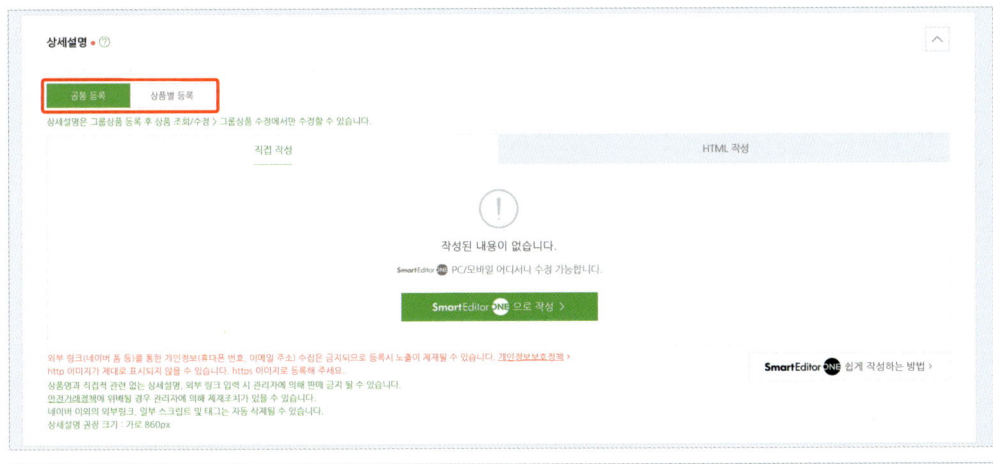

기타

[상품정보제공고시]부터 [노출채널]까지는 일반 상품을 등록할 때와 동일한 방식으로 진행합니다. 이미 등록해둔 정보가 있다면 그것을 그대로 활용해도 좋습니다. 모두 입력한 후 맨 아래 [저장하기]를 클릭합니다.

스마트스토어 TIP 그룹 상품 등록 완료 예시

① [검색 결과]에서는 세 개의 옵션 상품이 모두 검색됩니다.

② 상품 상세페이지에서 옵션 항목을 선택하면, 옵션별 가격 목록이 보입니다.

③ 원하는 옵션 목록을 클릭하면 해당 상품 페이지로 이동합니다.

▲ 검색 결과　　▲ 상품 상세페이지

CHAPTER 01　SECTION 03

컨설팅 3단계 :
내 고객,
혜택을 받고 있나요?

스마트스토어에 상품을 등록했다면 본격적인 마케팅에 앞서 내 스토어의 메인페이지와 전체적인 구성을 살펴봐야 합니다. 이때 상품과 혜택을 멋지게 전시하는 것이 고객의 눈에 띄기 좋은 인테리어입니다. 새로 생긴 네이버플러스 스토어에서는 고객에게 혜택을 제공하면 노출에도 유리하기 때문에 다양한 추가 설정이 필요합니다.

내 스마트스토어 인테리어 점검하기

내 스토어에 상품을 등록했다면, 고객의 입장에서 내 상품이 잘 보이는지 확인해야 합니다. '가오픈' 기간의 인테리어 점검이라고 생각하면 쉽습니다. 내 스토어 메인페이지에서 체크해야 할 사항은 다음과 같습니다.

스토어 메인페이지
- 메인페이지에 상품을 잘 전시해두었나요?
- 카테고리를 잘 설정했나요?
- 할인 쿠폰 설정은 적절하게 등록되었나요?

알림받기 동의 고객 상품중복할인 쿠폰
10,000원 이상 결제시 사용가능

스토어 메인페이지는 내 스토어에 방문한 고객이 상품을 잘 둘러볼 수 있게 하고 제품 정보를 잘 전달하면서, 쉽게 재방문하도록 설정해야 합니다. 그러기 위해서는 내 스토어의 메인페이지와 카테고리, 그리고 각종 요소들을 적절히 배치해야 합니다.

이때, 벤치마킹할 스마트스토어를 찾아서 많이 비교하고 참고하는 것을 적극 권장합니다. 상품을 어떻게 전시했는지, 카테고리는 어떻게 구성했는지 꼼꼼히 둘러보는 것만큼 좋은 학습은 없습니다.

스마트스토어 TIP | 벤치마킹, 멀리서 찾지 마세요!

인기 있는 스마트스토어들은 [베스트]-[베스트상품] 페이지에서 찾아볼 수 있습니다. [카테고리] 탭에서 내 스마트스토어의 동일한 제품군의 카테고리를 선택하고, [많이 본 상품], [많이 구매한 상품] 탭을 확인하세요. 다양한 스토어에 방문해 상품의 상세페이지와 메인페이지 구성을 참고하는 것이 좋습니다. 아래 QR 코드를 스캔하여 스마트폰으로 [베스트] 페이지를 살펴보세요.

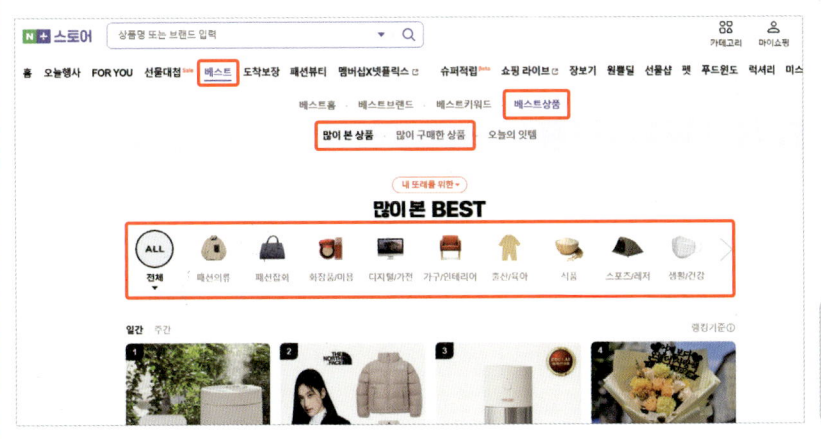

▲ [베스트]-[베스트상품] 페이지   ▲ 바로 이동하기

메인페이지에 상품을 잘 전시하자

[스토어관리]-[스토어 전시관리]-[스마트스토어] 메뉴에서 추가적인 설정을 할 수 있습니다. ❶ [컴포넌트 관리] 탭에서 콘텐츠를 설정하고 노출할 수 있습니다. ❷ [스토어 이름], ❸ [프로모션 이미지] 영역에 노출할 이미지를 준비하여 설정합니다.

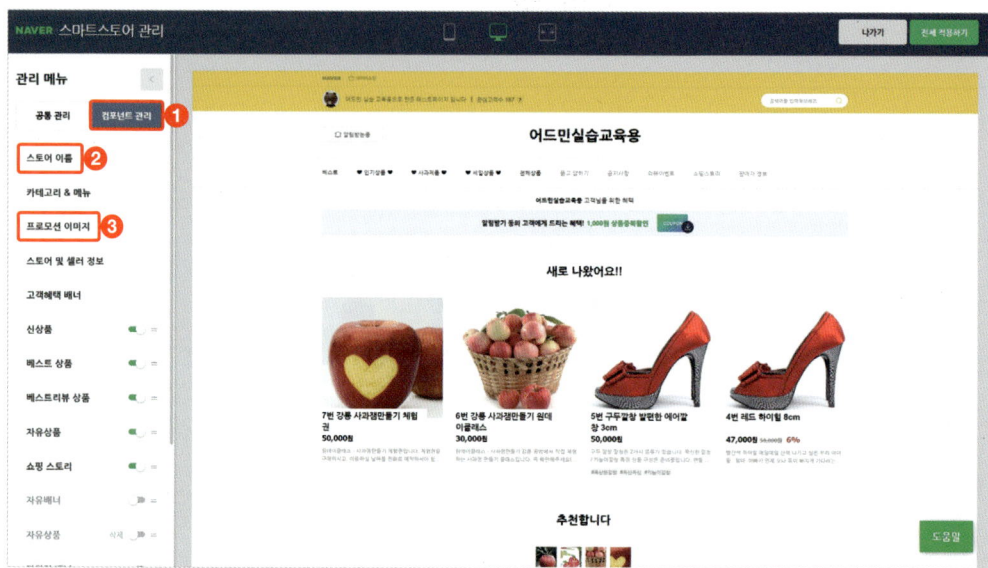

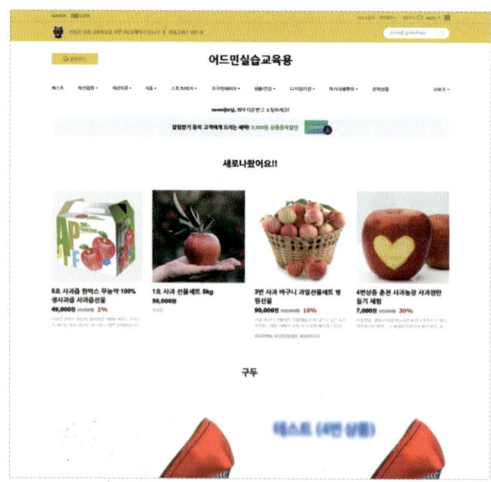
▲ 스토어 이미지와 프로모션 이미지 미설정 사례

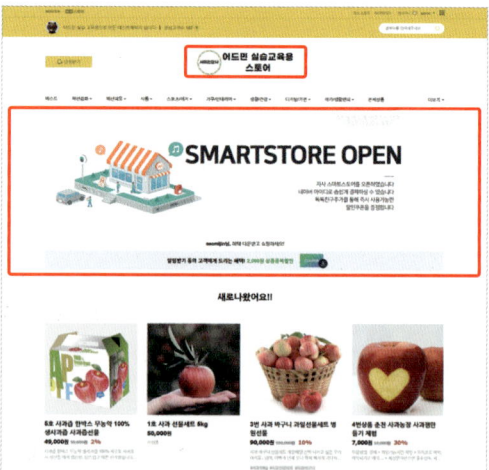
▲ 스토어 이미지와 프로모션 이미지 설정 사례

[스토어 이름]과 [프로모션 이미지] 영역은 정형화된 스마트스토어 레이아웃에서 내 스토어만의 유니크한 느낌을 전달할 수 있는 고유의 영역입니다. 두 영역 모두 규격 사이즈가 정해져 있으므로 참고해서 등록합니다. 다른 스마트스토어의 상품 전시 방법도 꼭 참고해보세요.

● 스토어 이름 사이즈

모바일	PC
권장 사이즈 (80~400) × (80~110) 최대 2MB, 확장자 jpg, jpeg, png 가능	권장 사이즈 (30~400) × (20~90) 최대 2MB, 확장자 jpg, jpeg, png 가능

TIP 가로 400, 세로 90 사이즈로 제작하면 PC와 모바일에 한번에 적용할 수 있습니다.

● 프로모션 이미지 사이즈

모바일	PC
권장 사이즈 750 × 600 최대 2MB, 확장자 jpg, jpeg, png 가능	권장 사이즈 1920 × 400 최대 2MB, 확장자 jpg, jpeg, png 가능

스마트스토어 TIP | 이미지를 제작하기 전에 꼭 확인해야 할 사항

- 하나의 이미지로 제작한 후, 사이즈 변경(베리에이션)하여 디자인하는 것이 편합니다.
- PC 또는 모바일 하나로만 제작하여 등록할 수 있습니다. 해당 영역에서만 노출됩니다.
- PC 화면은 해상도에 따라 이미지가 잘려 보일 수 있어서, 가이드를 다운로드하여 콘텐츠 노출 영역을 확인한 후에 제작합니다.

프로모션 이미지 관리

이미지 관리

프로모션 이미지는 최대 10장까지 등록할 수 있습니다.
Drag&Drop 으로 노출순서를 설정할 수 있습니다.

[가이드 보기 >] [가이드 다운로드 ⬇]

자주 묻는 질문 프로모션 이미지에는 무엇을 등록하면 좋을까요?

- 스테디셀러 상품의 대표 이미지를 간판으로 활용해보기
- 프로모션 상품의 할인율 또는 혜택 정보를 포함하여 노출하기
- 주력 상품 이미지를 상단에 노출하여 상품으로 바로 이동하기
- 오프라인 매장의 실제 사진을 등록하여 동일한 매장임을 안내하기

❹, ❺ 영역에서 메인페이지의 상품 전시 방식을 설정할 수 있습니다. 상품 수량이나 품목에 따라 [신상품], [베스트 상품], [베스트리뷰 상품]에서 상품이 노출될 수 있도록 활성화합니다. 품목이 적다면 [베스트 상품]으로, 수량이 적다면 [신상품]으로 구성하는 것이 좋습니다.

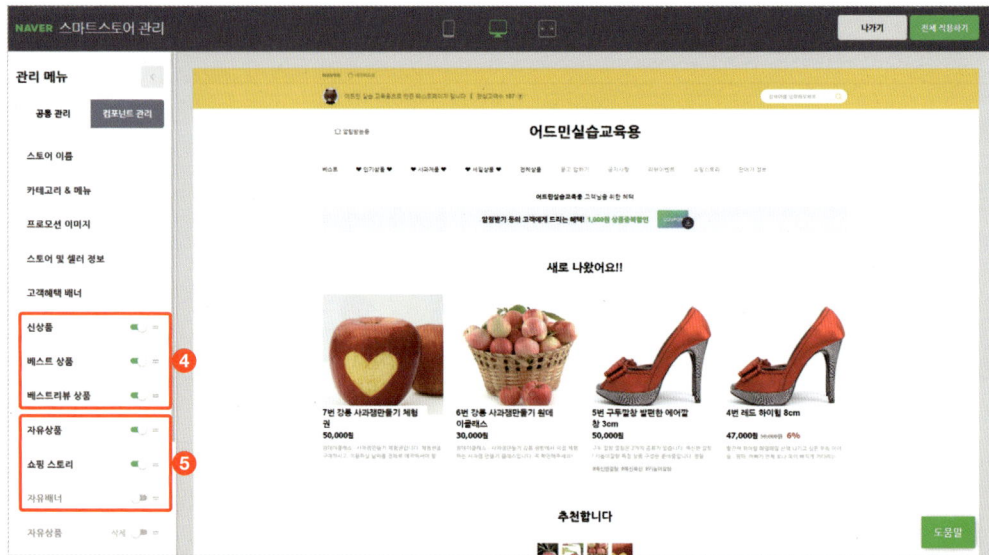

❹ [신상품], [베스트상품], [베스트리뷰 상품] 영역은 토글을 활성화하여 노출 여부를 설정할 수 있습니다. 토글 오른쪽의 아이콘을 위아래로 드래그하면 노출 순서를 변경할 수 있습니다.

> **스마트스토어 TIP** 상품이 자동으로 전시되는 영역
>
> 아래 기준에 따라 상품이 자동 전시되며, 해당되는 상품이 없는 경우 이 영역은 메인페이지에서 빈 슬롯으로 있지 않고 해당 영역이 노출되지 않게 됩니다.
> - [신상품]은 실시간으로 최근 등록한 상품이 자동 전시됩니다.
> - [베스트상품]은 선정 기준(일간, 주간, 월간) 중에 많이 팔린 상품순으로 최대 네 개 자동 전시됩니다.
> - [베스트리뷰 상품]은 평점 기준으로 상위 상품을 최대 여섯 개 추출하여 자동으로 전시됩니다.

❺ [자유상품], [쇼핑 스토리], [자유배너] 영역은 자유롭게 제목과 상품을 선택하여 전시할 수 있습니다. 판매하는 품목이 다양한 경우, [자유상품]을 여러 개 활성화하여 주제별로 상품을 전시합니다.

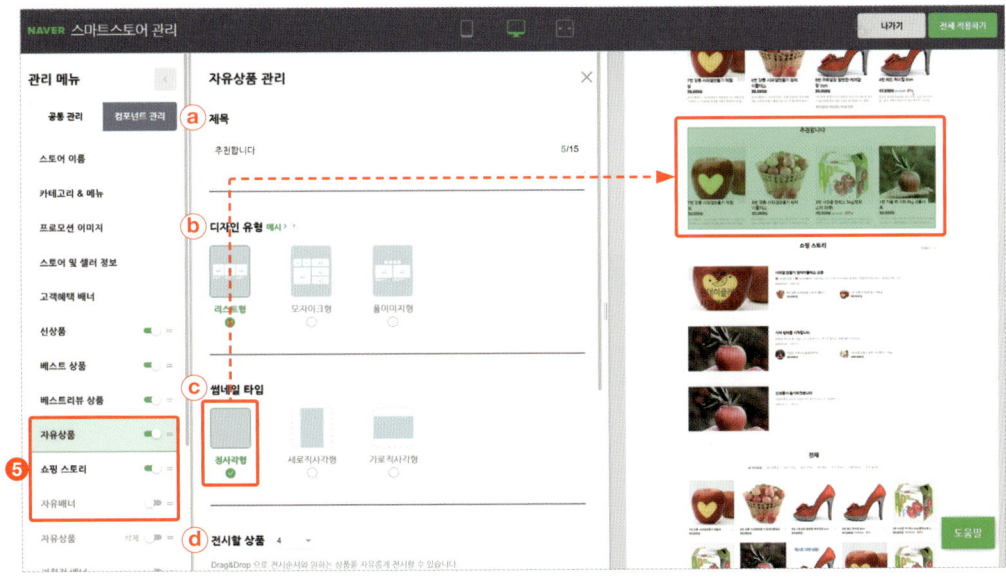

ⓐ [제목]은 메인페이지에 전시할 영역의 타이틀입니다. ⓑ [디자인 유형]은 세 개가 있고, 상품 목록을 보여주는 기본 타입은 [리스트형]입니다. ⓒ [썸네일 타입]에서는 대표 이미지 규격을 선택합니다. 상품 이미지를 정확히 전달하기 위해서는 [정사각형]을 기본으로 선택합니다. ⓓ [전시할 상품]에서 판매 중인 상품을 최대 12개까지 선택할 수 있습니다.

스마트스토어 TIP [자유상품] 영역에서 고객에게 직관적으로 정보를 전달하세요!

특정 계절이나 시즌에 많이 판매되는 상품만 모아서 먼저 메인페이지에 노출하거나, 가격대별로 인기상품을 추려서 노출하는 등 다양한 기획으로 메인페이지를 풍성하게 전시할 수 있습니다.

[컴포넌트 관리] 하단에 [+컴포넌트추가]를 클릭하면 [자유상품]과 [자유배너]를 최대 다섯 개 추가할 수 있습니다. [쇼핑 스토리]와 [자유배너]는 089페이지에서 활용 방법을 안내하겠습니다.

❻ 상단의 모바일, PC 아이콘을 클릭하면 내 스토어 메인페이지를 모바일 버전과 PC 버전으로 바로 확인할 수 있습니다.

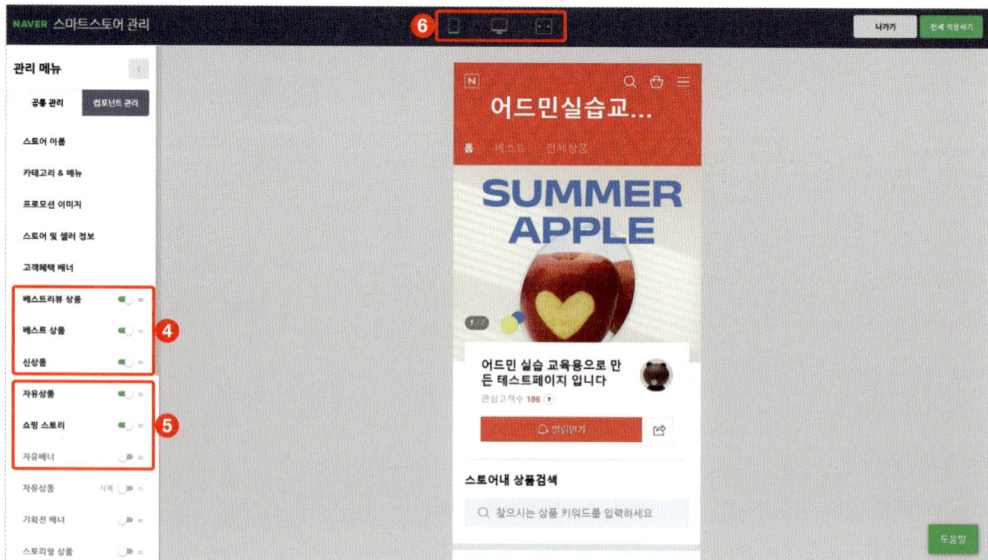

모바일 버전과 PC 버전은 ❹, ❺ 컴포넌트 영역의 상품이 보여지는 방식에 차이가 있습니다. 모바일에서는 한 줄씩 컴포넌트 영역이 노출되고, 상품 목록이 우측으로 슬라이딩되는 방법으로 컴포넌트 주제별로 짧고 직관적으로 노출됩니다. PC에서는 컴포넌트 영역별로 평균 네 개의 상품이 여러 줄 노출되며 슬라이드를 내리면 각 주제별로 상품군이 노출됩니다.

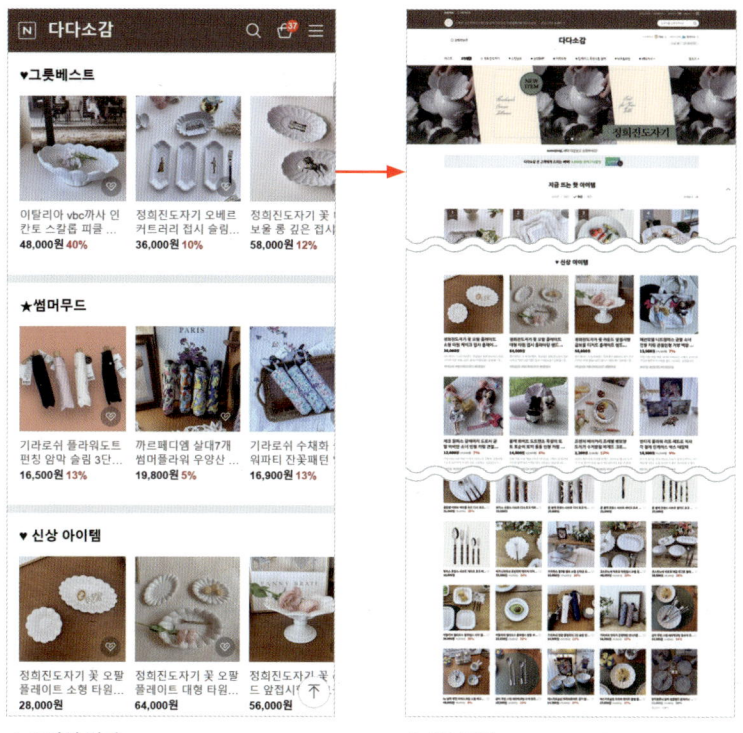

▲ 모바일 버전   ▲ PC 버전

❻ 상단의 모바일, PC 아이콘을 클릭하여 미리 보기를 적용한 예시로 [전체 적용하기]를 클릭하기 전까지는 저장되지 않습니다. 컴포넌트 영역의 주제와 상품을 직관적으로 구성하면 우리가 노출하고자 하는 상품을 상위에 전시할 수 있습니다. 또한 고객이 원하는 상품을 바로 볼 수 있어서 내 스토어에 보다 오래 머무를 수 있도록 해줍니다.

고객이 원하는 카테고리를 노출하자

네이버 검색을 통해 방문한 고객은 내 상품의 상세페이지를 확인하며 내 스마트스토어를 처음 방문하게 됩니다. 그리고 상세페이지에서 다른 상품들을 보기 위해서 상단의 스마트스토어 이름을 클릭하여 내 스토어의 메인페이지로 이동합니다. 이는 가장 일차원적인 이동 방법입니다.

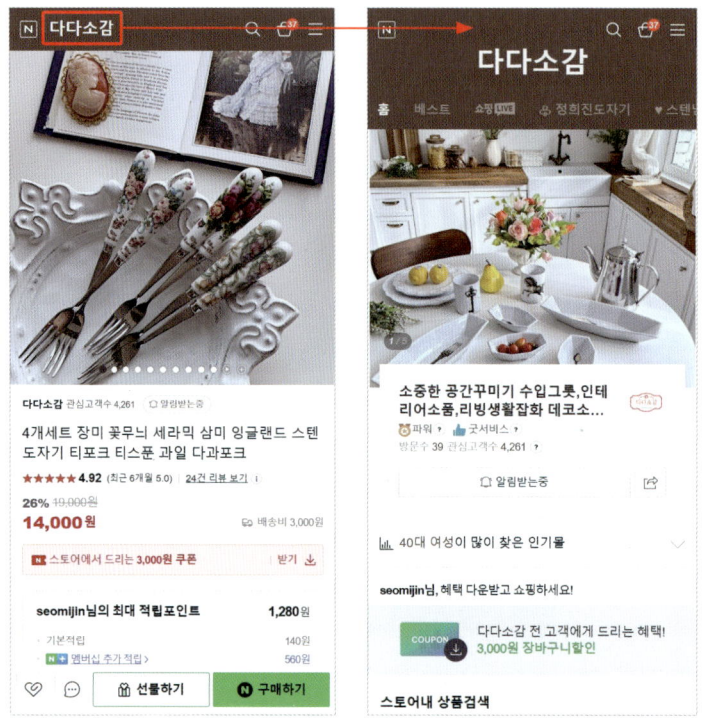

내 스토어의 메인페이지가 잘 세팅되어 있다면 고객들이 관심 있는 상품들을 클릭하면서 평균 체류 시간이 높아집니다. 또한 상품을 찜하고 장바구니에 담는 등 의미 있는 클릭들이 이뤄질 수 있습니다.

그러나 메인페이지에 모든 상품을 노출할 수는 없습니다. 그래서 내 스토어 상단에 [카테고리]를 설정해서 고객이 원하는 상품들을 디테일하게 전시해야 합니다. [스토어관리]-[스토어 전시관리]-[카테고리 관리] 메뉴에서 추가 설정을 해보겠습니다.

카테고리는 ❶ [카테고리 그대로 전시], ❷ [나만의 카테고리 전시] 두 가지 방법이 있습니다. 상품의 가짓수가 많거나 다양한 카테고리의 상품을 판매하는 경우에는 ❶ [카테고리 그대로 전시]로 두는 것이 좋습니다.

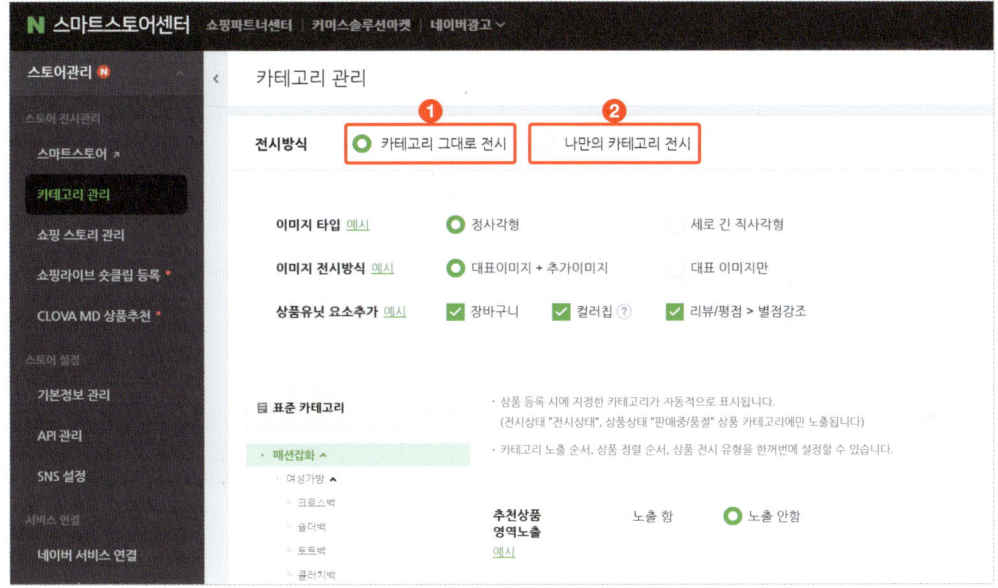

TIP 여기서 소개하는 카테고리는 내 스마트스토어에서 상품 전시에 이용되는 카테고리로, 상품 등록 시 선택하는 상품의 고유 카테고리와는 별개입니다.

다양한 식품군을 판매하고 있지만 대분류 기준으로 특정 카테고리인 식품에 모두 상품이 모여 있는 경우에는 스토어 상단에 '식품' 카테고리만 보여지기 때문에 고객들에게 상품을 직관적으로 보여주기가 어렵습니다. 이런 경우에는 ❷ [나만의 카테고리 전시]를 클릭하여 직접적인 카테고리명으로 상품들을 전시해보는 것이 좋습니다. 또한 다양한 카테고리에 상품이 등록되어 있지만, 카테고리를 클릭했을 때 품목수가 적을 때도 ❷ [나만의 카테고리 전시]로 카테고리명을 설정하면 다채로운 상품 전시가 가능해집니다.

예를 들어, 여성 의류 판매자가 고객의 연령대에 맞는 관심 상품으로 구색을 갖추기 위해 가방(패션잡화 > 가방), 쥬얼리(패션잡화 > 주얼리), 유아용 양말(출산/육아), 남성 양말 등도 판매한다고 가정해보겠습니다. '악세서리 코디'라는 카테고리명으로 가방과 주얼리 등을 모아서 노출할 수 있고, '가족 코디'라는 카테고리명으로 여성 양말, 유아 양말, 남성 양말 등을 모아서 노출할 수도 있습니다.

[카테고리명]에서 대분류는 최대 19개까지 설정할 수 있습니다. 작성한 카테고리명을 클릭하면 상품을 카테고리에 연결할 수 있습니다. 특정 카테고리의 상품을 모아 담는 [카테고리 단위로 연결], 원하는 상품만 선택하여 연동하는 [개별상품 단위로 연결] 중에 하나를 선택하여 연결할 수 있습니다.

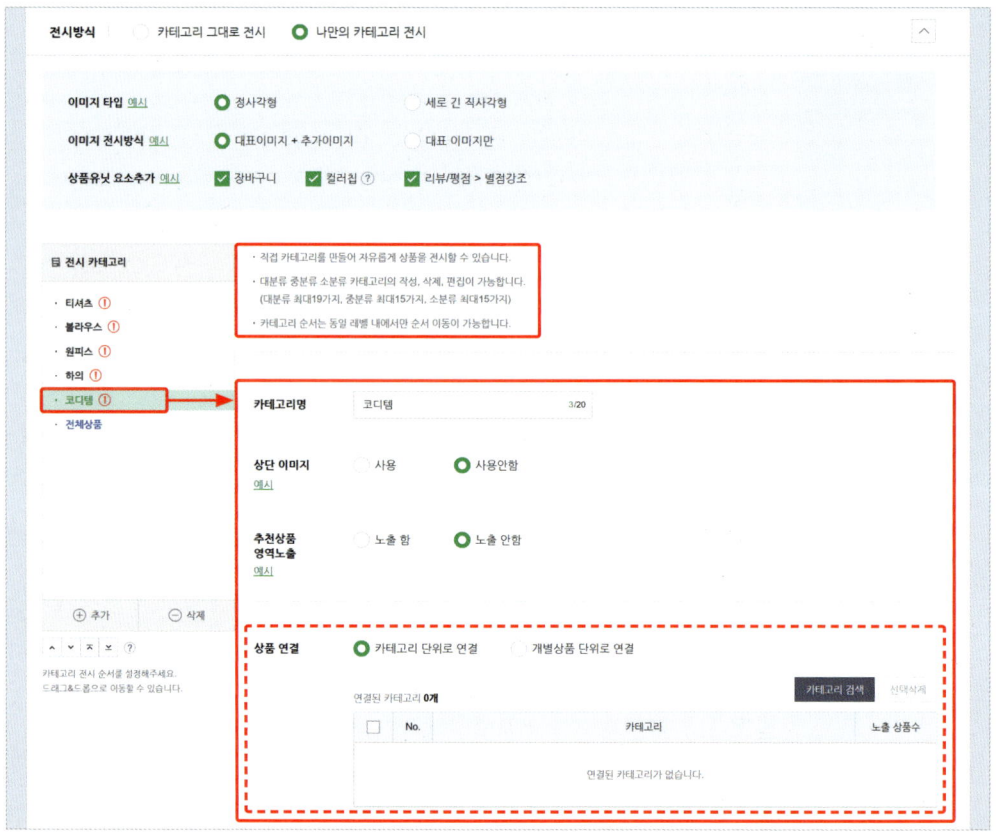

현재 추가된 카테고리명은 스마트스토어에서 [대분류] 카테고리명으로 스토어 상단에 노출됩니다.

스마트스토어 TIP 중/소분류 카테고리는?

전시 카테고리에서 카테고리명을 선택한 상태에서 [+추가]를 클릭하면 중분류 카테고리를 생성할 수 있습니다. 그러나 지금 우리가 카테고리를 설정하는 이유는 고객들에게 우리 상품을 직관적으로 노출하려는 목적이므로 중/소분류 카테고리를 만들지 않는 것을 권장합니다.

내 고객 제대로 사로잡기

스마트스토어의 결제 수단은 네이버페이입니다. 네이버 아이디를 가진 모든 이용자는 네이버페이로 스마트스토어에서 쉽고 간단히 결제할 수 있습니다. 이 모든 유저를 내 스토어의 잠재고객으로 생각하고 마케팅을 계획할 수 있습니다. 그러나 수많은 상품들과 비슷한 스토어들 사이에서 한 번 방문한 고객이 내 스토어에 다시 방문하는 일은 쉽지 않습니다. 그래서 근래 가장 중요한 마케팅으로는 '재방문을 유도하는 마케팅'으로 매출을 올릴 수 있습니다. 과도한 광고비를 지출하는 마케팅이 아닌, 보다 효율을 높이는 구체적인 방안을 살펴보겠습니다.

이 할인 쿠폰은 상세페이지에서 예쁜 쿠폰 모양으로도 자주 볼 수 있습니다. 이 쿠폰은 내 스토어에 방문한 고객들에게 발행하는 상품 금액 할인 쿠폰입니다. 쿠폰을 받은 고객은 상품 판매가에 추가적으로 할인을 적용하여 상품을 구매할 수 있습니다. 고객은 할인 혜택을 받기 위해 쿠폰을 적극적으로 다운로드합니다.

판매자는 다양한 타깃을 대상으로 할인 쿠폰을 발행할 수 있습니다. 단순히 상품 금액을 할인하는 것만으로 그치는 것이 아닌, 재방문을 유도하는 마케팅을 진행하기 위해 조금 더 목적 있는 쿠폰을 계획해야 합니다. 처음에는 무조건 '알림받기 동의고객'을 대상으로 할인 쿠폰을 발행해야만 합니다. 1천 명 이상의 알림받기 고객이 확보된다면, 그 어떤 광고비보다 효과적으로 재방문을 유도하는 마케팅을 진행할 수 있습니다.

▲ 알림받기 동의 쿠폰은 스토어 메인페이지에서 배너로도 노출됩니다.

[알림받기]에 동의한 고객들은 다음과 같은 혜택을 받습니다. 첫째, 내 스토어가 [관심 스토어]로 자동 등록됩니다. PC와 모바일 어디서나 편리하게 스토어를 방문하고 확인할 수 있습니다.

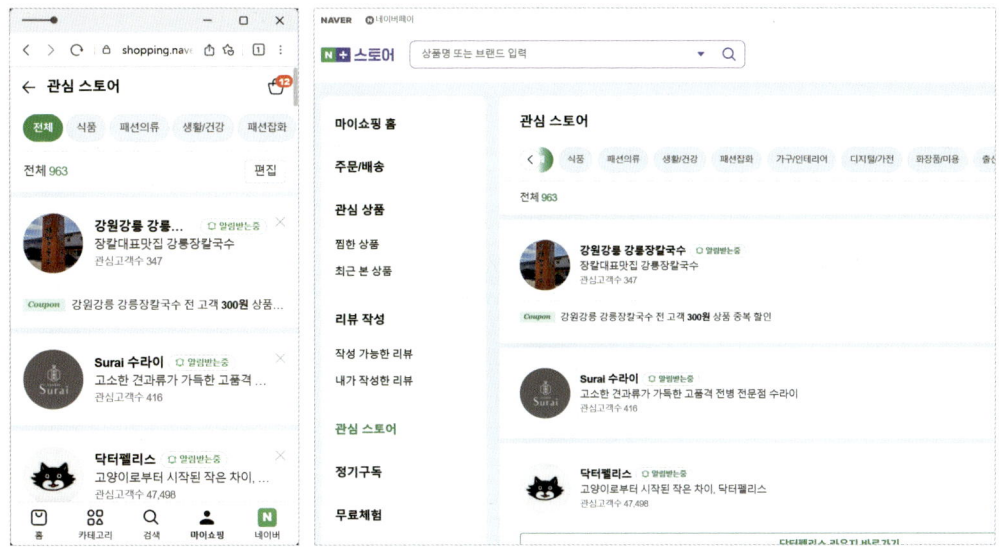

둘째, 진행 중인 프로모션 정보를 실시간으로 받아볼 수 있습니다. 쇼핑라이브나 숏클립 소식을 전달하여 고객 참여도와 조회수를 높일 수 있습니다.

셋째, 단체 메시지를 통한 효과적인 마케팅이 가능합니다. 신상품 입고, 할인, 특가 상품 등 다양한 소식을 고객에게 전달할 수 있습니다. 단, 이러한 소식을 받아볼 고객이 있어야만 마케팅 효과가 있는 법입니다. 마케팅 메시지 형식에 맞춰 홍보 내용을 작성하고, 할인 쿠폰이나 미끼 상품을 준비하여 고객의 재방문을 유도할 수 있습니다. 더 나아가 특정 고객층을 대상으로 한 추가 쿠폰 발행 등 맞춤형 프로모션으로 고객의 재방문을 유도할 수 있습니다.

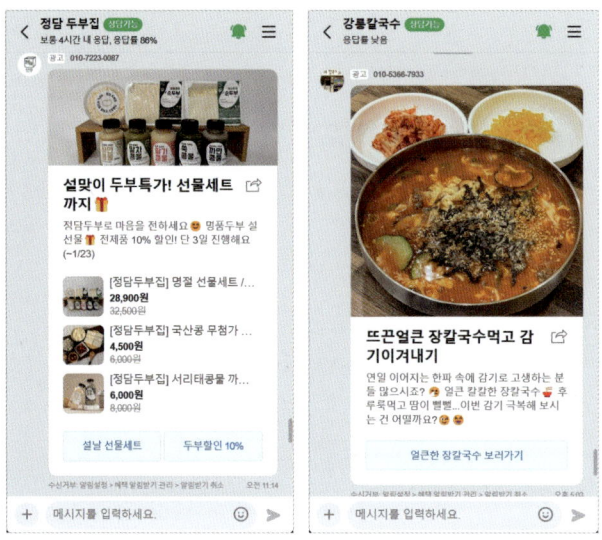

이후에는 이 알림받기 고객들을 타깃으로 하는 광고도 진행할 수 있습니다.

[알림받기] 할인 쿠폰이 고객에게는 가격 할인 혜택으로 노출되어 쿠폰이 쉽게 다운로드됩니다. 즉, 방문자를 알림받기 동의 고객으로 쉽게 늘릴 수 있습니다. 지금 당장 할인 쿠폰을 설정하고 적극적인 홍보를 통해 [알림받기] 동의 고객수를 늘려보세요! 알림받기 동의 고객이 늘어날수록 광고 비용은 줄이고 재방문을 높이는 마케팅을 보다 쉽게 할 수 있습니다. 이러한 마케팅을 진

행하기 위해서는 우선 두 가지 조건이 필요합니다. 바로 네이버 톡톡과 할인 쿠폰 설정입니다.

POINT 1. 네이버 톡톡으로 고객과 상시 소통하자

마케팅 메시지 발송을 위해 [네이버 톡톡]을 설정해야 합니다. 스마트스토어는 [노출관리]-[노출서비스관리] 메뉴에서 단순 연동만으로 설정 가능합니다.

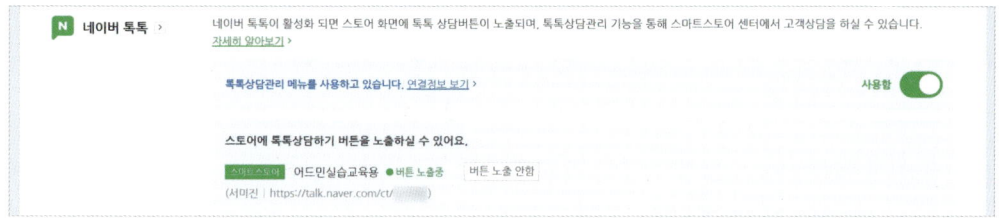

네이버 톡톡 설정 시, 상품 상세페이지에서는 [구매하기], [장바구니] 버튼과 함께 [톡톡문의] 버튼이 노출됩니다.

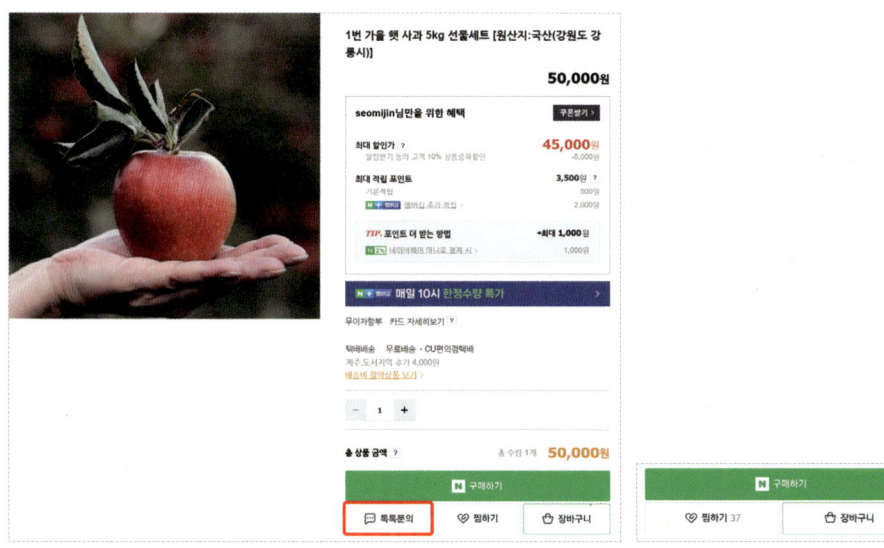

▲ 네이버 톡톡 설정했을 때　　　　　　　　　　▲ 네이버 톡톡을 설정하지 않았을 때

[톡톡문의] 클릭 시, 고객은 상품에 대해 실시간으로 문의할 수 있으며 판매자는 네이버 앱, 톡톡파트너센터 앱, 스마트스토어센터 등에서 답변을 작성함으로써 고객과의 상담이 가능합니다.

> **스마트스토어 TIP** 　네이버 톡톡이란?
>
> 스마트스토어, 네이버쇼핑처럼 네이버 톡톡은 네이버의 또 하나의 서비스입니다. 톡톡을 스마트스토어에 쉽게 연동한 것처럼 네이버 블로그나 모바일 홈페이지 모두 등에서도 톡톡을 설정할 수 있습니다. 하나의 네이버 아이디로 여러 서비스에서 유입된 문의를 한번에 처리할 수 있습니다. 톡톡파트너센터에서 [서비스 연결하기]를 통해 쉽게 연동할 수 있습니다.

POINT 2. 할인 쿠폰으로 알림받기한 고객을 늘리자

알림받기를 동의한 고객을 많이 모아야 합니다. 그러나 보이지 않는 고객들에게 동의를 받아내기란 쉽지 않습니다. 그래서 내 스토어를 방문한 고객들에게 상품 할인 쿠폰을 혜택으로 제공함으로써 [알림받기] 동의를 좀 더 쉽게 진행할 수 있습니다. 상품 할인 쿠폰은 스마트스토어센터에서 [혜택/마케팅]-[혜택 관리]-[혜택 등록] 메뉴에서 발행할 수 있습니다.

발행한 쿠폰은 아래와 같이 노출됩니다. ❶ 스토어 메인페이지에서 쿠폰으로 고객 혜택 배너로 노출됩니다. ❷ 상세페이지에서 쿠폰 금액이 설정된 최종 혜택가로 노출됩니다. ❸ 상세페이지에서 쿠폰 내역으로 노출됩니다.

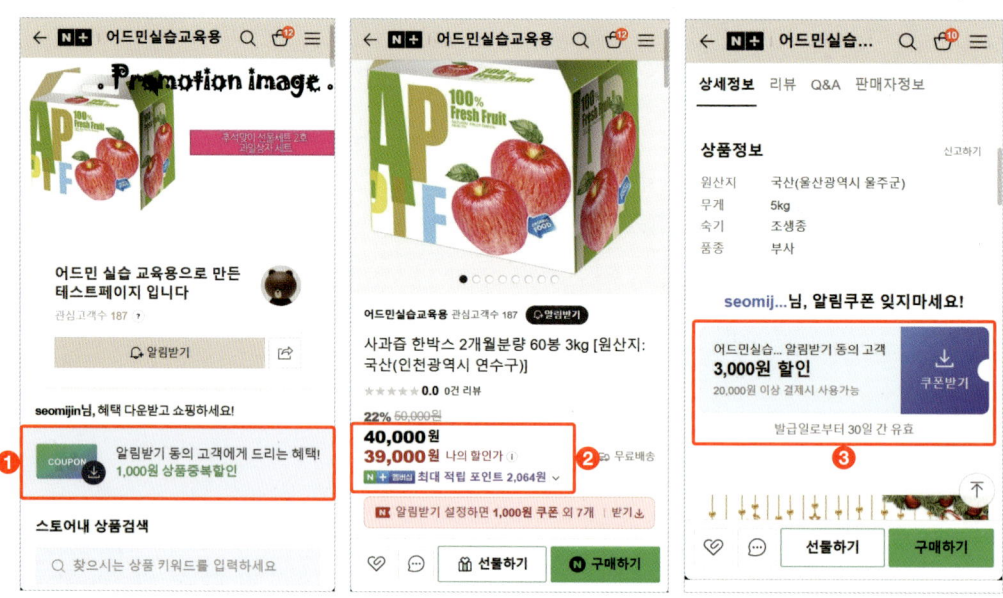

이렇게 두 가지 설정을 마쳤다면, 알림받기 고객수를 늘리는 마케팅을 진행해보겠습니다.

스마트스토어 TIP [혜택 등록] 메뉴 알아보기

❶ [타겟팅 대상]은 [알림받기]로 선택합니다.

❷ [타겟팅 목적]은 [알림받기 고객 늘리기 + 유지하기(스토어 내 혜택 노출)]로 선택합니다.

❸ [쿠폰종류]는 [상품단위 할인]-[상품중복할인]으로 선택하는 것이 보편적입니다.

❹ [발급건수 제한]은 [제한없음]을 권장합니다.

❺ [혜택기간]을 짧게 선택하면, 기간 이후에는 쿠폰이 노출되지 않습니다.

❻ [쿠폰 유효기간]은 쿠폰을 발급받는 날 기준으로 일주일, 30일 내외 등으로 설정합니다.

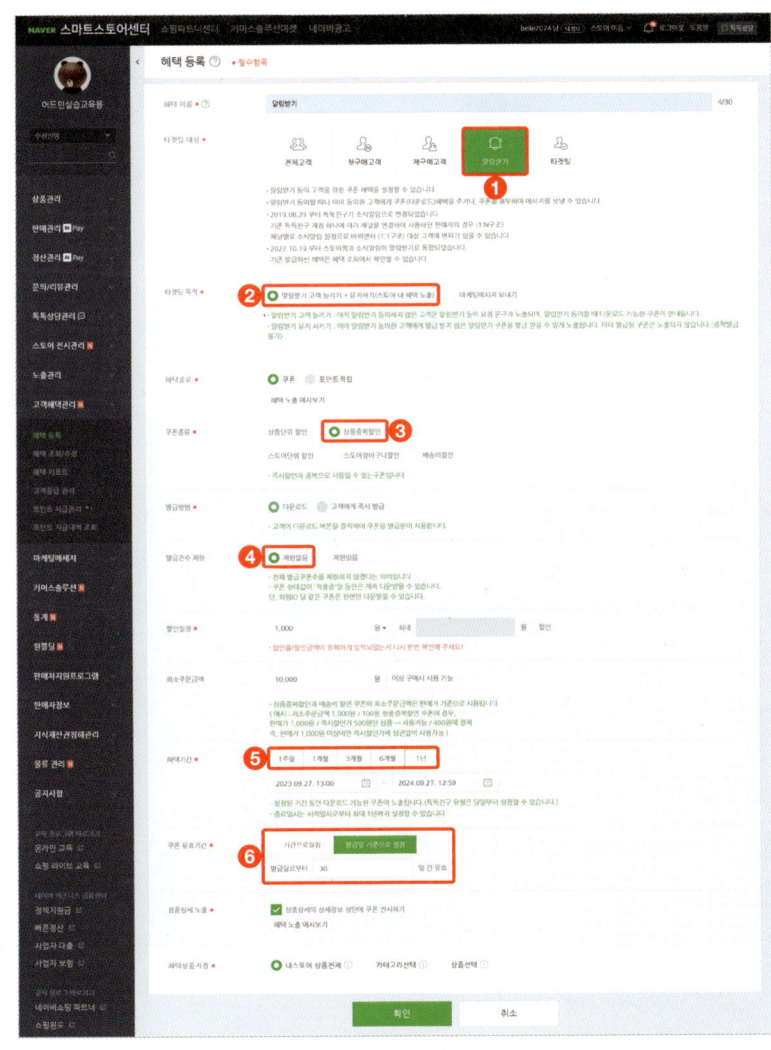

스마트스토어 기본에 충실하기 · CHAPTER 01 · 069

내 고객의 재방문율 높이기

네이버 톡톡을 설정하고 할인 쿠폰 발행으로 [알림받기] 동의 고객이 많아지면, 이후에 스토어 소식을 발행할 수 있습니다. 스토어 소식은 스마트스토어센터에서 [혜택/마케팅]-[마케팅메세지]-[마케팅 보내기] 메뉴에서 발행할 수 있습니다.

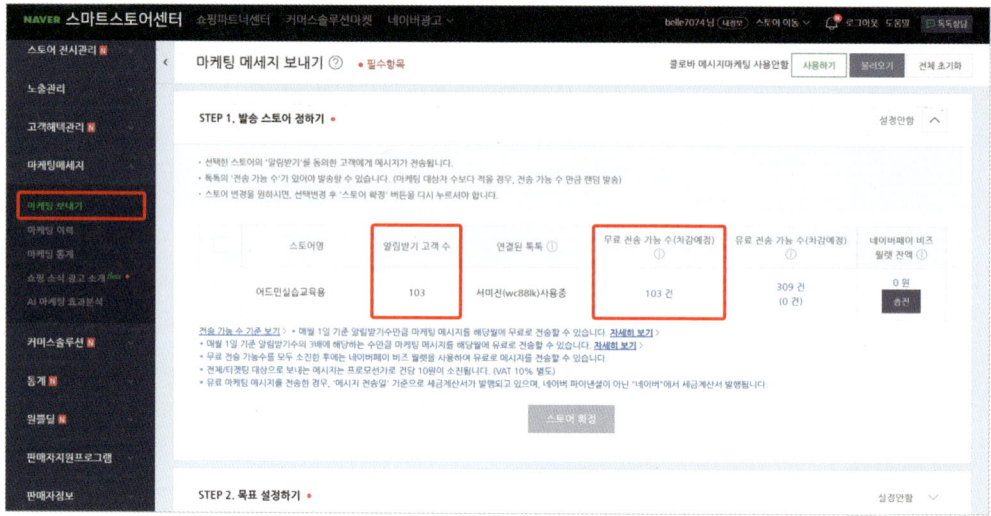

[STEP 1. 발송 스토어 정하기]에서 [알림받기 고객 수]와 [무료 전송 가능 수]를 확인할 수 있습니다. 매월 1일을 기준으로 알림받기 수만큼 해당 월에 마케팅 메시지를 무료로 전송할 수 있습니다. 더 적극적인 마케팅을 위해 메시지를 여러 번 전송하고 싶다면, 알림받기 수의 세 배까지 유료로 전송할 수 있습니다.

> **예시**
> - 알림받기 고객 수 : 100명
> - 한 달 동안 발송 가능한 메시지 전송 수 : 무료 100건 + 유료 300건 = 총 400건

유료 메시지는 건당 10원(VAT 별도)의 저렴한 비용으로, 세밀한 타깃팅이나 주별로 다른 주제의 단체 메시지를 전송할 때 매우 효과적입니다.

💡 스마트스토어 TIP | 마케팅 메시지 제대로 보내는 방법

❶ [STEP 1. 발송 스토어 정하기]에서 내 스토어를 선택합니다.

❷ [STEP 2. 목표 설정하기]에서 전체 혹은 특정 대상자를 선택하고 [목표확정]을 클릭합니다. 정확한 타겟팅 목적이 없다면, [알림받기 전체]를 선택하세요.

❸ [STEP 3. 타겟팅 설정]에서 [AI 타겟팅 사용 안함]으로 [타겟팅확정]을 클릭하면 메시지를 받을 대상자 수가 확인됩니다. 무료 메시지 건수보다 많을 경우, 유료 가능 건수 내에서 차감되고 비용이 청구됩니다.

❹ [STEP 4. 혜택 첨부 설정]은 미리 발행한 쿠폰을 선택합니다. 미리 설정한 쿠폰이 없다면 [첨부 안함]으로 선택하세요.

❺ [STEP 5. 톡톡마케팅 메세지편집]에서 우측 [톡톡 마케팅 편집]을 클릭하여 내용을 입력하고 저장합니다.

❻ [전송하기]를 클릭하면 날짜/시간을 지정하여 발송하거나, 즉시 발송할 수도 있습니다.

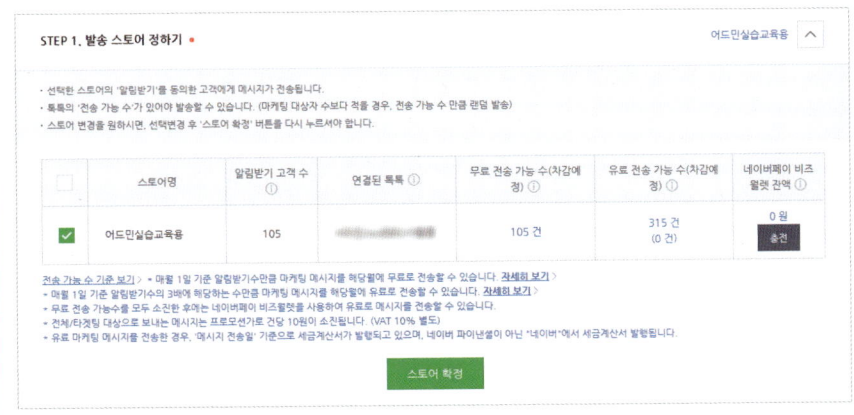

▲ 마케팅 메시지 보내기 설정 예시

발송된 메시지는 [혜택/마케팅]-[마케팅메세지]-[마케팅통계] 메뉴에서 메시지 통계 내역을 확인할 수 있습니다.

① **전송 대상자 수** | 발송된 숫자입니다.
② **읽음 수** | 알림을 통해 전달된 메시지를 클릭하여 열람한 고객의 수입니다.
③ **클릭 수** | 메시지 내의 쿠폰이나 상품, 링크를 클릭해 내 스토어로 이동한 고객 수입니다.
④ **주문 정보** | 전송된 메시지를 통해 유입된 고객에게서 발생한 주문 정보를 [주문 건수]와 [주문 금액]으로 확인할 수 있습니다.

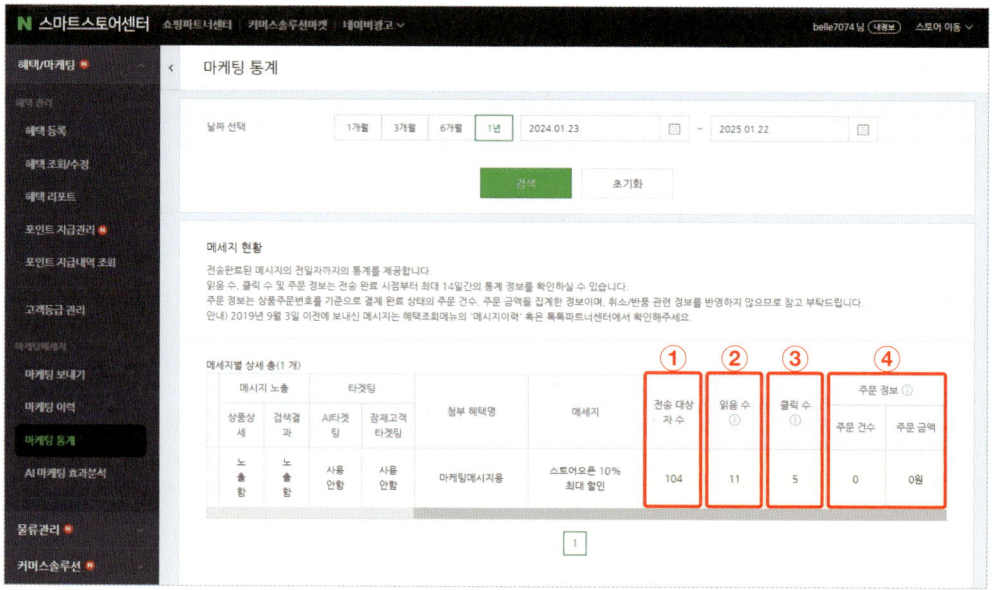

더 많은 고객들이 메시지를 읽고 내 스토어로 재방문하여 더 많은 매출이 발생하도록 하기 위해서 몇 가지 디테일한 설정이 반드시 필요합니다.

POINT 1. 마케팅 메시지 작성하기

대외적으로 노출할 수 있는 마케팅 메시지를 반드시 작성하세요. 특정 고객에게 큰 할인을 제공하는 프로모션이 아니라면, [STEP 2. 목표 설정하기]에서 [메시지 노출 설정]을 ❶ [소식 배너]와 ❷ [검색 결과] 모두 [노출함]으로 선택하여 더 많은 페이지에서 내 마케팅 메시지가 노출되게 하는 것이 좋습니다.

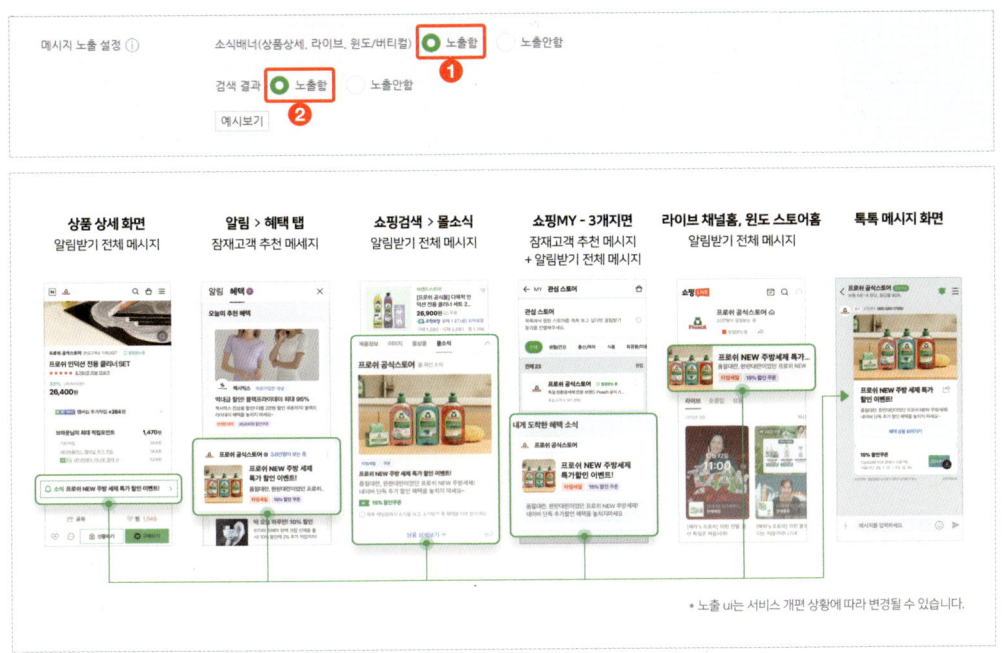

▲ 출처 : 스마트스토어센터 고객센터

위처럼 상세페이지와 혜택, 스토어 소식 등의 페이지에서 내 메시지가 자동으로 노출되어 진행하는 프로모션을 알림받기 고객이 아닌 다른 잠재 고객들에게도 홍보할 수 있습니다. 할인 쿠폰이 있을 때 클릭률이 높아지므로, 마케팅 메시지용 할인 쿠폰을 별도로 발행하면 좋습니다.

❶ [혜택/마케팅]-[혜택 등록] 메뉴에서 ❷ [타겟팅 대상]을 [알림받기]로 선택하고 ❸ [타겟팅 목적]을 [마케팅메시지 보내기]로 선택해야 합니다.

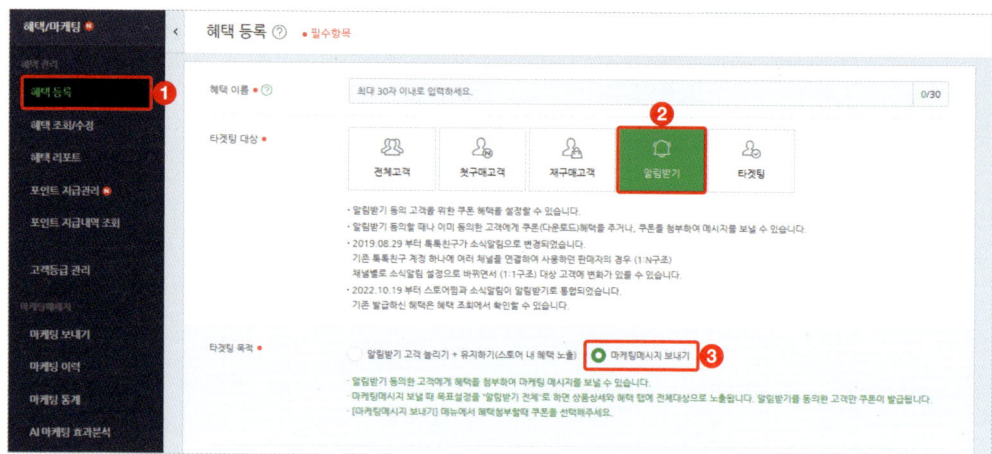

이렇게 발행한 쿠폰은 내 스토어에서 직접적으로 노출되지 않고, 마케팅 메시지 작성 시 [STEP 4. 혜택 첨부 설정]에서 선택할 수 있는 쿠폰으로 노출됩니다.

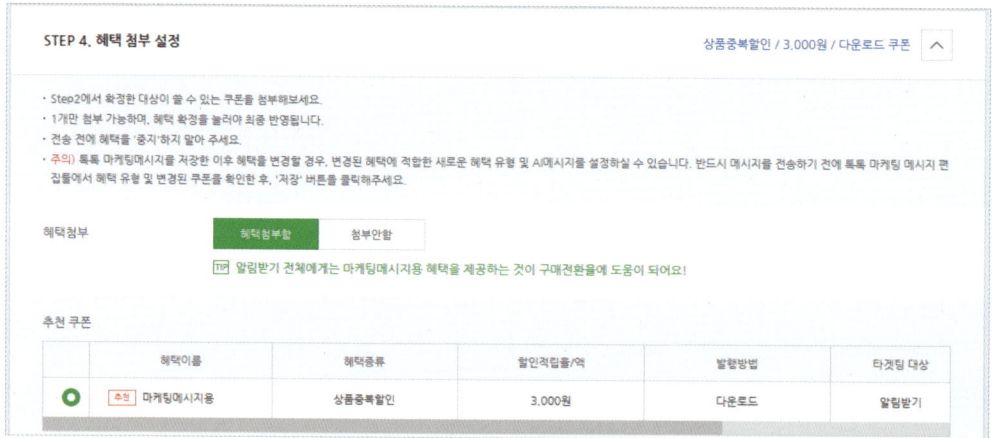

쿠폰을 선택하여 마케팅 메시지를 작성하게 되면 템플릿 하단에 할인 쿠폰이 자동으로 설정되어 노출됩니다. 해당 쿠폰은 마케팅 메시지 알림에서 포함되어 고객들에게 전달되며, 고객 유입이 증가하는 중요한 포인트가 됩니다.

POINT 2. 적절한 템플릿 활용하기

마케팅 메시지 작성 시 네 가지의 템플릿을 활용할 수 있습니다. 제품을 잘 전시할 수 있는 템플릿을 활용하세요.

① **설명형** | 자주 사용하지 않습니다. 긴박하게 내용을 전달해야 할 경우에만 사용하세요.

② **이미지형** | 이미지와 제목, 내용만 전달하므로 상단 이미지를 프로모션 배너처럼 혜택을 크게 부각시켜서 제작하거나, 대표 상품 이미지로 준비하세요. 상단 이미지 사이즈는 628×380px이며, 1:1 비율 이미지도 적용할 수 있습니다.

③ **상품리스트형** | 혜택과 내용에 반영되는 상품 목록을 최대 세 개까지 보여줄 수 있습니다. 제품 이미지는 작게 노출되고 상품명과 가격이 함께 노출되므로, 가격 메리트가 있는 할인율이 큰 상품들, 제품 이미지가 비슷한 상품군을 판매하는 경우에 상품리스트형이 적합합니다. 상단 이미지 사이즈는 628×270px입니다.

④ **상품카드형** | 의류, 패션잡화처럼 제품 이미지를 부각시켜서 클릭을 유도하는 것이 좋은 상품군은 상품카드형이 좋습니다. 다만, 상단에 별도의 이미지를 등록할 수 없으니 이미지로 클릭을 유도할 수 있는 제품군일 때만 선택하세요.

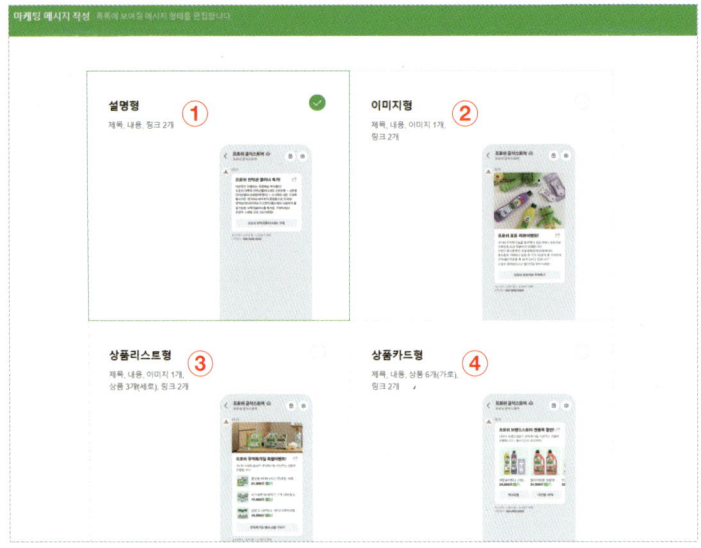

POINT 3. 후킹하는 제목 작성하기

타이틀과 첫 번째 줄 문구가 클릭을 좌우합니다. 네이버 메인에서 우측 상단 종 모양을 클릭하면 [알림] 페이지로 이동합니다. 알림을 통해 전달된 마케팅 메시지는 [알림] 페이지에서 스토어명과 함께 제목, 내용, 이미지가 노출됩니다. 상품 상세페이지에 노출되는 마케팅 메시지는 소식의 제목만 노출됩니다.

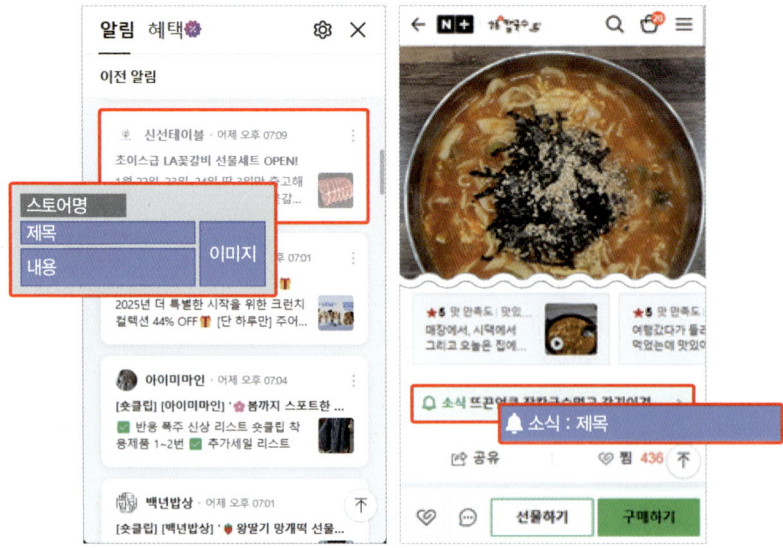

이렇게 짧은 정보로 클릭률을 높이기 위해서는 마케팅 메시지의 제목과 내용이 매우 중요합니다. 마케팅 메시지 작성 시 [상품리스트형] 템플릿을 선택한 경우, 상단에 이미지와 제목 한 줄, 내용 두 줄, 상품 최대 세 개를 선택할 수 있습니다. 이때 클릭에 중요한 요소는 제목과 내용 두 줄입니다. 예를 들어 최대 50% 할인, 주말 동안 추가 할인, 1월 마지막 세일처럼, 가급적 숫자와 혜택을 제목과 내용 초반에 반영하는 것이 좋습니다.

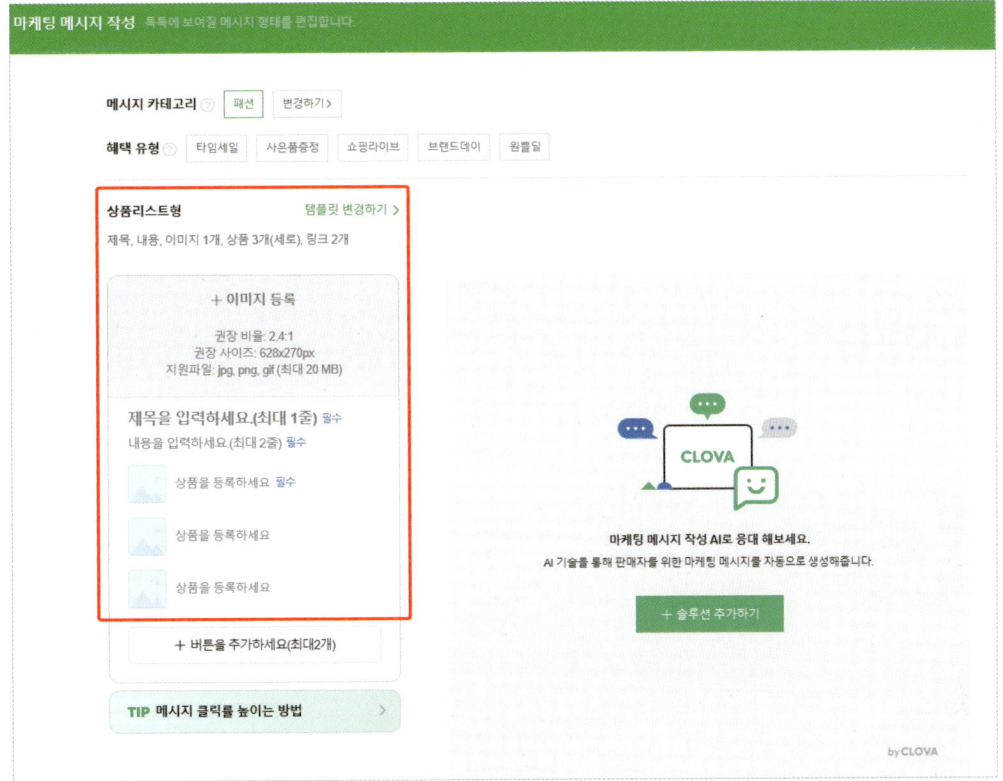

POINT 4. AI의 도움 받기

메시지 작성이 어렵다면 [CLOVA 메시지마케팅]을 활용하여 AI 기술로 마케팅 메시지를 자동으로 만들어보세요. 보다 구체적인 내용들을 입력하여 우리가 가장 중요시해야 하는 제목과 내용에서 도움받을 수 있습니다.

마케팅 메시지 작성 페이지에서 [+솔루션 추가하기]를 클릭하면 커머스솔루션마켓 [CLOVA 메시지마케팅] 페이지로 이동합니다.

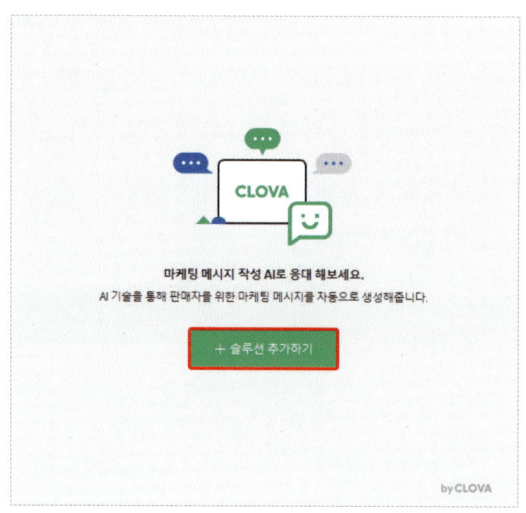

이때, 7일의 무료 이용 기간 이후에는 비용이 발생합니다. 알림받기 수에 따라 비용이 다르게 적용되니, 아직 메시지 작성에 서툰 초보 판매자라면 [스타트] 그룹으로 선택하여 이용해보길 권장합니다.

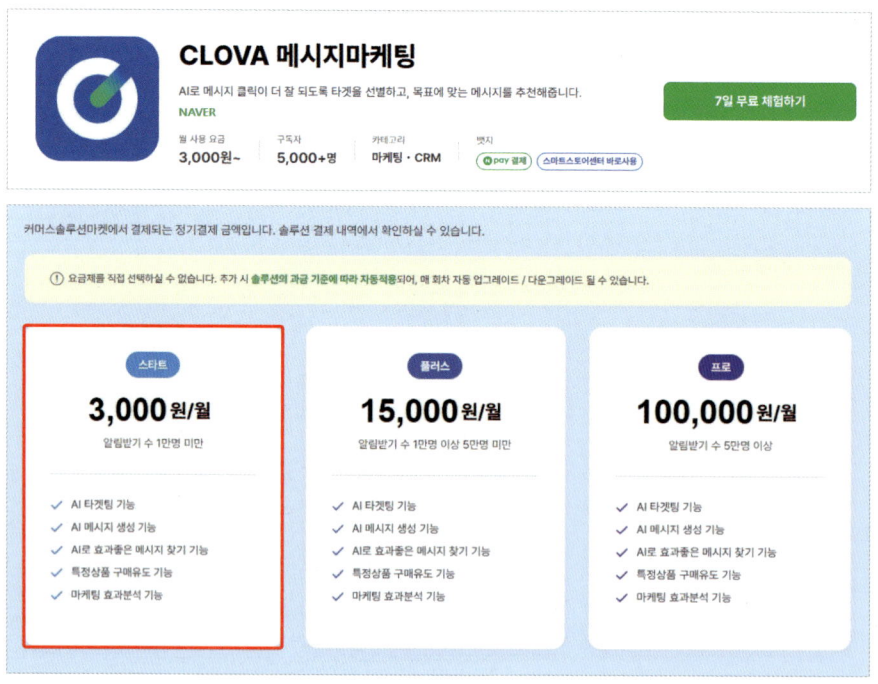

서비스를 이용하면 메시지 작성 예시처럼 다양한 제목과 문구를 제작하여 제공하므로, 보다 빠른 시간 내에 업무를 효율적으로 진행할 수 있게 됩니다.

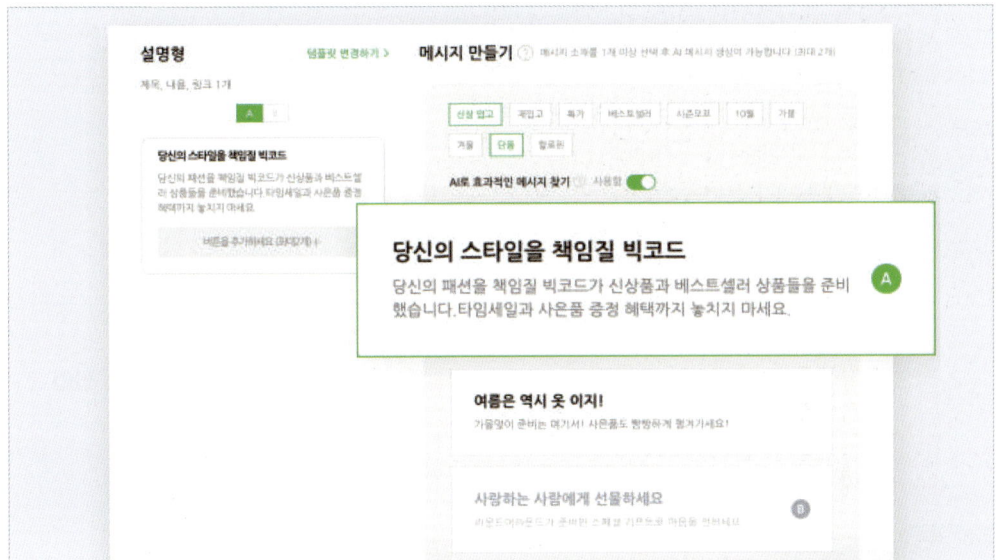

공지사항으로 혜택 제대로 어필하기

고객에게 어필하기 위한 할인이나 프로모션이 방문자의 눈에 띄지 않으면 정보 전달이 어렵고, 결국 효과를 보지 못할 수도 있습니다. 보다 직관적으로 내용을 전달하고, 최소한의 클릭으로 고객이 원하는 경로로 이동해 상품에 도달하도록 구성해야 합니다. 진행 중인 혜택을 효과적으로 노출할 수 있는 방법을 알아본 후 적극 활용하세요.

공지사항 기능 활용하기

스마트스토어에서 전달하고 싶은 내용을 공지사항 기능을 활용해 등록할 수 있습니다. 고객에게 직관적으로 안내하기 위해, [스마트스토어센터]의 [공지사항 관리] 메뉴에서 공지사항을 등록해보세요.

공지사항을 활용하는 방법은 총 세 가지가 있습니다. 목적에 따라 공지사항 기능을 달리 적용해 사용하는 것이 좋습니다.

목적	적용 방법
1	내 스토어의 기본 정책이나 사은품 소개 등의 콘텐츠를 등록할 때	❶ 제목 + ❷ 내용
2	상품 상세페이지에서 주문/배송에 필요한 중요 정보를 알릴 때(배송 지연, 휴가 안내 등)	❶ 제목 + ❷ 내용 + ❸ **상품상세 노출**
3	내 스토어 메인페이지에 팝업으로 이벤트를 안내할 때 (신상품, 혜택, 이벤트 안내 등)	❶ 제목 + ❷ 내용 + ❹ **스토어홈 팝업**

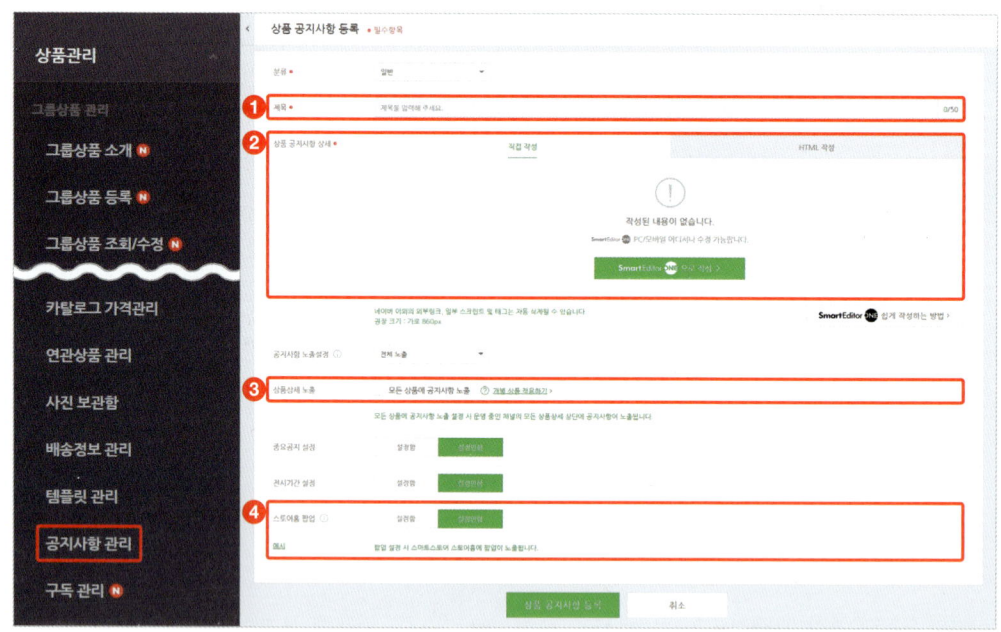

POINT 1. 내 스마트스토어 공지사항 메뉴에 등록하기

[상품 공지사항 등록]에서 [제목] + [내용]만을 입력하고, 저장하면 내 스마트스토어 공지사항 메뉴에서 공지사항 글이 노출됩니다.

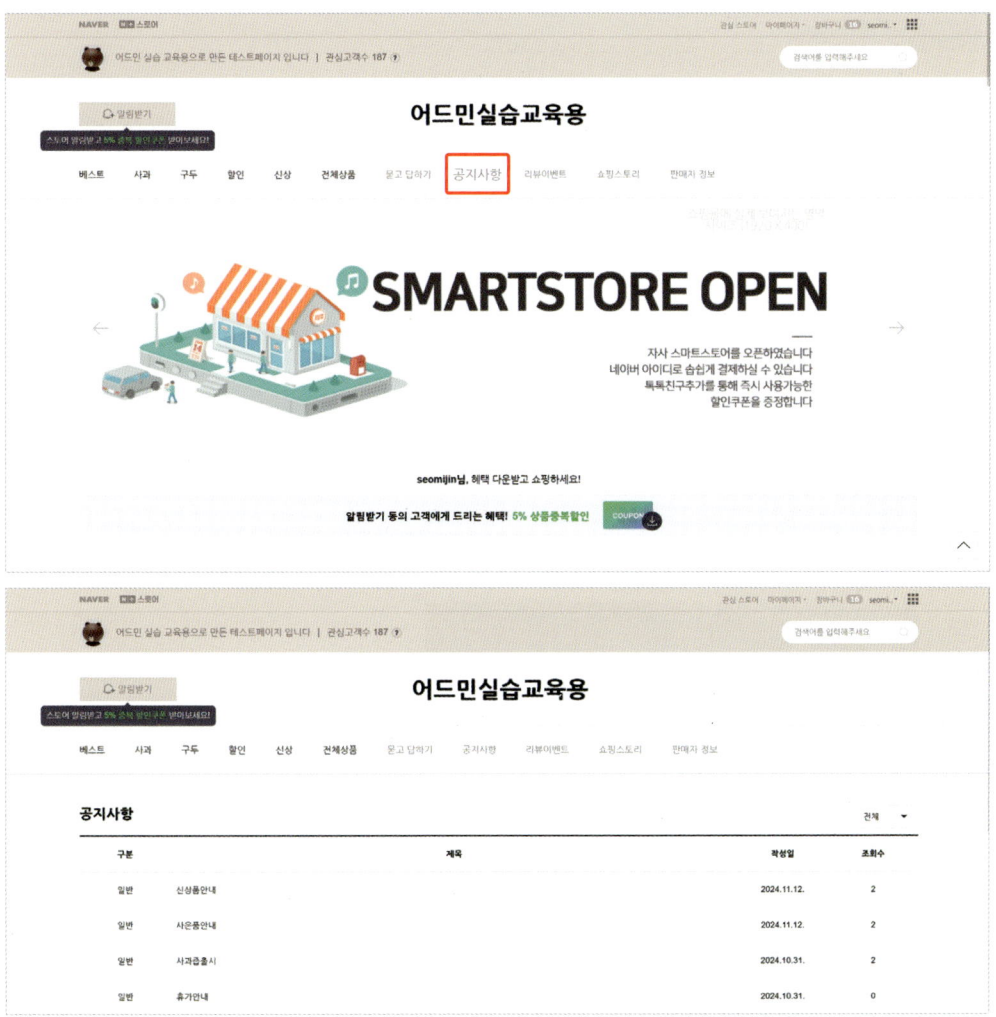

이 방법은 고객이 직접 공지사항 메뉴를 클릭하고 이동해서 해당 내용을 확인해야 하므로, 고객들에게 직관적인 전달이 어렵습니다. 중요하진 않지만, 고객들에게 고지해 두어야 하는 내용이나 전달하고 싶은 정보를 등록합니다.

POINT 2. 내 상품의 상세페이지 상단에 노출하기

[상품 공지사항 등록]에서 [제목] + [내용]을 입력하고 [상품상세 노출]을 체크합니다. 이때 작성한 공지사항 글은 공지사항 메뉴에 노출되면서 모든 상품 상세페이지 상단에 노출됩니다.

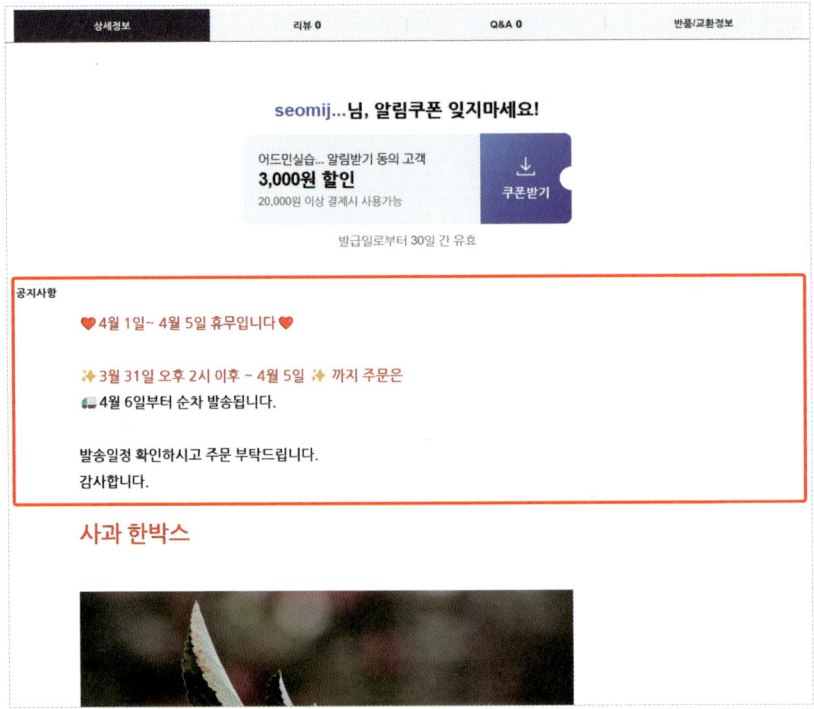

▲ 텍스트로 공지사항 작성 후, [상품상세 노출] 체크하여 상세페이지 상단에 공지사항이 노출된 예시

네이버 검색을 통해 유입된 고객들은 대부분 상품 상세페이지를 가장 먼저 발견합니다. 이 영역은 상품 정보보다 먼저 노출되므로, 구매와 관련된 주요 정보를 효과적으로 배치하는 것이 중요합니다. 배송 지연 이슈(휴가 또는 연휴), 추가 할인 혜택 등 구매에 영향을 미치는 내용을 포함해 고객이 빠르게 확인할 수 있도록 구성하세요.

단순히 텍스트로 작성할 수도 있지만, 폰트 크기가 너무 작으면 가독성이 떨어질 수 있으므로 15pt 이상으로 눈에 띄게 작성하는 것이 좋습니다. 이미지로 제작하는 경우, 가로 사이즈는 860px로 최적화하고, 세로 길이는 1000px 미만으로 조정해 상품 정보 전달이 지연되지 않도록 하는 것이 좋습니다.

▲ 이미지로 공지사항 작성 후, [상품상세 노출] 체크하여 상세페이지 상단에 공지사항이 노출된 예시

이때 작성된 이미지는 PC보다 모바일에서 더욱 많이 읽히므로, 이미지 내 글씨 크기가 18pt 이하일 경우 가독성이 매우 떨어집니다. 따라서 PC와 모바일 모두에서 원활하게 전달될 수 있도록 적절한 크기로 작성하는 것이 중요합니다.

한 번 등록한 [내용]이 PC와 모바일에서 모두 동일하게 노출되며, PC 사이즈로 등록한 내용이 모바일용으로 리사이징되어 노출됩니다.

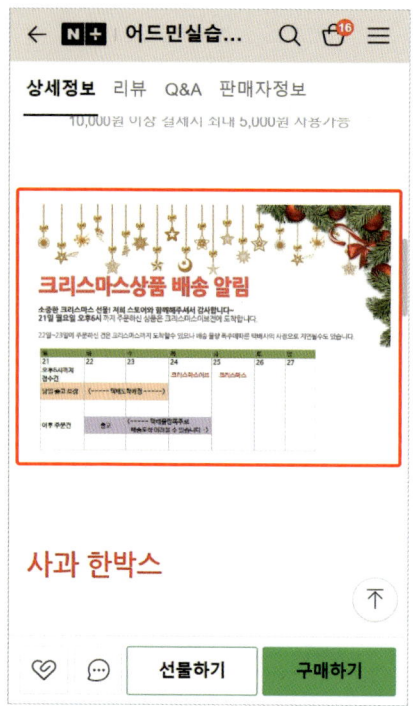

TIP 상세페이지 상단에 이미지로 공지사항을 등록한 경우, 너무 작은 글씨는 모바일에서 내용 전달이 어렵습니다.

POINT 3. 내 스마트스토어 메인페이지에 팝업 띄우기

01 [상품 공지사항 등록]에서 [제목], [내용]을 입력한 후 [스토어 팝업]을 [설정함]으로 선택하면 전시 기간을 선택해야 합니다. 팝업의 노출 일자와 시간, 노출 종료 일자와 시간을 선택합니다.

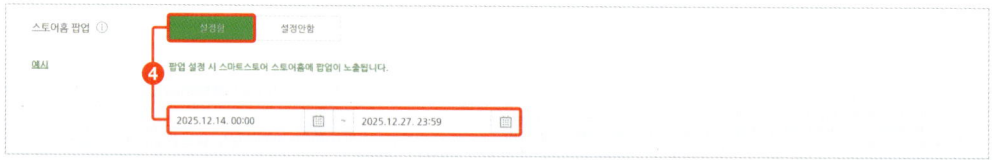

02 이렇게 작성한 팝업 내용은 PC에서는 스마트스토어 메인페이지 좌측 상단에, 모바일에서는 메인페이지 하단에 노출됩니다. 팝업은 동일 기간 동안 한 개만 노출할 수 있습니다.

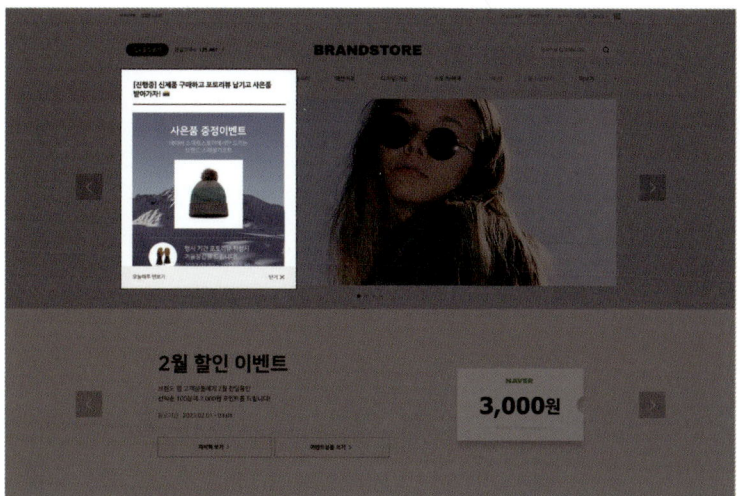

▲ 출처 : 스마트스토어센터 도움말

> **자주 묻는 질문** 팝업 내용을 길게 작성해도 되나요?

팝업 내용을 길게 작성하면 스크롤바가 생겨 내용 전달이 정확히 이루어지지 않을 수 있으므로, 고정된 팝업에 맞는 적절한 크기로 작성하는 것이 좋습니다.

현재는 모바일, PC, 다양한 태블릿 등 브라우저 환경에 따라 정확한 규격이 없지만, 정사각형 형태로 제작하는 것이 효과적입니다.

급한 경우에는 텍스트만 등록할 수도 있지만, 보통은 내 스토어에서 진행하는 이벤트나 제품 홍보가 필요할 때 활용하는 것이 좋습니다. 또한 제품 이미지를 활용해 팝업 공지를 만든 경우, 해당 이미지를 클릭하면 제품 상세페이지로 이동할 수 있도록 설정하는 것이 중요합니다.

이미지에 상품 이동 링크를 자연스럽게 연결하는 방법

상품 상세페이지 링크를 단순히 텍스트로 게재할 수도 있지만, 스크롤에 가려 제대로 전달되지 않을 수 있습니다. 많은 고객이 이미지를 직접 클릭하는 경향이 있으므로, 이미지를 활용해서 효과적으로 링크를 연결하는 방법을 소개합니다.

01 이동할 상품의 상세페이지에 접속하고 상단 주소창에서 주소를 복사합니다.

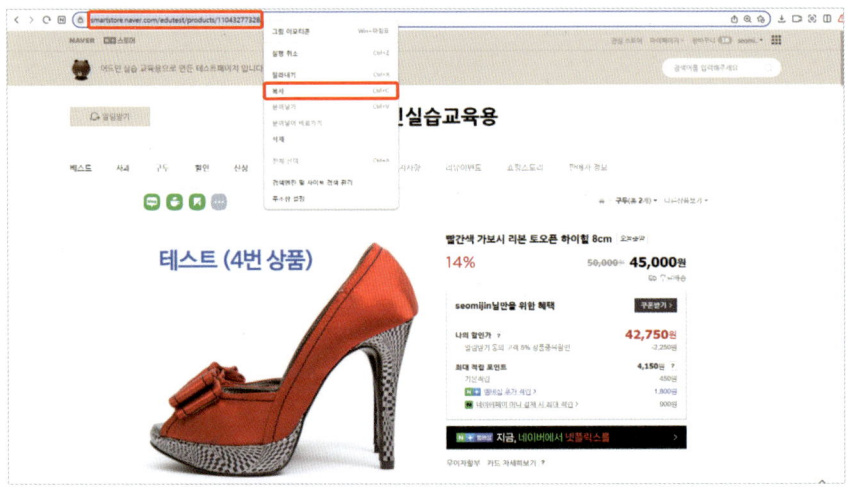

02 [상품 공지사항 관리] 메뉴 하단 [상품 공지사항 목록]에서 [팝업] 표시된 제목을 찾아 [수정]을 클릭합니다.

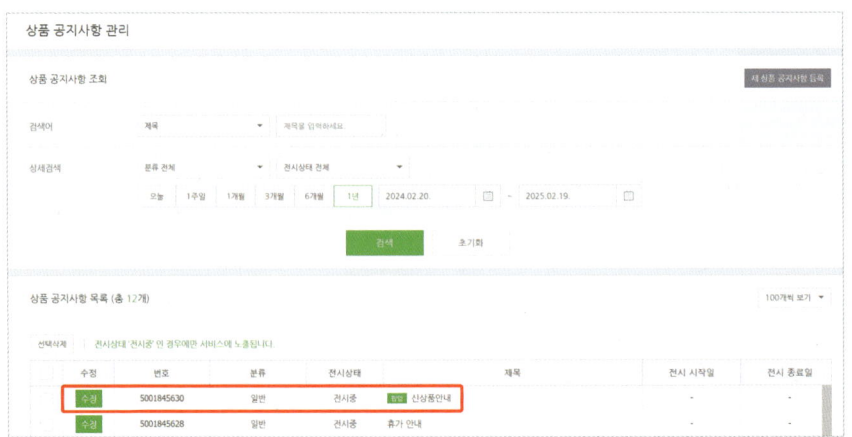

03 [상품 공지사항 상세]에서 [Smart Editor ONE으로 수정]을 클릭합니다.

04 스마트에디터에서 팝업으로 노출될 이미지를 선택하면 이미지에 초록색 테두리가 표시됩니다.

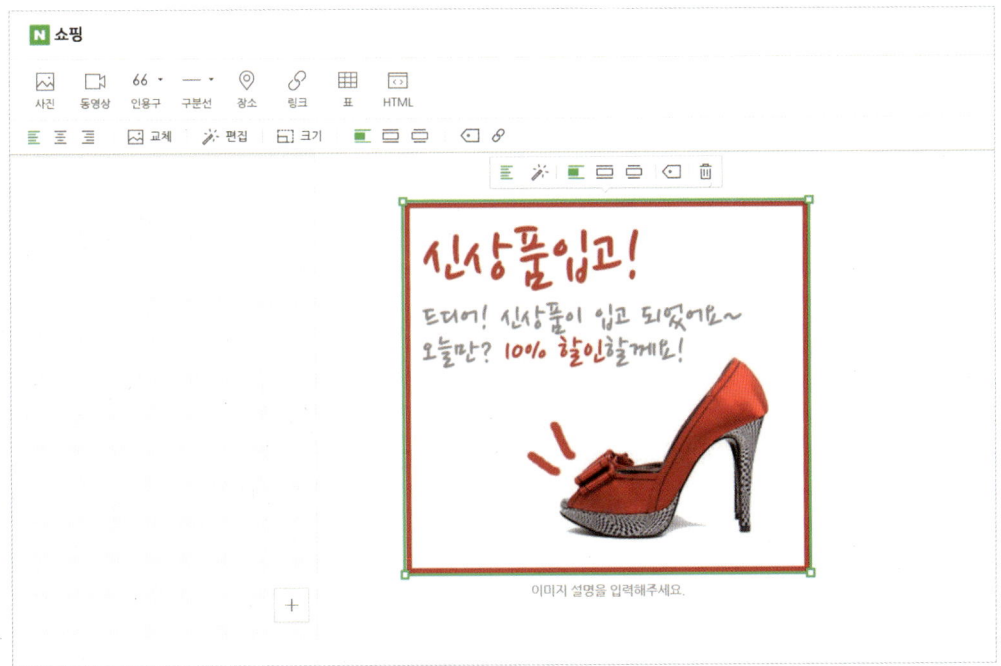

05 이미지가 선택된 상태에서, 상단 편집 툴의 가장 오른쪽에 있는 [🔗링크 입력 열기]를 선택합니다.

06 앞서 **01**에서 복사한 상품 상세페이지 주소를 붙여 넣은 후, 마지막에 체크 버튼을 클릭합니다.

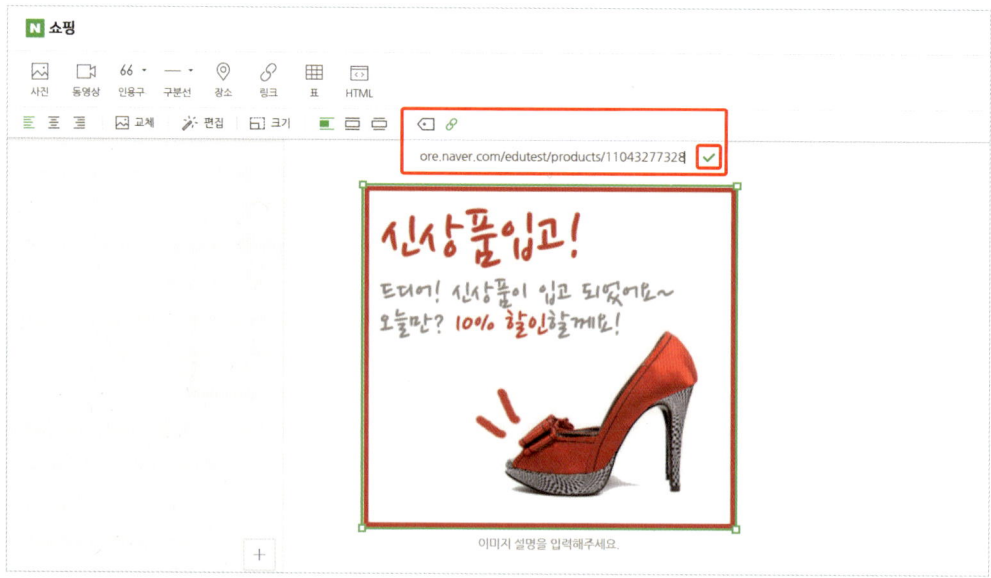

07 이미지에 링크가 적용되었음을 나타내는 아이콘이 표시됩니다. 한 개의 이미지에는 한 개의 링크만 삽입할 수 있으며, 스마트스토어 내부가 아닌 외부 링크는 적용되지 않을 수도 있습니다.

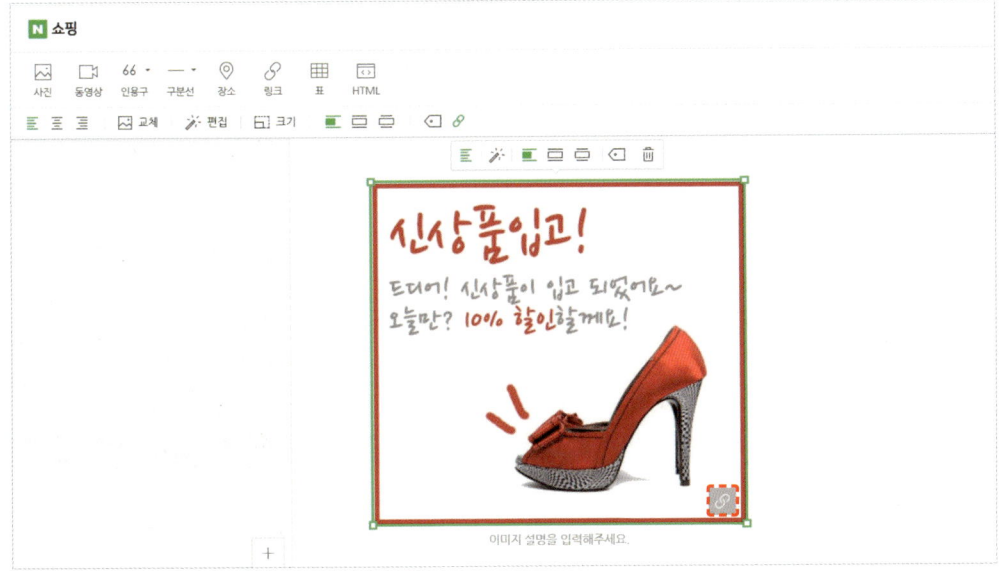

쇼핑 스토리로 혜택과 상품 정보 노출하기

공지사항이 주로 정보나 혜택을 직관적으로 전달하는 용도로 활용되었다면, 제공되는 혜택과 해당 혜택이 적용되는 상품을 보다 구체적으로 목록화하여 노출할 수도 있습니다. 이를 가능하게 하는 기능이 바로 '쇼핑 스토리'입니다.

내 스토어 메인에 '쇼핑 스토리' 영역을 배치해 고객이 혜택을 한눈에 확인하고 클릭하도록 유도할 수 있습니다. 이를 통해 고객이 관련 상품을 더욱 쉽게 접하고 구매로 이어질 수 있도록 구성할 수 있습니다.

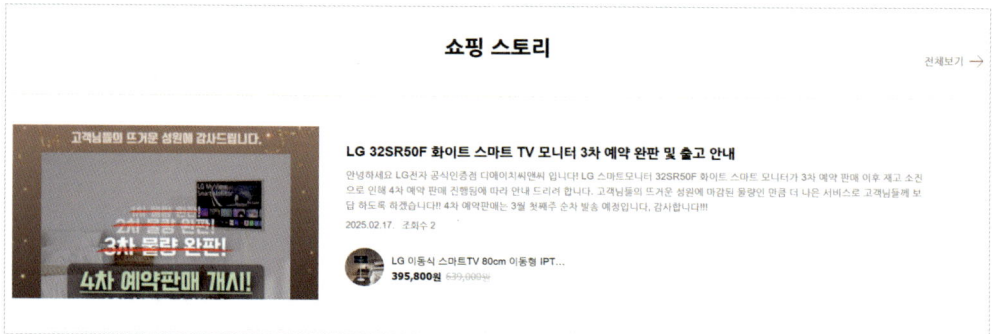

▲ 쇼핑 스토리 예시

01 ❶ [스토어관리]-[쇼핑 스토리 관리] 메뉴에서 스토리를 작성할 수 있습니다. ❷ 우측 상단 [새 쇼핑 스토리 등록]을 클릭하세요. ❸ 제목과 내용을 입력합니다. 내용은 텍스트로 입력할 수도 있고, 이미지로 등록할 수도 있습니다.

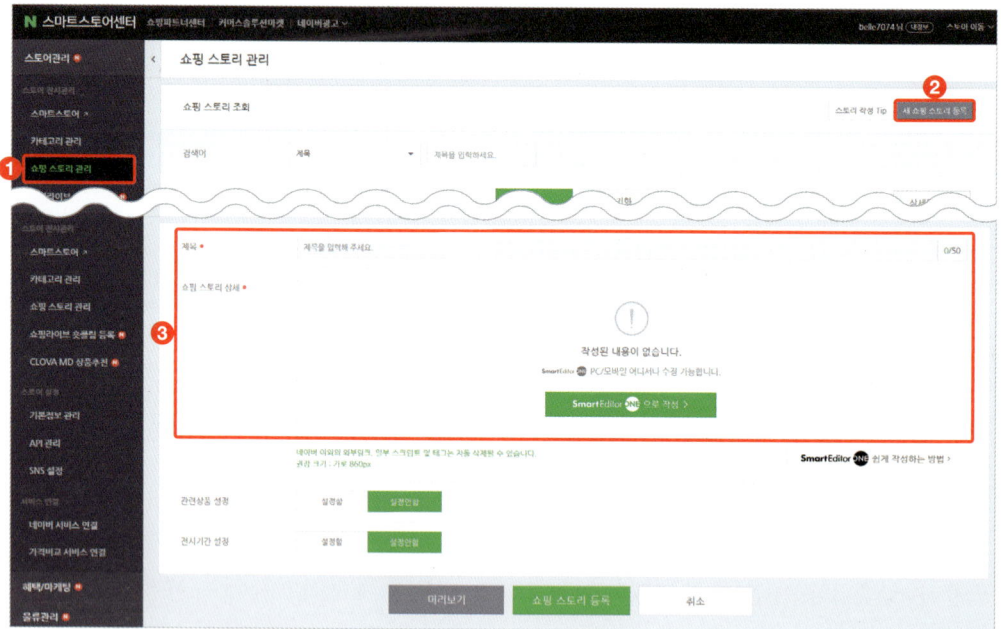

02 ❶ [관련상품 설정]을 [설정함]으로 선택하여 상품을 연동할 수 있습니다. ❷ [섹션 등록하기]를 클릭합니다.

03 [섹션 추가] 팝업창이 노출됩니다. ❶ 섹션명을 입력하고 ❷ [상품 불러오기]를 클릭하여 노출할 상품을 선택합니다. 여러 개의 상품을 노출할 경우, ❸ 전시 순서에서 상품의 순서를 번호로 입력하여 상품 순서를 정렬할 수 있습니다. 낮은 번호순으로 정렬됩니다.

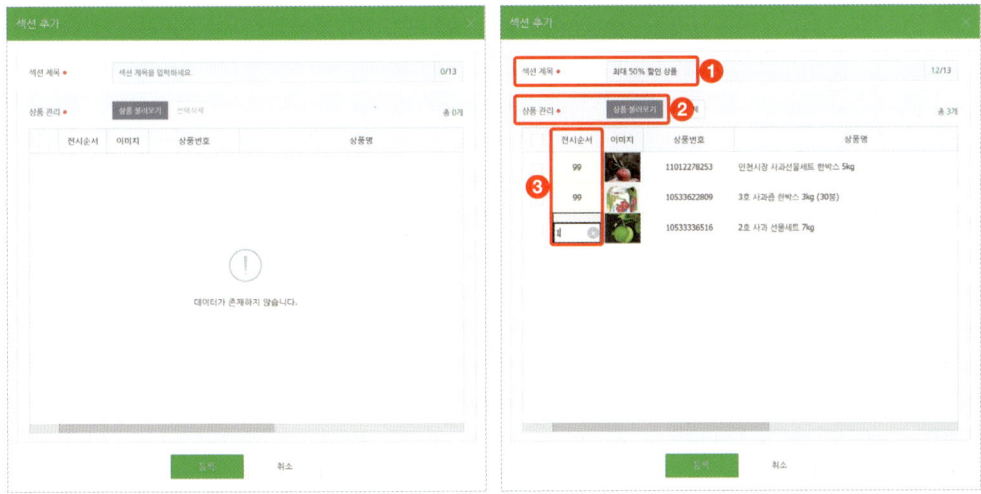

04 이렇게 하나의 섹션에 제목과 상품수가 노출됩니다. [섹션 등록하기]를 클릭하여 다양한 목록을 만들 수 있습니다. 섹션은 최대 10개까지 설정 가능하고, 한 섹션에 최대 200개의 상품을 등록할 수 있습니다.

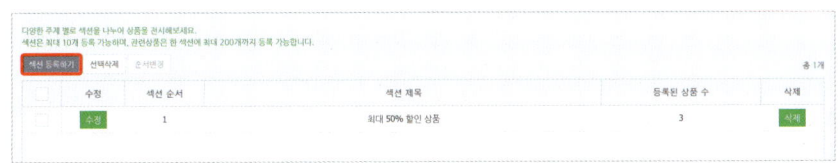

05 [전시기간 설정]으로 노출할 기간을 별도로 설정할 수 있습니다. ❶ [설정안함]으로 두면 내 스토어에 계속 노출됩니다. ❷ [쇼핑스토리 등록]을 클릭하여 저장합니다.

06 등록된 쇼핑 스토리는 이렇게 스마트스토어 메인에서 [쇼핑 스토리] 탭에 노출됩니다. 제목과 내용을 작성할 때, 이미지를 등록하는 경우 좌측 이미지처럼 등록한 이미지들 중 가장 최상단 이미지가 대표 이미지로 노출되어 쇼핑스토리의 내용을 직관적으로 보여줍니다. 이미지를 등록하지 않은 경우, 우측 이미지처럼 제목과 텍스트로 입력한 내용, 그리고 상품 목록이 노출됩니다.

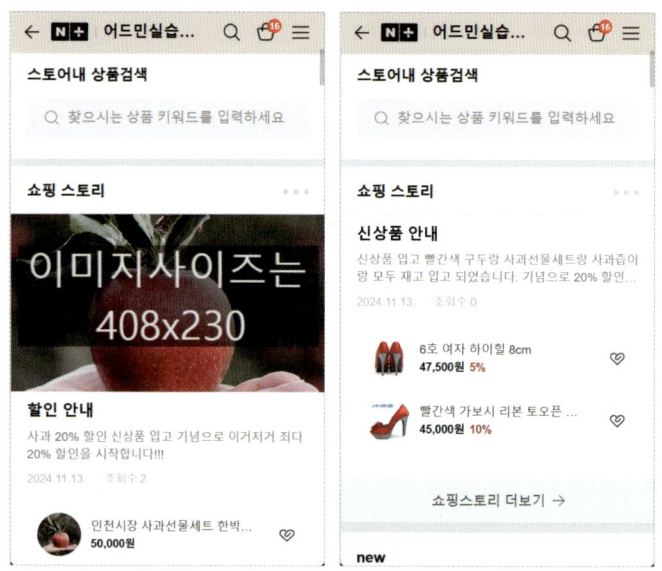

TIP 내용에 이미지를 등록하는 경우, 대표 이미지로 활용되는 것을 감안하여, 408×230의 사이즈로 제작하는 것을 권장합니다.

> **자주 묻는 질문** 쇼핑 스토리를 등록했지만, 내 스토어 메인페이지에 쇼핑 스토리가 노출되지 않아요!

[스토어관리]-[스마트스토어] 메뉴를 클릭하세요. [스마트스토어 관리] 새 창에서 좌측 메뉴에 [컴포넌트 관리]를 클릭합니다. [쇼핑 스토리]가 회색으로 비활성화되어 있어서 노출되지 않고 있습니다. 쇼핑 스토리를 클릭하여 초록색 버튼으로 활성화하고, 마우스로 드래그하면 메인페이지 노출 순서도 변경할 수 있습니다.

쇼핑 스토리로 좋은 사례 두 가지를 소개합니다. 먼저 애경의 브랜드 스토어 사례입니다. 내용에 이미지를 여러 개 등록하고 중간에 할인 혜택이 적용되는 상품 이미지와 가격을 눈에 띄게 표현했습니다. 또한 각 이미지를 링크화하여 클릭하면 바로 이동되어 바로 구매로 이어질 수 있게 했습니다.

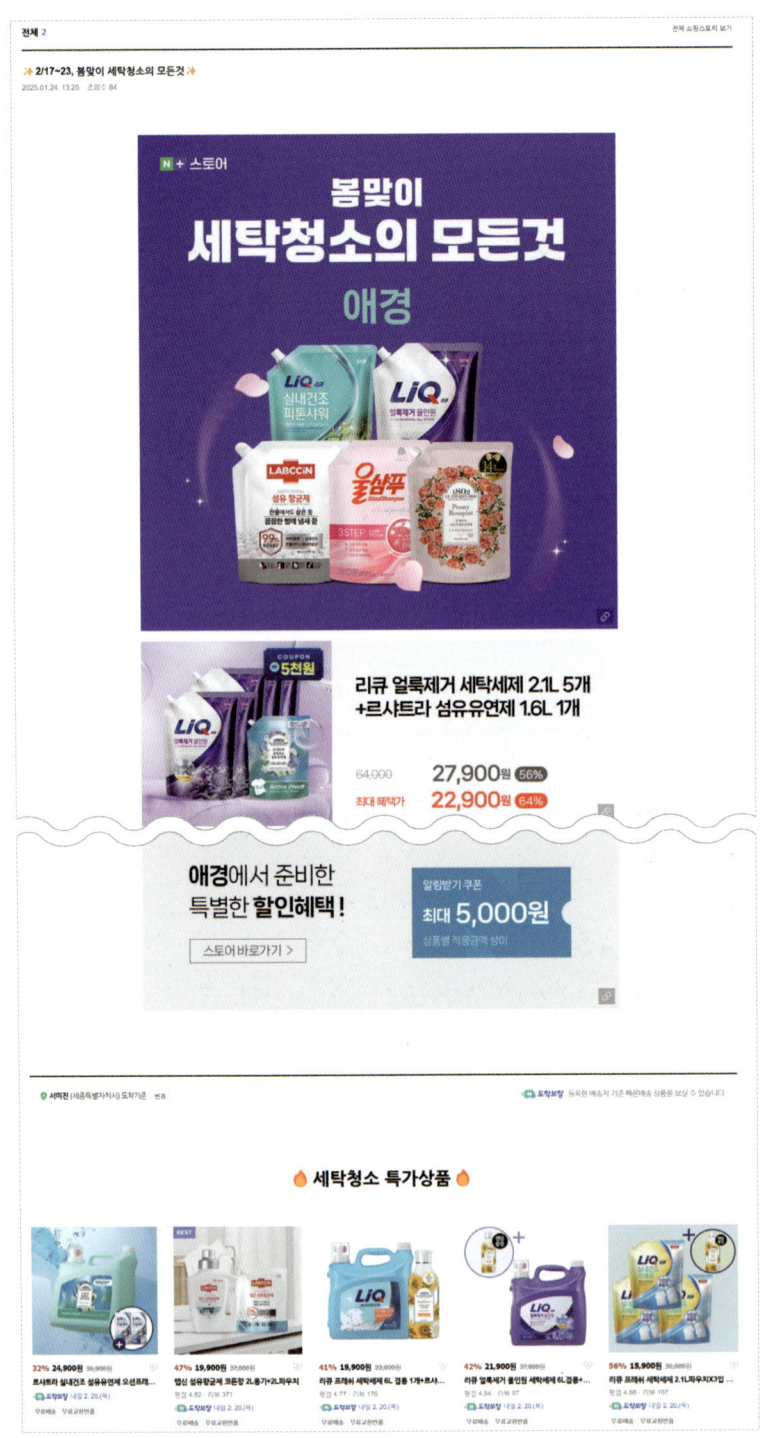

▲ 애경 브랜드 스토어 쇼핑 스토리 예시

다음으로는 LG전자의 브랜드 스토어 사례입니다. 가장 핵심되는 내용을 이미지화하고, 텍스트를 추가했습니다. 혜택 상품 한 개를 관련 상품으로 노출하였습니다.

▲ LG전자 브랜드 스토어 쇼핑 스토리 예시

자유배너로 혜택과 정보 노출하기

내 스토어에서 전달해야 할 정보를 메인페이지에 바로 전시할 수 있는 방법이 있습니다. 규격화된 사이즈의 이미지 배너를 만들어 등록하면, 메인페이지에서 바로 노출됩니다. 마치 오프라인의 현수막처럼 전달하고 싶은 내용을 이미지로 제작하여 전시하거나, 제품 이미지를 직관적으로 노출할 수 있습니다.

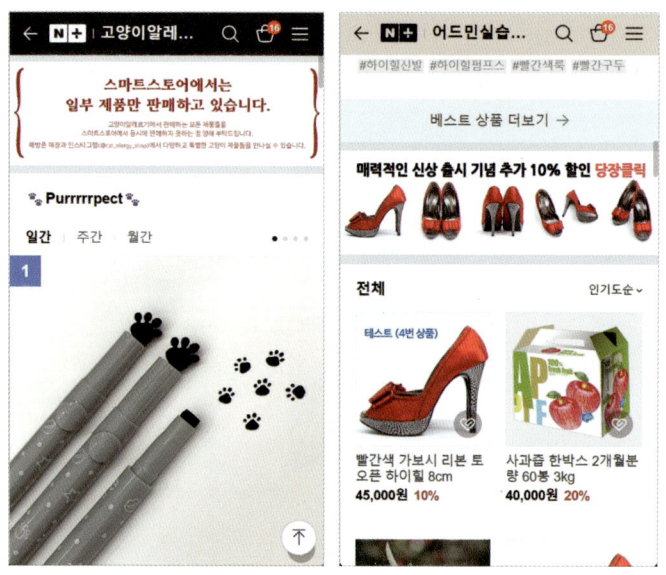

[스토어관리]-[스마트스토어] 메뉴에서 배너를 등록할 수 있습니다. ❶ [컴포넌트 관리] 탭을 클릭합니다. ❷ [자유배너]를 클릭하여 초록색으로 활성화합니다. ❸ 이미지는 총 두 개를 등록합니다. ❹ 단순히 정보를 전달하는 배너의 경우, 이미지 링크를 [링크없음]으로 설정하고, 특정 상품으로 연결하고 싶다면 [상품]을 선택한 후 해당 상품을 지정합니다.

자유배너는 최대 다섯 개까지 등록할 수 있습니다. 적절한 이미지와 링크 설정을 통해 배너를 효과적으로 활용하세요.

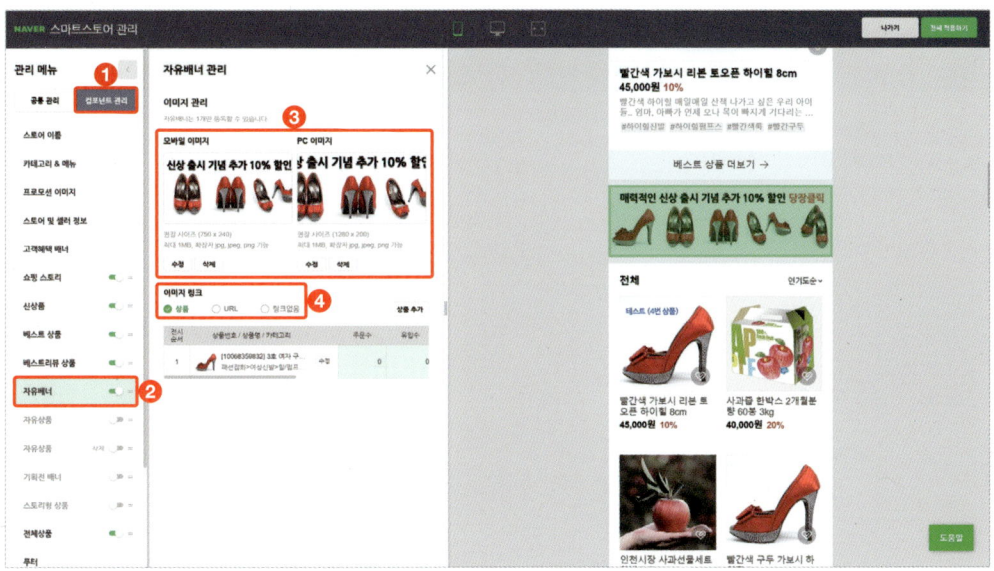

TIP 모바일 이미지는 750×240, PC 이미지는 1280×200로 제작하여 준비해야 합니다. 텍스트를 포함하는 경우 jpg 이미지는 글씨가 뭉개질 수 있으니, png 파일로 준비하세요.

스마트스토어 TIP | 이미지 링크에 URL 등록하기

앞서 배웠던 공지사항이나 쇼핑 스토리의 해당 페이지로 이동하고 싶을 때, 해당 페이지의 주소를 복사하여 URL을 선택하고 주소를 붙여 넣을 수 있습니다.

CHAPTER 02

스마트스토어
매력 더하기

효과적인 마케팅의 성과는 결국 매출로 나타납니다. 방문자 대비 구매전환율이 높은 스토어가 바로 효율이 좋은 스토어입니다. 같은 100명의 방문자 중 내 스토어에서 2명이 구매했는데, 다른 스토어에서 8명이 구매했다면 그 차이는 어디에서 오는 걸까요? 대부분의 고객이 첫 방문에서 바로 구매를 결정하지 않기 때문에, 재방문을 유도하는 효과적인 마케팅 전략 수립이 매우 중요합니다. 초보 판매자도 쉽게 적용할 수 있으면서도, 꼼꼼하게 관리할수록 더 큰 효과를 볼 수 있는 세부 전략들을 하나씩 살펴보겠습니다.

나의 스마트스토어 구매 경험 되짚어보기

나의 스마트스토어 구매 경험을 되짚어보면 포인트의 비밀을 알 수 있습니다. 스마트스토어에서 상품을 구매할 때 네이버페이로 결제하면, 네이버 아이디에는 포인트가 쌓입니다. 이때 적립되고 있는 포인트는 네이버에서 지급합니다. 더 정확히는 네이버페이에서 지급하고 있습니다. 그럼 이 포인트가 어떻게, 얼마나 지급되는지 궁금해집니다.

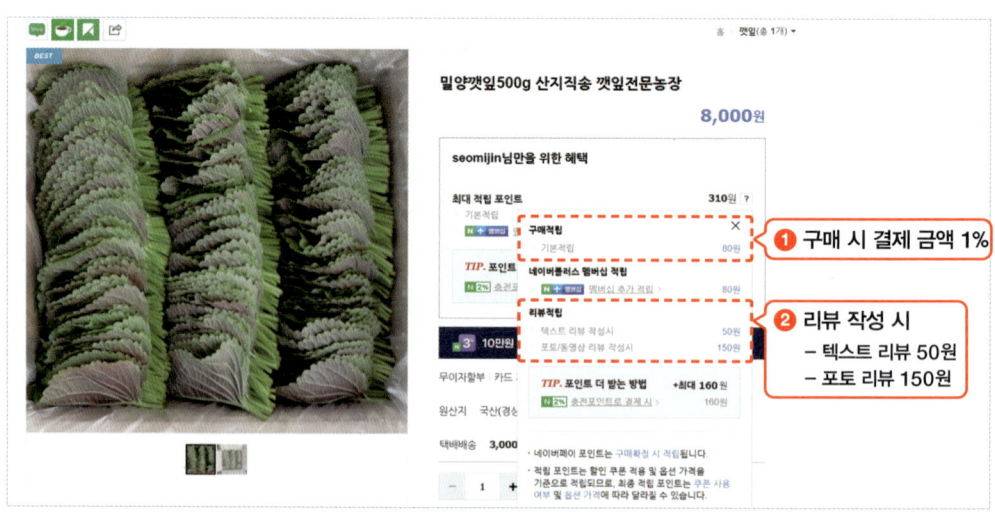

모든 상품 상세페이지 상단에서 포인트의 비밀을 알 수 있습니다.

> 네이버플러스 멤버십, 네이버페이의 특정 결제 수단으로 더 많은 포인트를 지급받을 수 있으나, 고객의 멤버십 가입 여부에 따라 지급 내용이 상이하므로 기본 설정값만 안내하겠습니다.

상품 구매 시 ❶ 결제 금액의 1%를 적립받습니다. 결제 금액이 8,000원이므로 포인트는 80원입니다. 리뷰 작성 시 ❷ 단순 텍스트는 50원, 포토/동영상 리뷰 작성시 150원을 받습니다. 그래서 왼쪽 상품 구매시 ❶ 구매 시 적립 포인트와 ❷ 포토 리뷰 작성으로 최대 230원 포인트를 지급받게 됩니다. 우리는 지금까지 고객의 입장으로 이렇게 포인트가 적립되어 왔습니다. 고객의 리뷰는 네이버쇼핑 랭킹에서 '인기도'가 반영되는 중요한 요소입니다. 리뷰는 다른 고객들의 상품 구매에 긍정적인 영향을 주기도 합니다.

일반적으로 동일한 상품일 때, 리뷰가 하나도 없는 상품과 다섯 개의 리뷰에서 매우 긍정적인 정보를 전달하고 있는 상품 중에 어디서 구매가 더 쉽게 일어날까요? 고객의 입장에서 우리는 어떤 상품을 구매해왔나요? 아마도 리뷰가 있는 상품을 더 쉽게 구매해왔을 것입니다. 그래서 처음 개설한 스마트스토어의 새 상품에는 보다 빠르게 리뷰가 등록되어야만 합니다. 그런데 이렇게 중요한 리뷰는 상품을 구매한 고객만이 남길 수 있습니다. 빠른 매출 상승을 위해서는 상품을 구매하는 고객들에게 리뷰 작성을 권장하는 것이 필수입니다.

그럼, 리뷰는 어떻게 권장하는 것이 좋을까요? 앞서서 설명했던 포인트로 고객에게 어필해보는 것은 어떨까요? '리뷰 작성 시 최대 150원 포인트 지급'으로 고객에게 어필하기엔 다소 부족한 감이 느껴질 수도 있겠습니다.

필자의 경험에 비추어봤을 때 평균적으로 10명 구매 시 [구매 결정]을 하는 고객은 4명 미만입니다. 그중에 포토 리뷰를 작성하는 고객은 2명 내외입니다. 그러니 포인트 지급액을 조금 더 높여서 고객들의 능동적인 참여를 유도해보면 어떨까요?

스마트스토어 TIP 빠른 구매 결정은 빠른 정산을 부른다

판매자는 고객이 구매 결정한 다음 날 정산받습니다. 빠른 구매 결정은 대금 정산이 빨라지고 소상공인에게 보다 도움이 됩니다. 구매 결정을 한 후에 구매평을 작성할 수 있습니다.

고객이 구매 결정하지 않으면, 택배 운송장 번호를 조회하여 고객에게 상품이 도착한 날짜인 '배송 완료일'을 기준으로 7일을 기다립니다(상품 교환/반품을 보장해주는 기간). 이후 8일째 되는 날 자동 구매 결정이 이뤄지며 그 익일에 정산받을 수 있습니다. 보다 빠른 자금 회전을 위해서도 고객의 구매 결정과 구매평 작성 권장이 필요합니다.

리뷰 작성 고객에게는 더 높은 포인트 지급하기

리뷰 작성 시 포인트가 지급되는 부분에 직접 포인트를 추가 설정할 수 있습니다. [상품관리]-[상품조회/수정]에서 우리가 등록해둔 상품을 수정해보겠습니다. [전체] 상품수를 클릭하여, 하단에 상품 목록에서 [수정]을 클릭합니다.

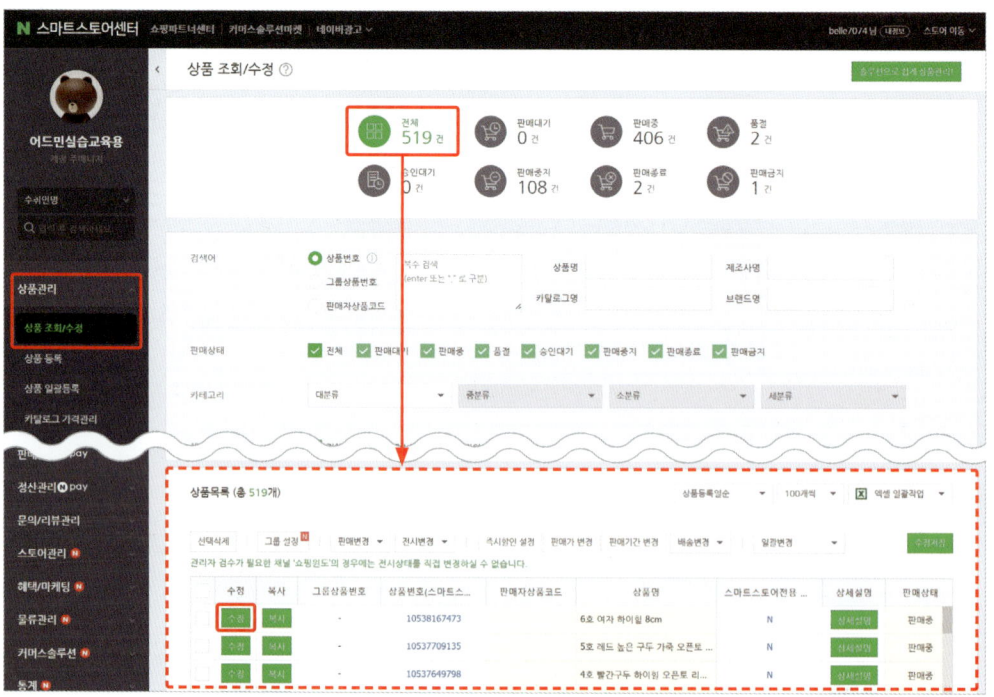

등록된 상품 정보에서 하단 [구매/혜택조건] 항목에서 추가할 수 있습니다.

[구매/혜택조건]을 클릭하여, 포인트를 지급합니다. 포인트는 상품 구매 시 지급과 리뷰 작성 시 지급으로 두 가지 항목인데, 고객의 리뷰 작성을 권장하기 위해서 [상품리뷰 작성시 지급]을 클릭합니다. 단순하게 리뷰의 효과를 생각했을 때 텍스트 리뷰보다는 포토/동영상 리뷰를 작성하는 고객들에게 어필하는 것이 좋습니다. [포토/동영상 리뷰 작성]을 클릭하고 지급할 금액을 입력합니다.

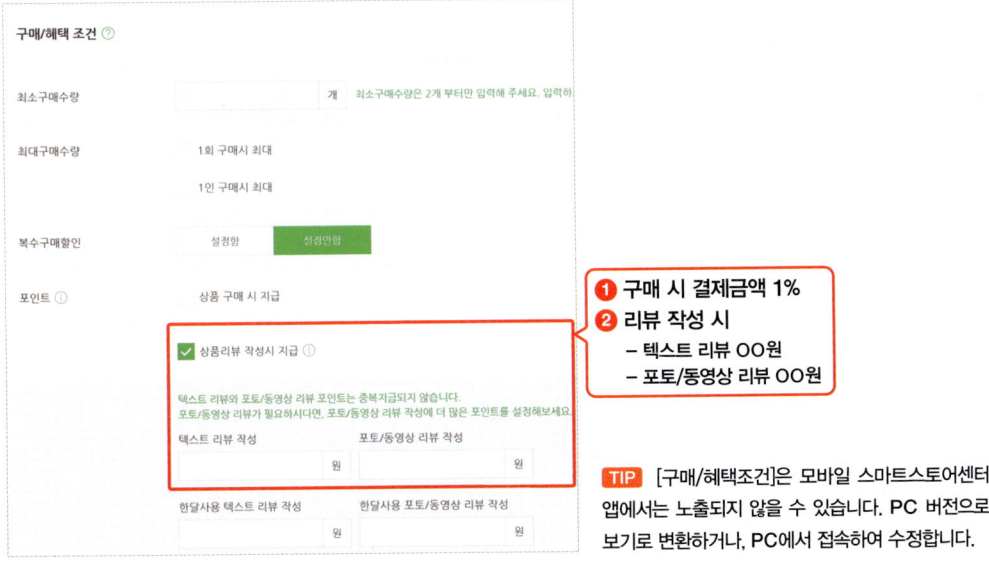

스마트스토어 매력 더하기 ▼ CHAPTER 02 ▼

이때 설정한 금액은 내가 정산받을 금액에서 차감하고 지급되는 '내 돈으로 하는 마케팅'이므로 과한 비용을 들이는 것은 지양해야 합니다. 고객이 리뷰를 작성하기에 마음을 움직일 수 있는 최소 금액을 고민해보기를 바랍니다. 이때, 여기에 아무리 높은 금액을 설정해두어도 아쉬운 점 세 가지가 발생합니다.

> 1. 상품을 구매한 고객이 없으면 마케팅 비용이 사용되지 않는다.
> 2. 많은 고객이 상품을 구매해도, 리뷰를 작성하면 비용이 사용되지 않는다.
> 3. 많은 고객들이 상품을 구매하는 순간부터 구매 결정을 하는 순간까지 이 포인트가 지급됨을 크게 인지하지 못한다.

그래서 우리는 이 부분을 보완하기 위한 기획도 필요합니다. 상품 상세페이지에서 이 내용을 크게 어필하는 것도 좋습니다. 그러나, 실제로 상품을 구매하고 배송받을 때까지 이 내용을 기억하는 고객이 많지 않을 수 있습니다. 그래서 상품을 구매한 고객이, 택배 박스를 딱 열어본 순간! 고객의 상품보다 먼저 보이는 한 장의 브로슈어로 가이드해보는 것은 어떨까요?

> "지금 이 상품 사진 리뷰 작성시 1천 포인트 지급"

많은 설명과 다채로운 홍보는 되려 가독성을 잃고 고객의 흥미를 떨어트릴 수 있습니다. 고객에게 쉽고 빠르게 포인트 지급을 어필하여 리뷰 작성을 독려해보세요. 이 마케팅에 다소 아쉬운 점은 한 가지가 있습니다. 포토 리뷰를 작성하면 무조건 지급된다는 사실입니다.
사진의 퀄리티가 낮아도, 리뷰의 내용이 적어도, 심지어 리뷰의 내용이 좋지 않아도 무조건 지급됩니다. 이렇게 발생하는 아쉬운 부분들을 보완하여 양질의 리뷰에 포인트를 지급해볼 수 있습니다.

베스트 리뷰 선정하여 고객의 마음을 얻기

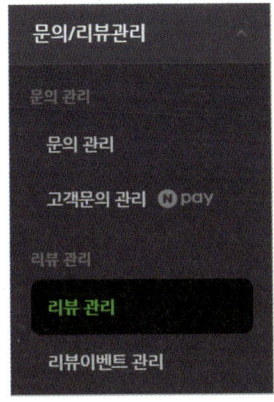

리뷰 작성 시 무조건적으로 포인트를 지급하는 것이 아닌, 보다 좋은 사진과 리뷰 내용만을 엄선하여 포인트를 지급할 수 있습니다. [문의/리뷰관리]-[리뷰 관리] 메뉴에서 설정 가능합니다. [리뷰 관리] 메뉴에서는 내가 판매 중인 모든 상품에서 작성된 리뷰를 한번에 볼 수 있습니다. [리뷰작성일]의 기간을 설정하고 [검색]을 클릭합니다. 이때 ❶ 처럼 텍스트 리뷰가 있고, ❷ 처럼 사진을 포함한 포토 리뷰를 볼 수 있습니다. 포토 리뷰 중에, 양질의 리뷰를 선택해 베스트 리뷰로 선정해보겠습니다.

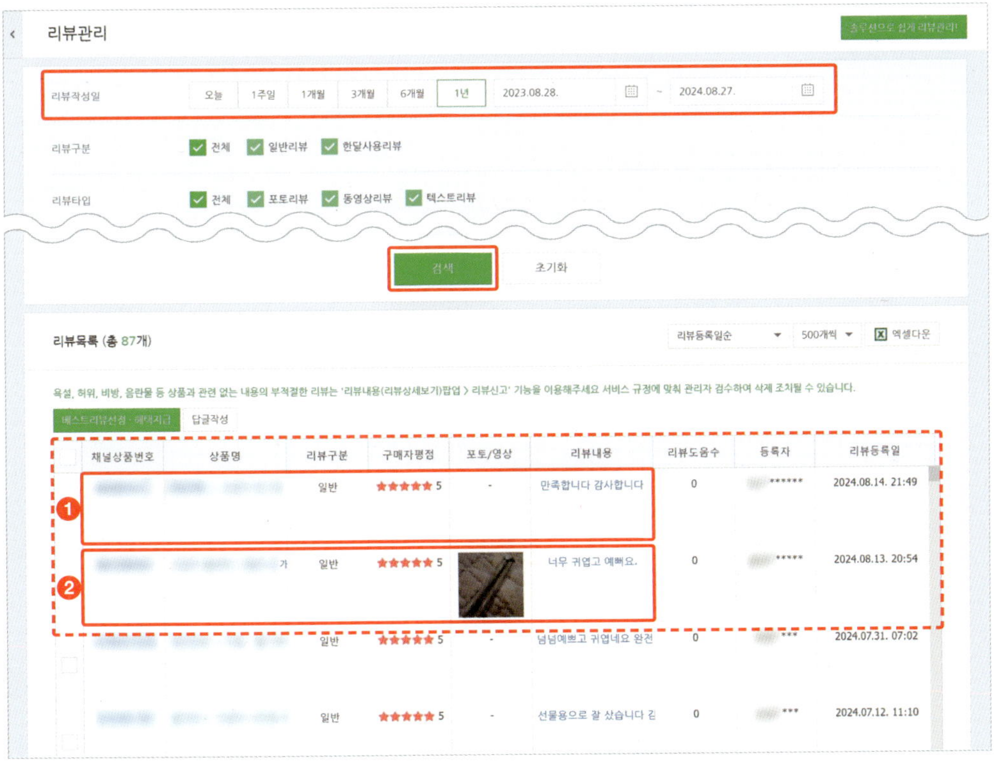

❸ 베스트 리뷰를 체크하고 [베스트리뷰선정·혜택지급]을 클릭합니다. ❹ [혜택]에서 [포인트 적립]을 클릭하여 지급할 포인트 금액을 입력합니다. 이때 지급되는 포인트는 판매 금액을 적립금으로 쌓아둔 상태에서 차감받거나, 별도의 금액을 충전금으로 등록하여 지급할 수 있습니다.

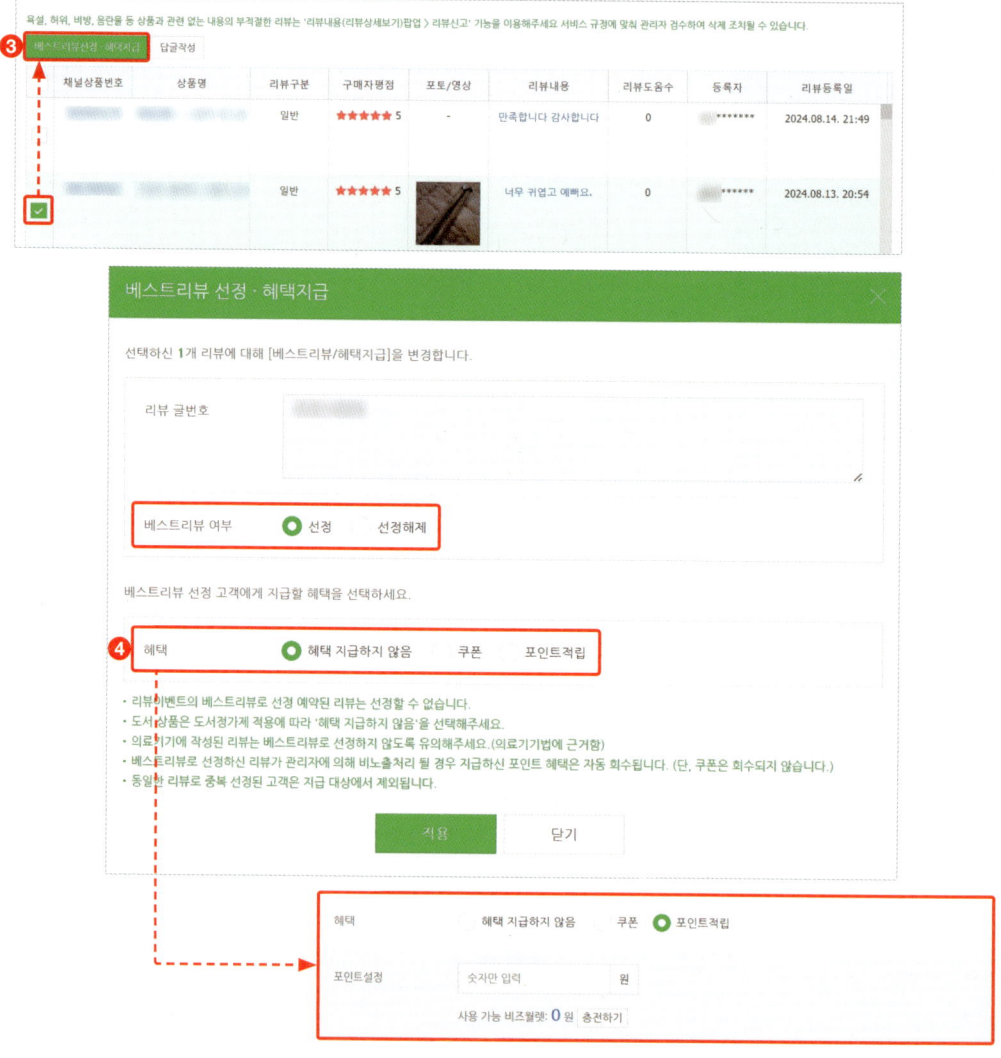

이때 설정한 베스트 리뷰는 상세페이지 하단 리뷰 목록에서 [스토어 PICK]으로 그 어떤 리뷰 목록보다 먼저 노출되기 때문에 시간이 지나도 뒤로 밀리지 않습니다. 눈에 띄는 위치에 있기

때문에 이후 방문하는 고객들에게 긍정적인 정보를 전달할 수 있습니다.

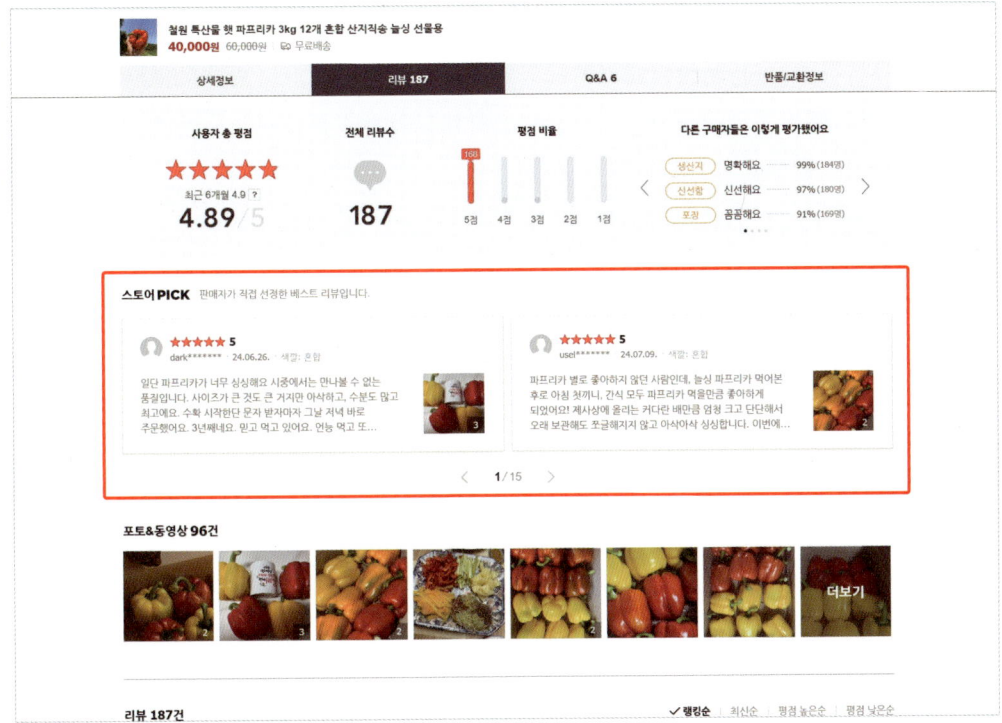

▲ 베스트 리뷰로 선정된 리뷰가 [스토어 PICK]에 노출되는 예시

TIP 리뷰는 랭킹순, 최신순 등으로 정렬할 수 있습니다.

시간이 지날수록 리뷰는 순차적으로 정렬되는데 양질의 긍정적인 리뷰가 리스트에서 뒤로 밀리는 것은 굉장히 아쉬운 일입니다. 이런 양질의 리뷰를 [스토어 PICK] 자리에 고정해보는 것은 어떨까요? 이때, 여기에 아무리 높은 금액으로 포인트 지급을 계획하고 설정해도 아쉬운 점은 또 하나가 있습니다.

> 많은 고객이 상품을 구매하는 순간부터 구매 결정을 하는 순간까지 리뷰 작성 포인트가 지급됨을 인지하지 못한다.

그래서 배송할 때나 상세페이지 등에서 함께 어필하는 노력이 필요합니다.

리뷰 이벤트 진행하여 고객의 신뢰 얻기

더 직접적으로 리뷰 작성을 독려하려면 리뷰 이벤트를 진행해보세요. 리뷰 이벤트를 통해 리뷰 작성 시 포인트가 지급되는 사실을 다양한 곳에서 노출해서 홍보를 할 수 있기 때문에 보다 시각적으로 리뷰 작성을 장려하는 데 도움이 됩니다.

[문의/리뷰관리] 메뉴의 [리뷰이벤트 관리] 메뉴에서 설정할 수 있습니다. 새로운 리뷰 이벤트는 우측 [리뷰 이벤트 등록]을 클릭하여 진행합니다.

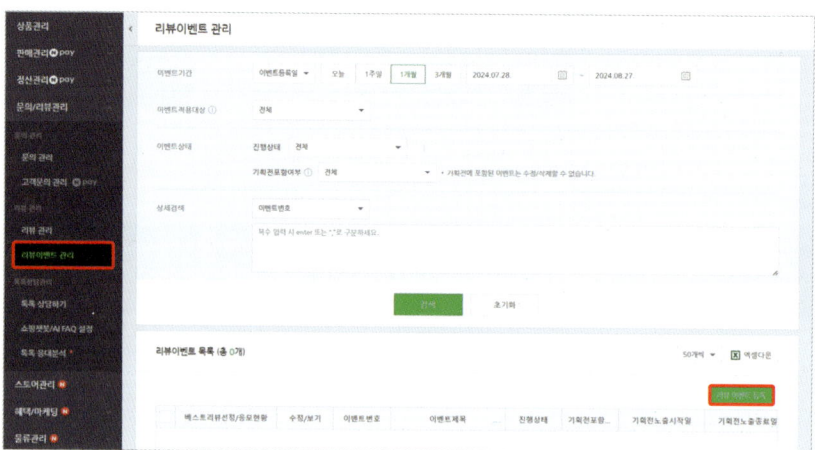

리뷰 이벤트 등록에서는 아래와 같이 내용을 입력합니다.

리뷰 이벤트 등록 예시

❶ 이벤트 제목 : 10월 리뷰 이벤트

❷ 이벤트 적용 대상 : 스토어 전체 선택

❸ 이벤트 기간 : 1월 1일~1월 31일 (최대 31일 선택 가능)

❹ 발표일 : 2월 5일 (이벤트 기간 이후로 선택 가능)

❺ 선정 리뷰 수 : 10명

❻ 포인트 혜택 : 1,000원 → 입력 시 이벤트 총 예산이 10,000원(10명*1,000원)으로 자동 표기됨

❼ 이벤트 내용 : 목록에서 선택 또는 직접 입력 가능

❽ 이벤트 배너 스타일 : 기본형, 강조형 중 택 1

TIP 리뷰 이벤트는 이벤트 총 예산에 맞는 비즈 월렛 충전금이 있어야 저장이 가능합니다. 충전금이 없다면, [충전하기]를 클릭해 예산을 미리 넣어두어야 합니다.

이렇게 리뷰 이벤트를 등록하면, 내 스토어에서 1월 1일부터 1월 31일 사이에 리뷰를 작성한 모든 고객이 리뷰 이벤트 대상자가 됩니다. 그런데 2월 5일에 발표를 진행하게 되면, 여러 가지 애로 사항이 있을 수 있습니다. 진행 기간(1월 1일~1월 31일)이내에 선정 리뷰 수(10명)보다 적은 고객이 결제했거나, 작성된 리뷰 수가 적을 경우, 해당 발표일에는 선정 리뷰 수보다 적게 선정할 수 있습니다. 반대로 진행 기간 동안에 매우 많은 양질의 리뷰가 등록된 경우, 선정 리뷰 수보다 더 많은 당첨자를 선정할 수도 있는데, 이때 더 많은 충전금이 필요할 수 있습니다.

이 이벤트 내용은 상품 상세페이지에서 리뷰 상단에 배너 형태로 노출됩니다. 또한 고객이 [구매 결정]을 클릭하고 리뷰를 작성하려고 할 때, 만족도(별점)과 리뷰를 작성하는 영역 사이에 배너가 노출되어 혜택 정보를 보여줌으로써 양질의 리뷰 작성을 유도할 수 있게 됩니다. 자동 구매 결정 이후에 뒤늦게 리뷰를 작성하려고 하는 경우, [작성 가능한 리뷰] 목록에서 주문했던 내역을 확인하고 리뷰를 작성할 수도 있습니다. 이때도 리뷰 이벤트 배너가 노출됩니다.

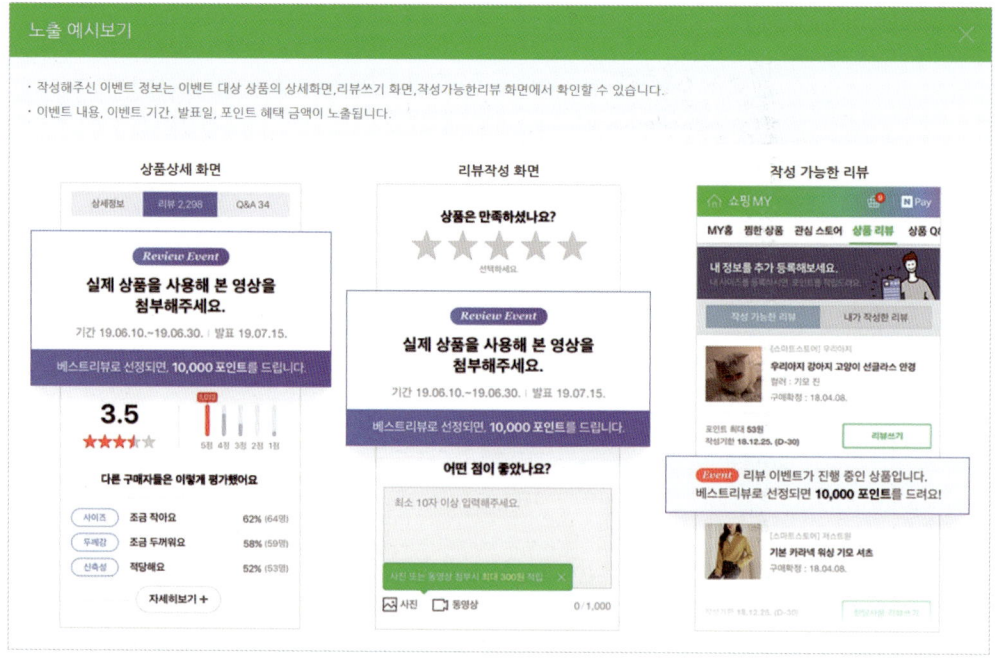

이 배너에서 베스트 리뷰로 선정 시 지급받을 수 있는 포인트가 10,000 포인트입니다. 앞서 설정한 이벤트에서는 10명을 뽑아 1천 포인트를 지급하고 있습니다. 아무래도 1천 포인트보다는 조금 더 높은 포인트에서 고객들의 참여도가 더욱 활발해질 수 있으니, 같은 예산이라면 선정 리뷰 수를 늘리기보다 지급할 혜택 금액을 높이는 것이 좋습니다.

이처럼 고객에게 다양한 포인트 지급 혜택을 제공하여 리뷰 참여도를 높일 수 있습니다. 판매자는 상품 등록 시 혜택 지급을 설정하거나, 베스트 리뷰를 선정하여 포인트를 지급하거나, 리뷰 이벤트를 진행하는 등 여러 방법을 활용할 수 있습니다. 이러한 방법들 중 어떤 것을 선택하고 얼마나 진행할지는 전체 예산과 고객들의 평균 참여도를 고려하여 결정합니다. 실행 후에는 결과를 분석하여 지속적으로 보완해 나가는 것이 효과적입니다.

CHAPTER 02 SECTION 02

고객의 만족도를 높이는 배송 설정

스마트스토어에서 발생한 고객의 주문건에 대한 의무 발송 기한이 있습니다. 평균적으로는 고객의 결제일로부터 3일 이내에 출고가 원칙입니다. 의무 발송 기한을 넘기면 패널티를 받습니다. 패널티는 결국 상품 노출에 불리한 효과를 가져오기 때문에 의무 발송 기한을 잘 지켜야 합니다.

배송이 느린 상품을 안내하는 [주문확인 후 제작]

요즘 온라인 구매에 익숙해진 고객들은 빠른 배송에 적응해 있습니다. 오늘 구매하면 내일 도착하는 수많은 플랫폼들 덕에 당연해진 느낌도 있습니다. 그러나 모든 제품이 다 이렇게 발빠르게 배송되지는 않습니다. 핸드메이드 제작 상품, 주문 후 제작되는 상품들의 경우엔 평균적인 발송 일정은 미리 안내하는 것이 좋겠습니다.

상세페이지에서 이 부분을 크게 언급하고 안내할 수도 있지만, 상세페이지를 열심히 읽는 고객은 드뭅니다. 그래서 고객이 결제하기 전에 인지하고 구매할 수 있도록 상품 등록 시 발송 예정일을 설정합니다.

[상품관리]-[상품조회/수정]에서 내 스마트스토어에 등록해둔 상품을 수정해보겠습니다.

[전체] 상품 수를 클릭하여, 하단에 상품 목록에서 [수정]을 클릭합니다.

등록된 상품 정보 하단 [배송] 항목에서 추가할 수 있습니다. [배송]을 클릭하여, [배송 속성]에서 [주문확인 후 제작]을 체크합니다. 고객의 주문일로부터 평균적으로 걸리는 발송 예정일을 선택할 수 있습니다. 최대 14일까지 선택 가능합니다. 선택한 발송 예정일을 기준으로 의무 발송 기한이 설정되므로, 주말/공휴일을 제외한 영업일 기준으로 입력합니다.

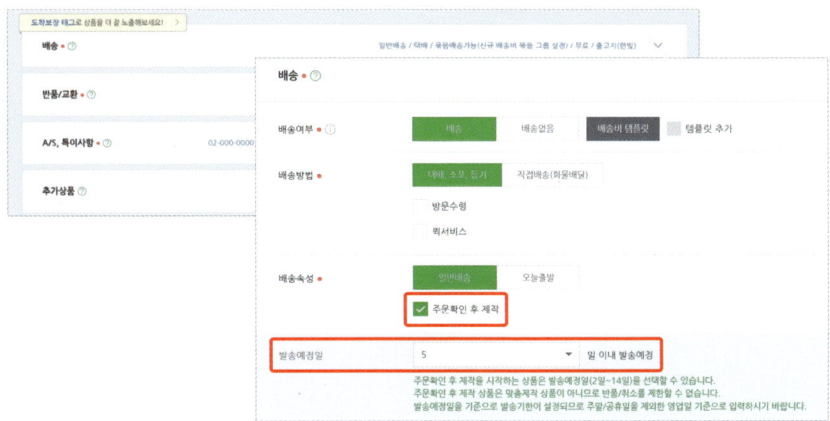

TIP [발송예정일]은 너무 촉박하게 세팅하지 않는 것이 좋습니다. 재고 수급이나 포장, 배송 집하 지연 등의 이유로 인해 1~2일이 더 소요될 수도 있으니 평균적인 일정으로 입력해두고 해당 일정 내에 빠르게 배송하는 것이 좋습니다.

설정한 [주문확인 후 제작] 일정은 아래와 같이 상세페이지 상단에 배너 형태로 노출됩니다.

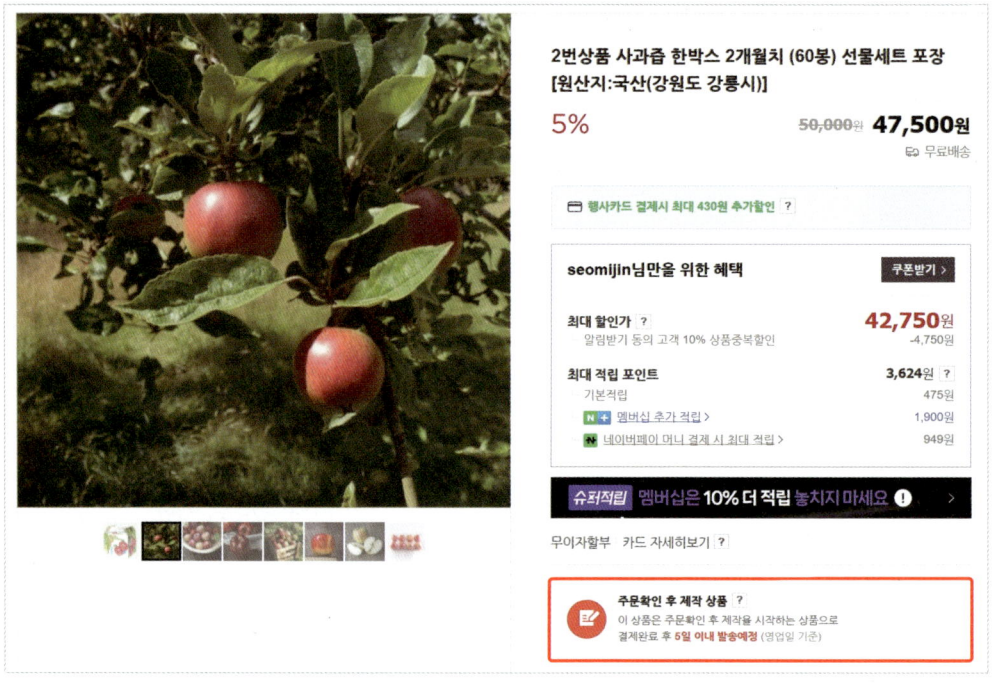

> **스마트스토어 TIP** 맞춤 제작 상품과 주문 확인 후 제작은 다릅니다
>
> 상품 등록 시에 [맞춤제작]을 체크하는 부분이 있습니다. [맞춤제작]은 구매자의 요구에 맞춰 개별적으로 제작되는 상품으로, 대부분의 공산품이나 기성 제품은 [맞춤 제작]을 선택하지 않습니다.

단순 사이즈를 지정하여 제작하는 의류/수제화, 주문 후 제작/발주하는 가구류나 반지, 주문 확인 후 제작하는 식품 외 기타 상품군은 [주문확인 후 제작]을 활용하면 됩니다.

빠른 출고가 강점이라면 [오늘출발]

늘 넉넉한 재고를 보유하고 있어서 주문이 들어오면 바로 출고할 수 있는 '빠른 배송'을 강점으로 갖고 있는 판매자라면 [오늘출발]을 설정합니다. 고객의 고민을 줄여서 빠른 결제를 유도할 수도 있습니다.

[상품관리]-[상품 조회수정]에서 우리가 등록해둔 상품을 수정해보겠습니다. [전체] 상품 수를 클릭하여, 하단에 상품 목록에서 [수정]을 클릭합니다.

등록된 상품 정보의 하단 [배송] 항목에서 추가할 수 있습니다. [배송]을 클릭하여, [배송속성]에서 [오늘출발]을 클릭합니다. [기준시간 설정]을 클릭하여 평일 주문 마감 시간을 정합니다.

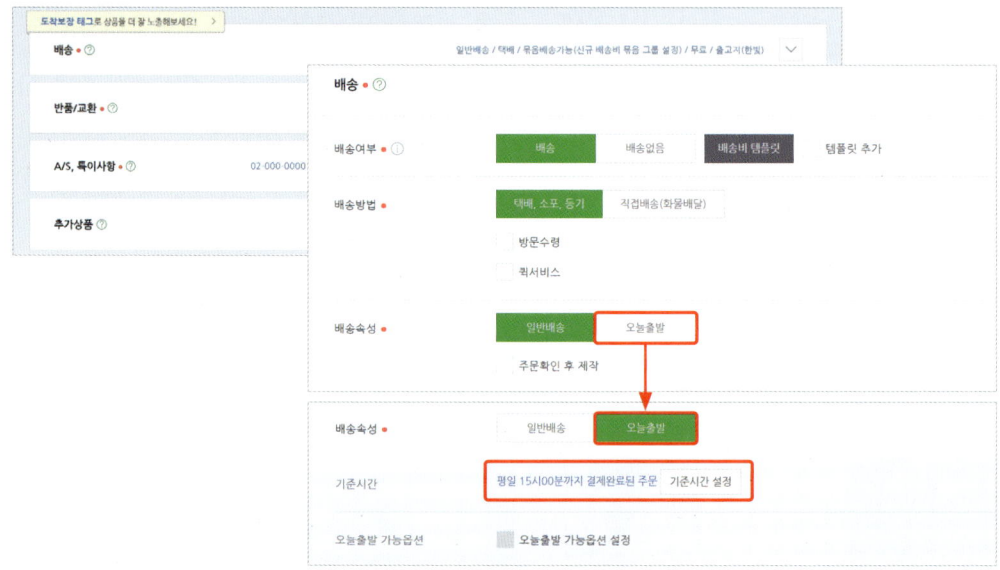

① **기준시간** | 택배 기사님이 사무실에 방문하는 시간을 참고하여 택배 물량 포장 시간을 고려합니다. 해당 시간 이전 주문건은 반드시 당일 출고되어야 하므로, 현실적으로 가능한 시간으로 설정합니다.

② **휴무요일** | 오프라인 매장 또는 사무실에 휴무일이 있다면 해당 요일에는 [오늘출발]이 노

출되지 않도록 휴무 요일을 설정할 수 있습니다.

③ **휴무일** | 특정 기간 동안 오늘 출발이 불가한 경우 달력에서 특정 날짜를 선택하여 휴무일을 지정할 수 있습니다.

> **TIP** 특정 휴무 요일과 휴무일이 없는 경우  기준시간만을 설정하고 저장합니다. 휴가철이나 명절 시즌에는 상품 정보 일괄 수정으로 휴무일을 설정할 수 있습니다.

> **스마트스토어 TIP 오늘 출발은 반드시 당일 발송!**
>
> 오늘 출발 상품은 반드시 당일 발송해야 합니다. 오늘 출발 기준 시간을 설정할 때 지켜지지 않을 경우 패널티가 부여됨을 안내하는 팝업이 노출됩니다. 동의할 경우에만 [확인]을 클릭하고 저장합니다. 발송 처리를 하지 못할 경우 발송 지연 패널티가 부여되며, 구매자가 취소 요청하면 즉시 환불 처리됩니다.
>
>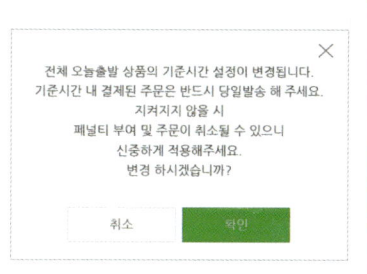

해당 상품에서 [오늘출발]이 가능한 재고 수량에 제약을 둬야하는 경우, [오늘출발 가능수량]에 가능한 재고 수량을 입력합니다. 기준 시간 이내 해당 수량의 주문건까지만 오늘 출발로 노출되고, 그 이후의 주문건은 일반 배송(3일 이내)으로 출고할 수 있습니다.

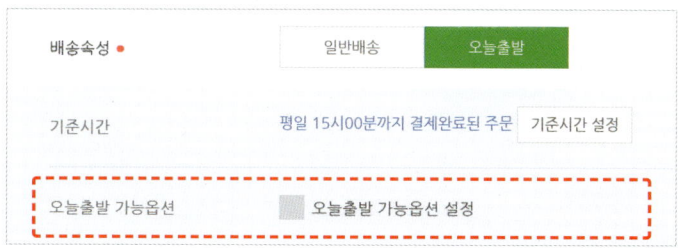

상품에 옵션이 등록된 경우, [오늘출발 가능옵션]을 체크하여 오늘 출발이 가능한 옵션명을 선택합니다. [오늘출발]의 정확한 노출을 위해 필요한 경우에만 설정하는 것을 권합니다. [기준 시간]을 설정하고 저장한 상품명 옆에는 [오늘출발] 버튼이 노출됩니다. 오늘 출발 가능 시간이 표시된 배너도 함께 노출됩니다.

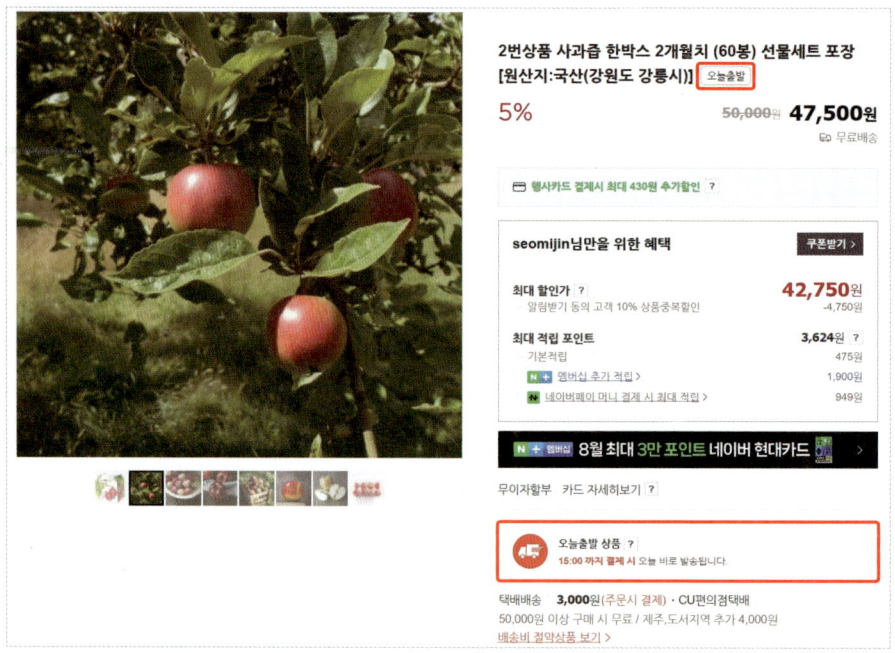

이뿐만 아니라 네이버 검색 결과 페이지에서 네이버쇼핑 상품이 노출될 때 ❶ [빠른배송] 상품만을 필터링하는 요소도 있습니다. 이 결과에서 ❷ [오늘출발] 상품이 함께 노출되는 것을 확인할 수 있습니다.

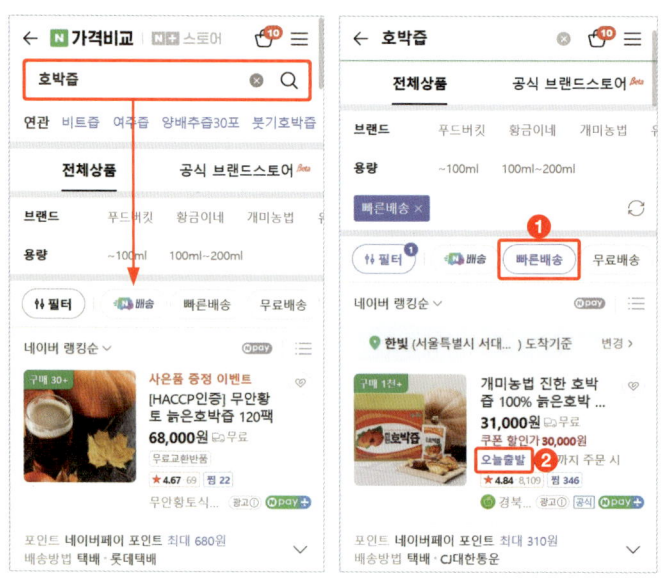

 **N배송 서비스란?**

신속 정확한 배송 서비스를 제공하여 고객의 만족도를 높이기 위해 네이버쇼핑에서는 [N배송] 서비스를 운영하고 있습니다. 판매자의 [오늘출발]보다 좀 더 강력하고 노출 영역이 다양한 도착보장은 128페이지에서 더 자세히 다루겠습니다.

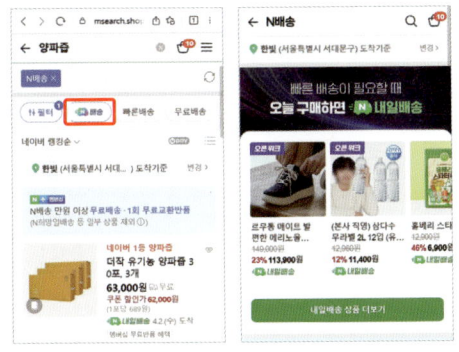

고객에게 안심을 보장하는 [반품안심케어]

무료 반품 서비스는 고객이 상품을 구매할 때 매우 매력적인 혜택으로 다가옵니다. 이는 단순한 혜택을 넘어 제품에 대한 깊은 신뢰감으로 이어질 수 있습니다.

반품안심케어란?

스마트스토어는 [반품안심케어] 서비스를 통해 고객에게 무료 반품/교환 혜택을 제공합니다. 이 서비스를 이용하면 판매자는 반품이나 교환에 따른 배송비를 최대 7,000원까지 보상받을 수 있습니다.

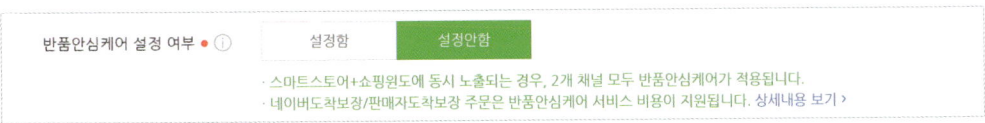

반품안심케어 서비스는 스마트스토어 판매자라면 누구나 신청 가능합니다. 단, 국내 사업자로 제한됩니다. 서비스 이용료는 주문건별로 발생하며, 고객이 상품 결제를 완료하고 상품을 수령한 상태(구매확정 또는 반품/교환)가 되었을 때 상품주문번호를 기준으로 차감됩니다.

반품안심케어 비용안내

· 반품안심케어 비용은 상품주문번호 기준으로 건당 부과됩니다.
· 아래 표의 카테고리별 비용은 2개월마다 변경될 수 있으며, 변경 시 공지사항을 통해 안내될 예정입니다.

(단위: 원)

화장품/미용	생활/건강	가구/인테리어	디지털/가전	도서	식품	패션의류	패션잡화	출산/육아	스포츠/레저
50	80	130	160	90	40	490	360	130	360

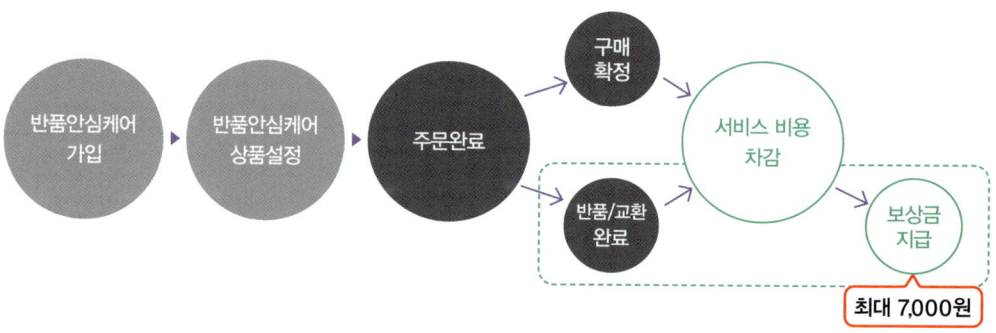

> **TIP** 반품안심케어 서비스 비용은 2개월마다 변동될 수 있으니, 서비스 가입 후 반품안심케어비용을 확인하세요.

메모

N 스마트스토어

PART
02
잘 나가는 스마트스토어의 마케팅은 뭐가 다를까?

CHAPTER 01

네이버쇼핑 영역을 200% 활용하는 마케팅

단순 검색만으로는 내 상품이 효과적으로 노출되고 고객이 유입되기가 쉽지 않습니다. 잠시 고객의 입장이 되어 네이버에서 쇼핑할 때를 떠올려보세요. 우리가 자연스럽게 클릭하게 되는 상품들은 어떤 경로로 눈에 들어왔나요? 실제로 네이버쇼핑에는 검색 결과 외에도 다양한 영역에서 상품을 노출할 수 있는 기회가 있습니다. 이제는 판매자의 관점에서 스마트스토어만의 특별한 프로모션 영역들을 제대로 이해하고 활용해야 할 때입니다. 이를 통해 잠재고객들이 자연스럽게 내 스토어를 발견하고 방문할 수 있는 경로를 최대한 확보해보겠습니다.

온라인 쇼핑 결제 비중의 75% 이상이 모바일입니다. PC 앞에 앉아 인터넷에 접속해야만 쇼핑할 수 있었던 시절은 훌쩍 지나버렸고, 우리와 항상 가까이에 있는 스마트폰으로 검색하고 정보를 얻으며 쉽고 빠르게 결제가 이루어지고 있습니다.

가장 많이 쓰는 앱 순위를 살펴보면, 상위권에는 늘 '네이버'가 있습니다. 정보 검색을 위해 가장 많이 이용하는 포털 사이트로, 순위를 굳건하게 유지하고 있습니다. 네이버에서 검색하고 쉽게 결제까지 이어지다 보니, 스마트스토어를 통한 매출은 매년 상승하고 있습니다. 그래서 우리는 검색 결과와 결제 사이에서 내 스마트스토어 상품을 노출시켜 고객을 만나야만 합니다.

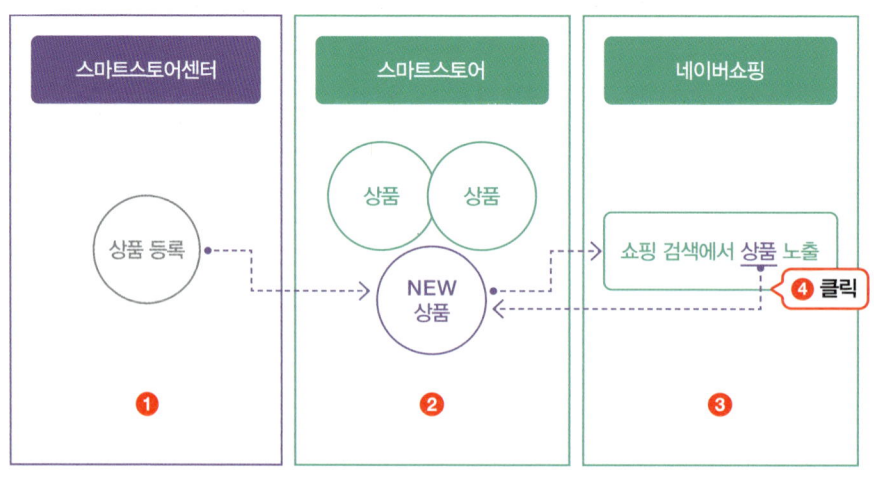

❶ 스마트스토어센터에서 신규 상품 정보를 등록합니다. ❷ 내 스마트스토어에 신상품으로 상품이 노출됩니다. ❸ 이 상품 정보는 네이버쇼핑으로 연동되어, 네이버 검색 결과 쇼핑 영역인 [네이버 가격비교]와 [네이버플러스 스토어] 탭에서 노출됩니다. ❹ 고객은 검색 결과에서 노출된 상품 클릭을 통해 내 스토어로 방문합니다.

우리는 이처럼 네이버를 통해 고객이 유입되도록 기본 설정을 끝냈습니다. 그러나 매우 아쉬운 건, '하이힐' 검색 결과는 200만 개 이상, '감자' 검색 결과는 120만 개 이상, '벽걸이 시계' 검색 결과는 52만 개 이상의 상품이 노출되고 있습니다. 상품의 수가 매우 많고 이 검색 결과에서 많은 클릭과 매출, 그리고 리뷰수를 높여 네이버쇼핑 랭킹 인기도 점수를 높이는 것은 초보 판매자에게 매우 어려운 일입니다.

그래서 스마트스토어를 개설하고, 상품을 등록한 이후 막막하고 난감한 상황에서 내 스토어의 상세페이지와 기본 설정이 잘 정리되었다는 전제 하에 앞으로 나아가야만 합니다. 보다 많은 유입과 매출을 위해 다양한 프로모션을 준비해야 합니다.

우선, 유료 광고를 집행하기 이전에 다양한 프로모션 영역을 이해하고 참여할 수 있도록 준비하겠습니다. 훌륭한 프로모션 영역은 꽤나 비싼 광고비만큼 좋은 효과를 낼 수도 있기 때문입니다.

네이버쇼핑의 진화, 네이버플러스 스토어

기존 네이버 메인페이지의 [쇼핑] 탭, [쇼핑] 페이지는 모두 [네이버플러스 스토어] 페이지로 개편되었습니다.

❶ 네이버에서 상품 키워드를 검색했을 때, 검색 결과 페이지에서는 ❷ [네이버 가격비교] 영역과 ❸ [네이버플러스 스토어] 영역으로 나뉘어 노출됩니다. 스마트스토어 상품은 두 개 영역에서 모두 노출됩니다.

단, 두 영역의 상품 노출 기준은 조금 다릅니다. 검색 결과에서 [더보기]를 클릭하면 각각 [네이버 가격비교] 페이지와 [네이버플러스 스토어] 페이지 내의 검색 결과로 이동합니다.

[네이버 가격비교] 페이지와 [네이버플러스 스토어] 페이지에서는 상단 제목을 클릭하여 각각의 검색 결과 페이지로 이동할 수도 있습니다. 이처럼 검색 결과 페이지에서는 [네이버 가격비교]와 [네이버플러스 스토어]가 노출되고, 그 외의 쇼핑 관련 영역은 모두 [네이버플러스 스토어]로 이동합니다.

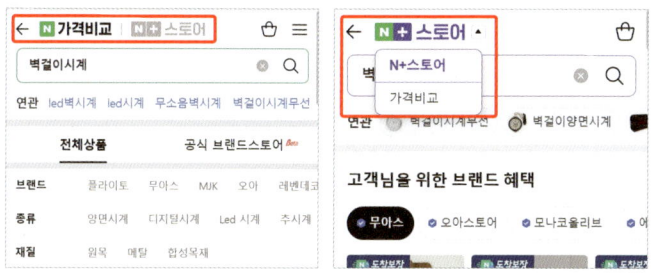

검색을 포함한 다양한 영역에서 노출되는 [네이버플러스 스토어]를 이용하여 더 많은 클릭과 판매지수, 리뷰수를 늘리기 위해 다양한 영역에서의 노출을 계획해볼 필요가 있습니다. [네이버플러스 스토어] 영역 중에서 유동인구가 많고, 프로모션에 참여할 수 있는 영역들을 살펴보겠습니다. 네이버 메인페이지에서 좌측 하단 [스토어]를 클릭합니다. 또는 [홈] 화면에서 우측으로 슬라이딩하여 [콘텐츠] 화면으로 이동한 뒤 [쇼핑투데이] 탭을 클릭해도 됩니다.

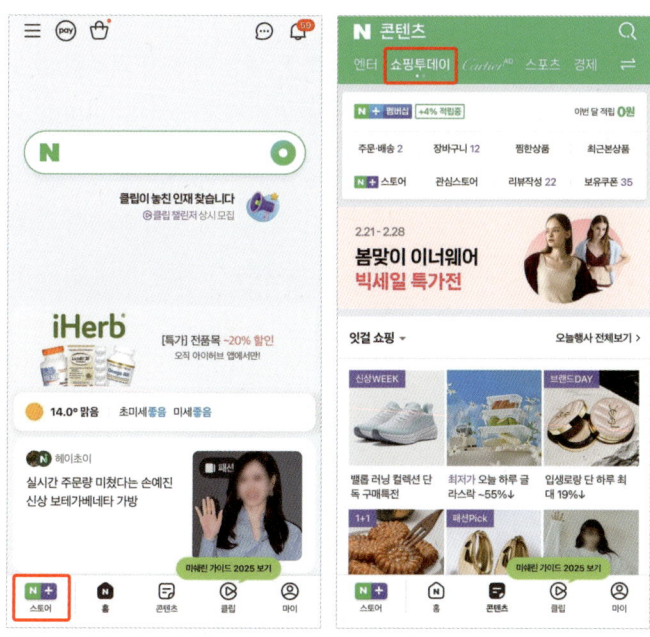

네이버플러스 스토어 메인페이지에 노출되는 배너 바로 아래에 참여할 수 있는 코너들이 있습니다. 여기서 살펴볼 페이지는 [N배송], [쇼핑라이브], [원쁠딜]입니다.

N배송

[N배송]을 클릭하면 [N배송] 페이지가 노출됩니다. 온라인 쇼핑에 매우 익숙한 프로 구매자들은 오늘 구매하면 내일 도착하는, 심지어는 당일에 도착하기도 하는 빠른 배송에 적응해 있습니다. 그래서 수많은 플랫폼이 빠른 배송을 위해 다양한 서비스를 지원하고 있고, 네이버 또한 마찬가지입니다. 고객에게 빠른 배송을 보장해서, 고객의 구매를 유도하는 것입니다. 이렇게 고객의 편의를 돕기 위해 빠른 배송을 보장하는 상품들을 다양한 영역에서 추가 노출하고 있습니다. 이러한 추가 노출 영역 중에서 내 스마트스토어 상품을 노출하기 위해 [N배송]을 고민할 필요가 있습니다.

01 [N배송] 탭에서 빠른 배송을 보장하는 상품을 별도로 검색 및 노출할 수 있습니다.

02 [N배송] 제품들만을 모아 별도의 프로모션도 진행하고 있습니다.

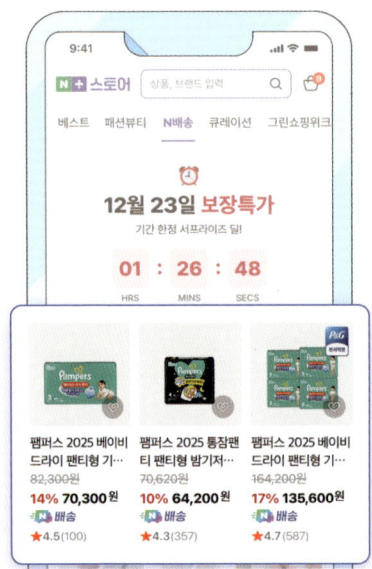 

03 네이버쇼핑 검색 결과에서 [N배송] 태그를 노출합니다. 상세페이지에서는 도착 보장일과 주문 마감 시간이 안내되어 빠른 결제를 유도합니다. 네이버쇼핑 검색 결과에서 유사한 용량/색상 등의 상품이 있다면 함께 노출하여 판매에 도움을 줍니다.

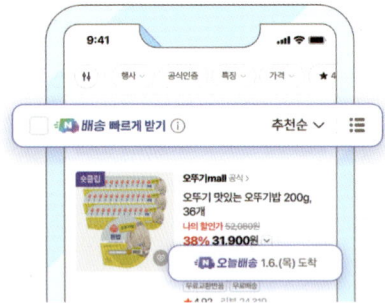

그러나 [N배송]은 앞서 설명했던 [오늘출발]과는 달리 판매자가 빠르게 배송하겠다는 다짐으로는 노출되지 못합니다.

> **자주 묻는 질문**   **N배송에 노출되려면 어떻게 해야 하나요?**
>
> **1. 풀필먼트 서비스를 이용해야 합니다.**
>
> 풀필먼트 서비스란 판매자의 주문 이후 물류 과정을 대행해주는 서비스로, 판매할 상품을 물류센터에 입고시켜두고 물류센터에서 상품 입고, 보관, 포장, 운송, 반품처리 등의 작업을 통합 관리합니다. 그만큼 업무처리가 줄어드는 효율이 있으나, 서비스 이용료를 지불해야 합니다.
>
> 물류사 선택 및 서비스 신청 → 서비스 계약 → 풀필먼트 연동 설정하기
>
> **2. 네이버 도착보장은 프로그램 솔루션 사용료 1.5%가 발생합니다.**
>
> 풀필먼트 연동 설정하기 → 네이버도착보장프로그램 약관 동의하기 → 네이버도착보장 상품 설정하기

네이버 N배송(구 도착보장)은 2023년 10월 이전까지는 무료 서비스였으나, 이후 솔루션 사용료가 생겼습니다. 이 금액은 상품 판매 시 부과되는 네이버페이 수수료 최대 3.63%와 네이버 쇼핑 수수료 2%와는 무관하게 추가 부과됩니다. 또한 프로그램과 별개로 풀필먼트 서비스 사용에서 발생하는 물류 비용은 물류사로부터 판매자에게 직접 청구되므로 약간의 추가 노출을 위해서 무리하게 되면 배보다 배꼽이 더 큰 경우가 발생할 수 있으니 신중히 고민하고 결정하는 것이 좋습니다.

그럼 풀필먼트 서비스를 이용하면 좋은 경우는 무엇일까요? 바로 재고가 많거나 재고 확보가 잘 되는 경우, 재고 관리/포장/배송 과정 중에서 인력이 부족한 경우입니다. 판매자가 직접 택배사에 인계하는 것보다 더 늦은 시간까지의 주문을 당일 출고로 처리할 수 있어서 불필요한 비용 지출을 줄이고 효율을 높일 수 있기 때문입니다.

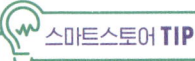 **내 스토어에 맞는 풀필먼트 서비스 찾기**

현재 스마트스토어센터 [물류관리] 메뉴에서 [내 스토어에 맞는 풀필먼트 서비스 찾기]로 상온, 냉장·냉동, 동대문 패션, 가구 다양한 카테고리의 아이템을 취급하는 풀필먼트사를 다이렉트로 확인하고 견적을 받아볼 수 있습니다.

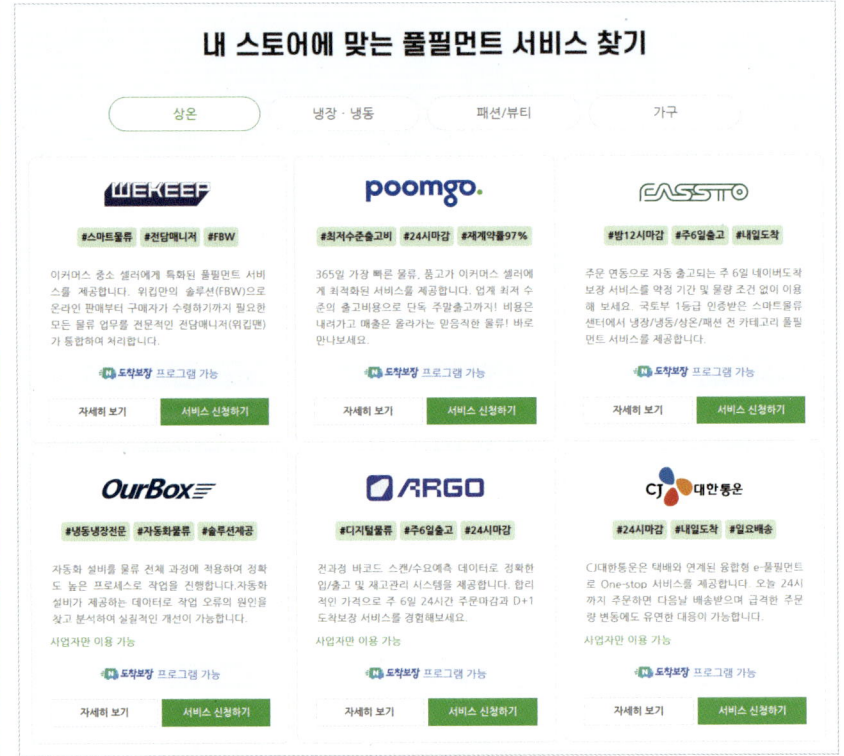

▲ 출처 : 스마트스토어센터 내 [물류관리] 메뉴

> **자주 묻는 질문** **풀필먼트 서비스, 꼭 해야 할까요?**
>
> 반드시 이용할 필요는 없습니다. 그러나 요즘 추세가 고객들은 빠른 배송을 원하고 우리는 보다 다양한 페이지에서 상품 노출이 필요합니다.
> 풀필먼트 서비스를 이용할 수 없는 제품군을 판매하거나, 아직 서비스 이용료가 부담되는 초보 판매자이거나, 매출이 보장된 스테디셀러 제품군이 없는 위탁 판매자는 되려 비용 낭비가 될 수 있으니 좀 더 준비하고 성장한 이후에 참여해도 늦지 않습니다. 오히려 이 서비스 이용료보다 낮은 금액으로 광고를 집행하는 것이 더 효과적일 수도 있습니다.

쇼핑라이브

쇼핑라이브는 코로나19 확산과 영상 콘텐츠 소비 증가에 힘입어, 네이버쇼핑에서 파생된 서비스 중 가장 높은 성장세를 기록했습니다. 예전에는 쇼핑라이브를 진행하려는 판매자들의 예고 페이지나 지난 라이브 영상들을 쇼핑라이브 메인페이지에 노출해주기도 했습니다. 구매자들에게는 라이브 방송 중 구매 시 최대 5%의 네이버페이 포인트를 적립해주는 등 다양한 혜택을 제공했습니다.

이러한 혜택을 바탕으로 판매자들은 다채로운 방법으로 쇼핑라이브를 키워나갔습니다. 일반 광고 집행 대비, 추가 혜택 제공만으로도 단기간에 높은 매출을 달성할 수 있어 판매자들의 참여도가 점차 높아졌습니다. 고객들 역시 라이브 방송 중에 상품을 구매하는 것이 포인트 적립은 물론, 할인이나 사은품 등 더 많은 혜택을 받을 수 있다는 점을 인식하게 되면서 라이브 방송 참여도가 높아졌습니다. 이러한 성장에 힘입어 현재는 네이버쇼핑 메인페이지에 쇼핑라이브를 배치하여 다양한 라이브 콘텐츠들을 선보이고 있습니다. 하지만 초보 판매자가 지금 당장 쇼핑라이브를 시작하기에는 여러 가지 제약 조건이 있습니다.

첫째, 라이브 유입 수수료입니다. 이제는 쇼핑라이브를 통해 상품이 판매되는 경우 라이브 유입 수수료 3%가 발생합니다. 평소 네이버쇼핑 검색을 통해 유입되는 경우 2%의 수수료가 발생되는 점을 감안하면 1%가 추가되는 셈입니다.

유입 경로	추가 수수료	네이버페이 수수료	총 수수료
라이브 유입	라이브 유입 수수료 3%	최대 3.63%	최대 6.63%
네이버쇼핑 유입(평상시)	네이버쇼핑 유입 수수료 2%	최대 3.63%	최대 5.63%
네이버쇼핑 이외 유입(평상시)	없음	최대 3.63%	최대 3.63%

TIP 2025년 6월부터 변경되는 수수료는 259페이지를 참고하세요.

두 번째, 스토어 등급입니다. [새싹] 등급부터 쇼핑라이브를 진행할 수 있습니다. 그래서 처음 스마트스토어를 시작해서 매출 조건이 미비한 [씨앗] 등급의 경우에는 쇼핑라이브 진행이 어렵습니다. 스마트스토어 등급은 스마트스토어센터의 [판매자정보]-[판매자등급] 메뉴에서 확인 가능합니다. 등급은 매월 2일에 최근 3개월 누적 데이터로 산정합니다.

등급표기		필수조건		
등급명	아이콘 노출	판매건수	판매금액	굿서비스
플래티넘	★	100,000건 이상	100억원 이상	조건 충족
프리미엄	★	2,000건 이상	6억원 이상	조건 충족
빅파워	★	500건 이상	4천만 이상	-
파워	★	300건 이상	800만원 이상	-
새싹	-	100건 이상	200만원 이상	
씨앗	-	100건 미만	200만원 미만	

세 번째, 겨우 [새싹] 등급이 되어서 쇼핑라이브를 시작한다면, 지금 막 오픈된 쇼핑라이브를 누가 봐줄까요? 마치 갓 채널을 오픈한 신생 유튜버처럼, 조회수가 미비한 라이브로 그칠 것입니다. 그러나 알림받기를 동의한 고객들이 많다면 이들을 대상으로 다양한 실시간 홍보가 가능합니다. 라이브 시작 알림을 발송해서 실시간 접속을 유도할 수 있고, 라이브 종료 후에도

라이브 내용을 저장하여 홍보할 수 있습니다.

그래서 우리는 쇼핑라이브의 활성화를 위해서도 알림받기에 동의한 고객이 많이 필요합니다. 무턱대고 클릭당 광고비를 소진하기보다, 직접적인 상품 노출로 고객들에게 내 상품을 보여주고 판매가 되었을 때 3%의 수수료를 지불하는 점을 감안하면 보다 효과적인 광고 채널이라고 볼 수 있습니다. 따라서 스마트스토어를 성장시킨 후 진심을 다해 쇼핑라이브를 준비해보는 것도 좋은 방법입니다.

아직 라이브 방송을 진행하기 부담스럽다면 상품을 직접적으로 보여주면서도 짧은 상품 소개 영상인 [함께 찾는 쇼핑라이브 숏클립]을 활용해보세요. 숏클립은 쇼핑라이브와 달리 등급에 제한이 없으며, 스마트스토어 판매자라면 누구나 등록할 수 있습니다. [숏클립]은 쇼핑라이브 페이지 내에서 다양한 코너로 노출되며, 네이버쇼핑 검색 결과에서도 별도로 노출되어 상품 홍보에 도움이 됩니다. 또한 [쇼핑라이브] 내에 [숏클립]을 별도로 노출하는 컴포넌트 영역들이 있어서 [숏클립 등록 후 제안하기]를 통해 다양하게 추가 노출할 수도 있습니다.

▲ 검색 결과 상품 목록에 [숏클립]이 노출되는 예시
▲ [쇼핑라이브] 탭에 [숏클립]이 노출되는 예시

숏클립 등록 시 반드시 해당 상품으로 연결해야 하는 점을 유의하세요. 숏클립 등록은 모바일 스마트스토어센터 앱 메인페이지에서 우측 하단 [상품등록]을 클릭하면 [숏클립]을 선택하여 바로 연동하여 등록할 수 있습니다.

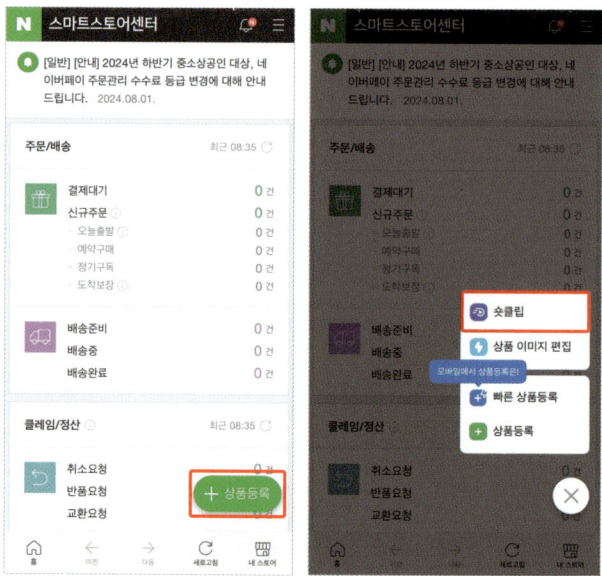

원쁠딜

[원쁠딜]은 상품을 1+1으로 구성해야만 판매가 가능합니다. 해당 페이지는 스마트스토어 판매자가 1+1으로 상품을 기획하여 제안하고, 선정되면 노출되는 영역입니다. 모바일 버전 네이버 메인페이지뿐만 아니라 PC 버전 네이버 메인페이지에서도 [원쁠딜] 탭이 노출되고 있습니다.

▲ 모바일 버전 [원쁠딜] 탭

▲ PC 버전 네이버 메인페이지의 [원쁠딜] 탭

원쁠딜에 노출되는 조건은 아래와 같습니다.

▲ 원쁠딜 제안 예시(출처 : 스마트스토어센터)

> ① 1+1의 상품으로 구성되거나, 1+@의 상품으로 구성하여 제안하기
> **EX** 양말+양말, 머그잔+머그잔, 강아지 집+강아지 이불, 머그잔+티스푼 세트 등
> ② 반드시 무료배송으로 제안하기
> ③ 매주 월요일, 오전 11시 ~ 오후 5시에만 제안하기

이렇게 제안된 상품 리스트는 다음 주 월요일 오전 11시에 공지됩니다. 선정된 스토어는 월~목요일 중에 [원쁠딜] 메뉴를 통해 소재를 등록해야 합니다. 특히 네이버에서 노출되는 이미지 정보 등을 검수하기 때문에 검수 가이드에 맞춰 등록하고, 검수 완료된 상품 정보는 그 다음 주 월요일부터 노출이 시작됩니다.

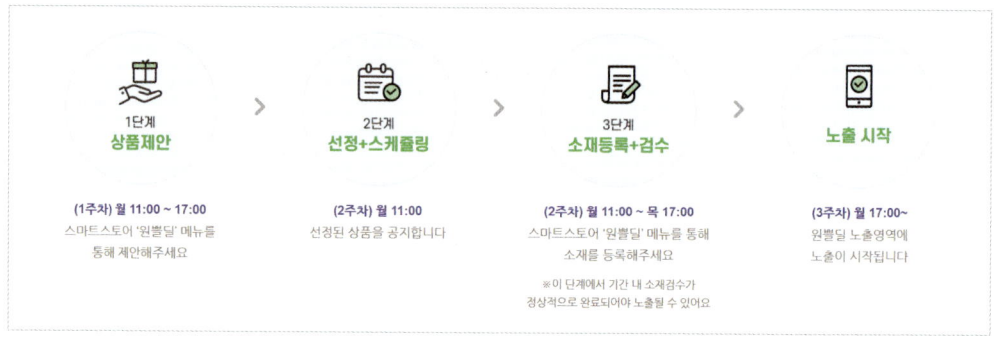

▲ 출처 : 스마트스토어센터 내 [프로모션 관리]-[원쁠딜 소개] 메뉴

원쁠딜의 가장 큰 장점은 하루에 30개의 엄선된 상품만 노출한다는 점입니다. 매출의 5%라는 높은 수수료에도 불구하고 입점 경쟁이 매우 치열한데, '구매 욕구를 자극하는 상품'과 '경쟁력 있는 가격'이라는 엄격한 선정 기준 때문입니다. '구매 욕구를 자극하는 상품'은 아무래도 시즌성 상품이 주를 이루는 만큼, 노출 시점을 고려한 사전 제안이 중요합니다. 상품은 보통 제안 후 3주 뒤에 노출되므로, D-DAY 기준 2주 전 노출을 목표로 하는 것이 바람직합니다.

또한 '경쟁력 있는 가격' 조건을 만족하기 위해서는 1+1 형태의 프로모션이 필수적입니다. 단순히 두 개 가격으로는 충분한 메리트를 제공하기가 어렵습니다. 아울러 제한된 재고로 인해 매출이 저조할 경우 선정 가능성이 낮아지므로, 충분한 재고 확보도 중요한 고려 사항입니다.

원뿔템

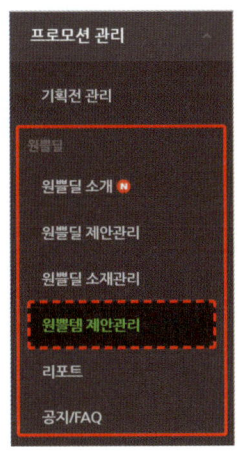

원뿔템은 원뿔딜과 달리, [제안관리 가이드]에 부합하는 소재 정보만 등록하면 별도의 선정 절차 없이 노출이 가능합니다. 원뿔딜과 마찬가지로 1+1 또는 1+@ 형태의 상품 구성이 기본이나, 특별한 경우 네이버 포인트 지급형 프로모션도 가능합니다. 원뿔딜과의 또 다른 차이점은 운영 방식에 있습니다. [원뿔템 제안관리] 메뉴를 통해 즉시 제안이 가능하며, 소재 검수 승인 후 계획된 일정에 맞춰 바로 노출됩니다. 현재는 별도의 수수료도 부과되지 않아 판매자에게 더욱 유리합니다.

선물샵

네이버플러스 스토어에서 슬라이드를 넘기면 [선물샵] 페이지가 노출됩니다. 2023년만 하더라도 별도의 입점 신청을 통해 [선물샵]에서 내 상품을 추가로 노출할 수 있었습니다. 그러나 이제는 별도의 노출 신청을 받지 않고 있지 않기 때문에, 어떠한 노력을 하더라도 입점할 수 있는 방법은 없습니다.

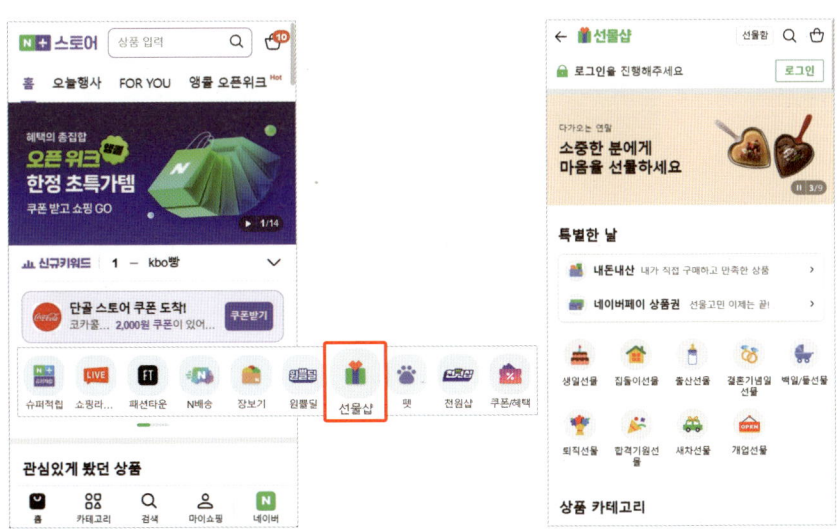

[선물샵] 입점 조건에 충족될 경우 분기별로 사업 담당자가 대상 판매자를 선정 및 조정하여 선물샵 업데이트를 진행합니다. 입점 신청이 없어진 직후에는 별도의 입점 조건이 명시되기도 했지만, 현재는 [내부 기준에 의해 운영되고 있으며, 상세 안내가 어려운 점 양해 부탁드립니다.]라고 고지하고 있습니다. 하지만 많은 상품들이 노출되고 있는 점을 감안하여, 기존의 입점 조건을 참고하세요.

> **스마트스토어 TIP** 변경 전 선물샵 입점 기준을 참고하세요!
>
> ① 버티컬(쇼핑윈도) 판매자 (백화점/아울렛, 해외직구, 장보기 제외)
> ② 브랜드 스토어 판매자
> ③ 기존 선물샵 입점 판매자
> ④ 많은 리뷰 상품을 보유한 스마트스토어 판매자 중 사업 담당자가 선정(푸드, 리빙 중심)
> ⑤ ①~④에 해당하지 않지만 사업적으로 중요도 있는 판매자

[선물샵]은 네이버 검색 결과에서 네이버플러스 스토어보다 먼저 [선물샵]으로 노출되는 장점도 있습니다.

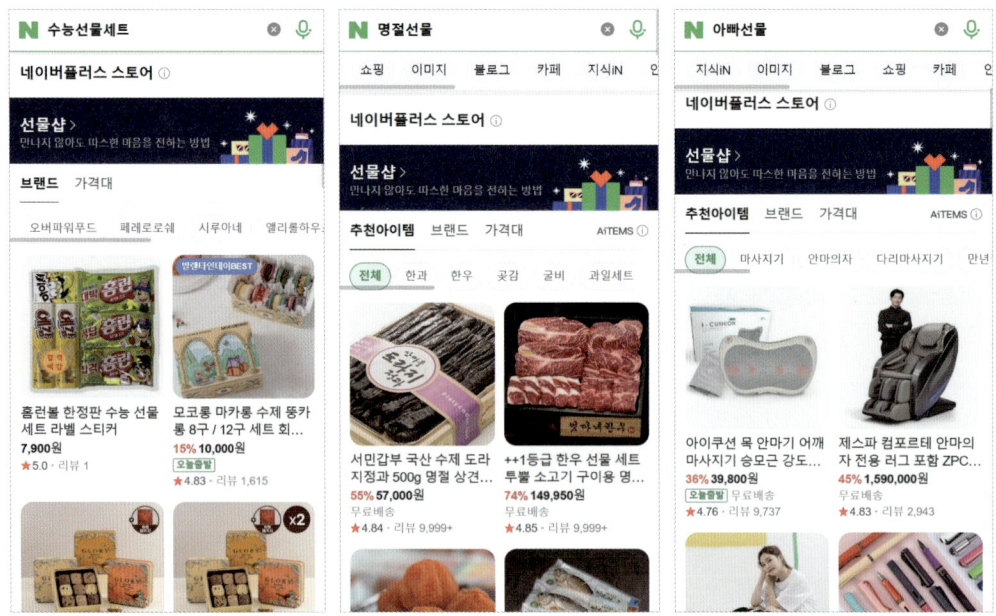

▲ 다양한 키워드 검색 결과에서 [선물샵]이 노출되는 예시

[선물 상품 더보기]를 클릭하면 선물샵 메인페이지로 이동하며 다양한 선물 상품이 노출됩니다. 고객은 본인의 관심사가 반영된 상품들을 보다 직관적으로 쇼핑할 수 있습니다. [선물샵]은 네이버 메인페이지 좌측 날개 [선물] 탭에도 나타나서 메리트가 있지만, 이 검색 결과가 가장 큰 메리트라고 볼 수 있습니다.

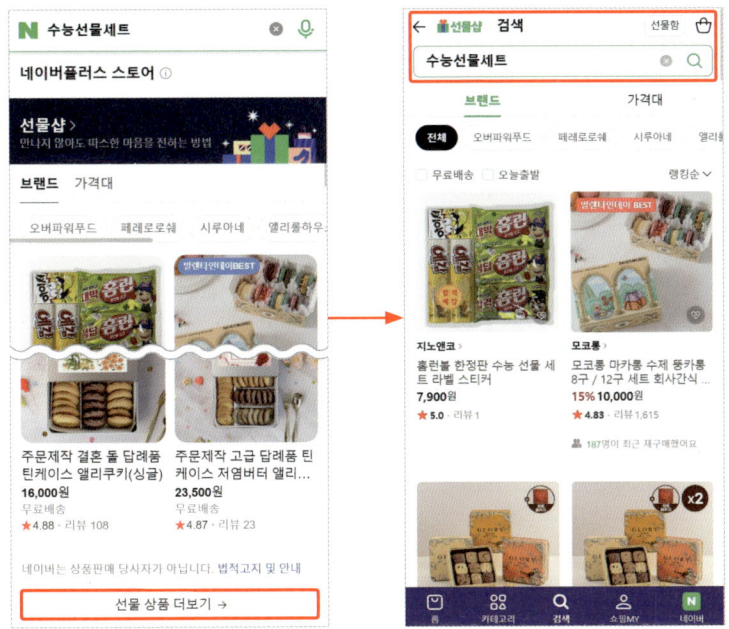

[선물샵] 페이지가 변경됨에 따라 기존에 상품군별로 부과되던 수수료는 사라지고, 네이버쇼핑 수수료처럼 [선물샵]을 통해 유입되는 경우 유입 수수료 2%가 발생됩니다. 즉, [네이버쇼핑]을 통해 유입되어도 2%, [선물샵]을 통해 유입되어도 2%의 수수료가 발생되는 셈입니다.

> **자주 묻는 질문** **[선물샵]과 [선물하기]가 헷갈려요!**

[선물샵]과 [선물하기]는 다릅니다. [선물샵]은 선물에 걸맞는 상품들을 모아서 노출하는 페이지이고, [선물하기]는 모바일에서만 보여지는 구매 방식입니다. 스마트스토어 판매자의 상품은 모바일 상세페이지에서 [선물하기] 버튼이 보입니다. [선물하기]를 클릭하면 구매 옵션을 선택하고 메시지 카드도 작성할 수 있으며, 받는 사람의 전화번호, 네이버 ID, 카카오톡 중에서 선택하여 정보를 입력합니다.

결제 완료 후 받는 사람의 정보로 해당 상품 정보와 메시지 카드가 전달되고, 선물 받는 사람이 배송지 주소를 입력합니다. 내 상품이 본인이 직접 결제하는 상품일 수도 있지만, 누군가에게 선물하기도 용이한 제품이라면, 모바일 [선물하기] 기능을 상세페이지에서 안내하여 고객들의 결제를 유도해보는 것도 하나의 마케팅 방법이 될 수 있습니다.

• **선물 수신자의 배송지가 제주/도서산간지역이라면?**
참고로 구매자 결제 이후, 선물 수신자가 배송지 정보를 입력하거나 변경하는 형태이기 때문에 제주/도서산간지역 추가 배송비가 적용되지 않습니다. 그래서 구매자에게 추가 배송비를 별도로 입금받거나, 수신자에게 착불로 추가 배송비가 지불되어야 함을 안내해야 합니다. 필자는 약간의 소액은 마케팅 비용으로 생각하고 별도로 청구하지 않는 것도 괜찮다고 생각합니다. 이는 상품의 특성에 따라 달라질 수 있으니 적절한 응대가 필요합니다.

• **선물 수락 후 배송지가 확정되면 상품을 배송하세요!**
고객이 결제한 상태는 [판매관리]-[선물수락대기] 내역에서 노출됩니다. 아직 받는 사람이 배송지를 입력하지 않은 상태로 수락 기한 내에 선물을 수락하지 않으면 주문은 자동 취소됩니다. 수락 기한 내 배송지 입력/확정되면 늘 배송 처리하던 것처럼 [발주(주문)확인/발송관리] 메뉴에서 주문건이 확인되므로, 주문 확인 후 발송 처리를 진행하면 됩니다.

- **[선물하기] 버튼이 노출되지 않는 상품도 있습니다!**
① 해외 직배송 상품 (해외 출고지 상품)
② 배송없음 상품 (단, 배송없음 / e쿠폰 대상 카테고리 상품은 네이버 선물샵에 입점된 판매자의 상품만 선물하기 가능)
③ 여가/생활편의 카테고리 상품 (단, 하위 카테고리 중 '꽃배달', '케이크배달' 상품은 선물 가능)
④ 면세점 카테고리 상품
⑤ 예약 구매 상품

기타 서비스

[장보기], [오늘행사], [패션타운] 등 기타 서비스 페이지는 제휴 파트너사와 특정 브랜드의 상품만 제한적으로 제공되는 폐쇄형 서비스로, 현재 신규 입점 신청을 받지 않고 있습니다.

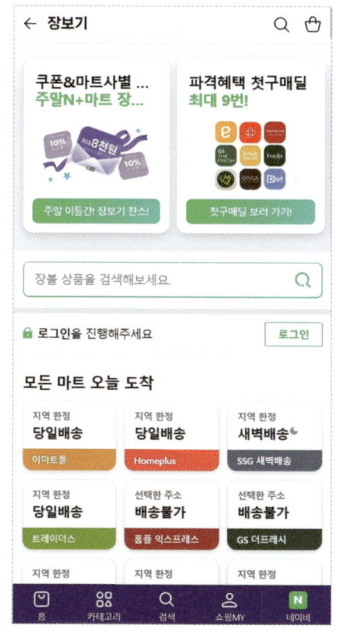

CHAPTER 01 | SECTION 02

직접 프로모션 기획하여 노출하기

앞서 모바일 네이버 메인페이지를 짚어보고 원쁠딜과 원쁠템에 대해 알아봤습니다. 다른 페이지들보다 제약 조건이 적고, 초보 판매자도 당장 시작해볼 수 있는 영역은 역시 [원쁠템]입니다. 그리고 네이버 메인에는 노출되지 않지만, 네이버쇼핑에서 노출되고 있는 [기획전]이 있습니다.

원쁠템과 기획전은 두 가지 주목할 만한 특징을 가지고 있습니다. 첫째, 스마트스토어 판매자가 자율적으로 운영할 수 있는 프로모션입니다. 둘째, 현재 수수료가 없다는 큰 장점이 있습니다. 원쁠템과 기획전 모두 네이버 검색 결과 내 다양한 영역에서 노출되어 추가 트래픽을 확보할 수 있다는 장점이 있습니다.

비록 대규모 매출이나 폭발적인 노출을 기대하기는 어렵지만, 초보 판매자에게는 다양한 유입 경로 확보가 중요한 성장 동력이 될 수 있습니다. 이에 효과적인 기획과 운영 방안을 상세히 살펴보겠습니다.

판매상품수가 많다면 기획전을 열자

POINT 1. 상품수 50개 미만이라면 기획전은 패스!

기획전 운영을 위해서는 스마트스토어센터에 최소 50개 이상의 상품이 등록되어 있어야 합니다. 단품이나 제한된 품목만 취급하는 판매자라면, 기획전 참여는 보류하고 다른 프로모션을 고려하는 것이 바람직합니다.

현재 30~40개 상품을 보유한 경우, 상품 라인업을 다각화하여 50개 이상으로 확장하는 것을 검토해볼 수 있습니다. 다만, 기획전 참여를 위해 동일 상품을 중복 등록하는 것은 엄격히 금지됩니다. 이는 단순히 기획전 규정이 아닌 스마트스토어의 기본 정책을 어기는 것으로, 위반 시 상품 삭제와 함께 패널티가 부과되는 등 제재될 수 있습니다.

- 1번 상품 : 검은색 모나미 볼펜 1자루 1천 원
- 2번 상품 : 빨간색 모나미 볼펜 1자루 1천 원
- 3번 상품 : 모나비 볼펜 12색 1다스 9,900원

1~3번 상품처럼 상품을 등록하는 것은 상품 중복 등록이 아닙니다. 색상과 구성이 다르기 때문입니다.

- A 상품 : 블랙 모나미 볼펜 1개 1천 원
- B 상품 : 검은색 볼펜 1개 1천 원
- C 상품 : 까만 모나미 볼펜 1개 1천 원

하지만 A~C 상품처럼 동일 제품을 키워드만 조금 달리하거나, 같은 제목에 이미지만 조금 달리해서 등록하는 경우는 지속적인 모니터링을 통해 상품 중복 등록으로 제재받을 수 있으니 주의합니다.

POINT 2. 상품수 50개 이상이라면, 기획전 주제를 정하자!

다양한 주제를 기획해서 지속적인 노출을 계획해야 합니다. 할인, 세일, 특가, 신상, 혜택, 모

음전 등 다양한 콘셉트로 정해볼 수 있습니다. 또한 분기 또는 반기별로 계절이나 행사 등에 맞는 주제들을 미리 기획하는 것도 의미가 있습니다.

기획전은 동일 기간에 한 개만 진행이 가능합니다. 그러나 진행 중인 기획전의 종료 일정 이후로 기간을 설정하여 신규 기획전을 꾸준히 등록할 수 있습니다. 그래서 다양한 콘셉트로 365일 내내 기획전 코너에서 내 스토어의 기획전이 노출되도록 기획해볼 필요가 있습니다.

POINT 3. 상단 배너 이미지는 클릭을 부르는 간판이다!

이때 제일 중요한 것은 상단 배너 이미지입니다. 아무래도 제목보다 이미지가 더 눈에 띄고 클릭을 만들기 때문에, 가장 임팩트 있는 색감이나 디자인, 구도의 사진으로 상단 배너 이미지를 준비해야 합니다.

이처럼 다양한 스토어의 기획전과 함께 노출되기 때문에 제품 이미지가 명확히 보이거나, 제품이 예쁘게 보이거나, 구성이 잘 표현된 경우에 좋은 클릭률을 가져옵니다.

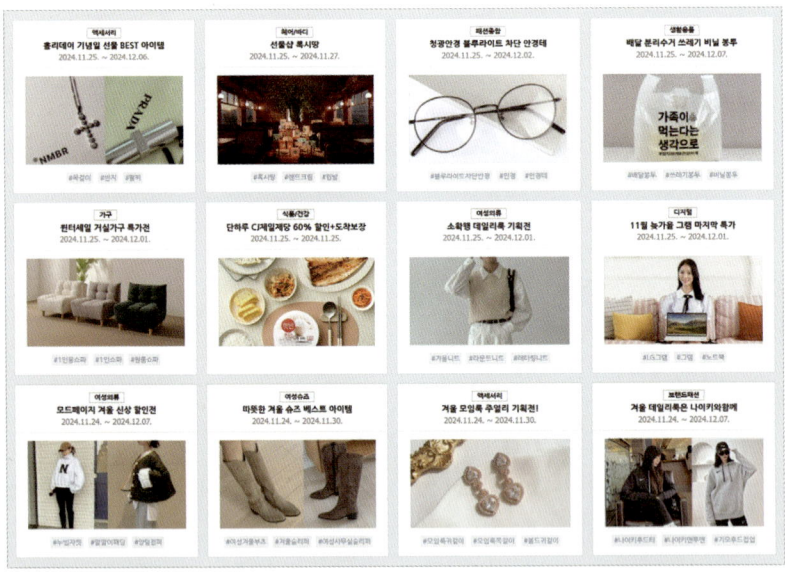

기획전 가이드를 꼼꼼히 살펴보고, 기획전 배너 이미지로 사용 불가한 사례와 상세 사유도 확인해야 합니다.

▲ 출처 : 네이버쇼핑 기획전 등록 가이드

기획전 배너 사례를 살펴보세요. 배너 이미지와 더불어 기획전 제목 또한 클릭률에 영향을 준다는 것을 알 수 있습니다. 기획전 제목은 수많은 기획전에서 클릭을 유도하는 핵심이 되므로, 핵심 키워드를 포함한 문구로 혜택을 전달하는 것이 포인트입니다.

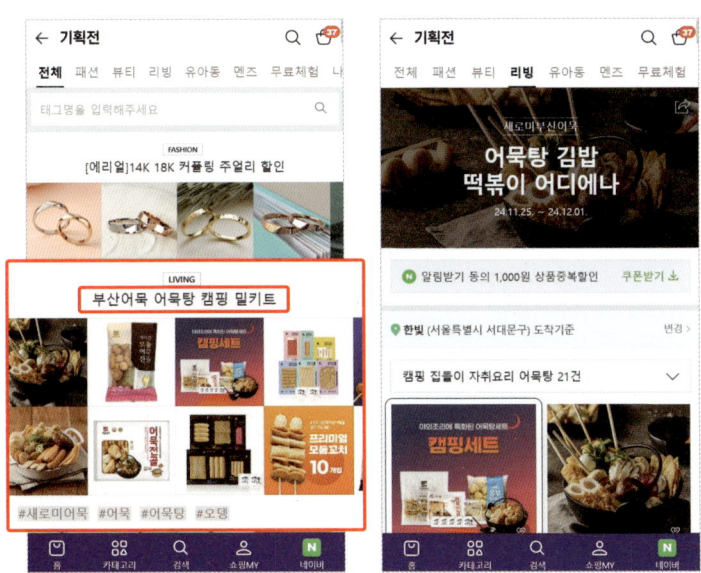

| 자주 묻는 질문 | **기획전 제목과 상단배너 타이틀은 같나요?**

기획전을 클릭하여 기획전 상단에 노출되는 상단 타이틀은 [기획전 제목]과 다릅니다. [상단배너 타이틀]은 모바일에서 상단 배너 위에 글씨로 노출됩니다.

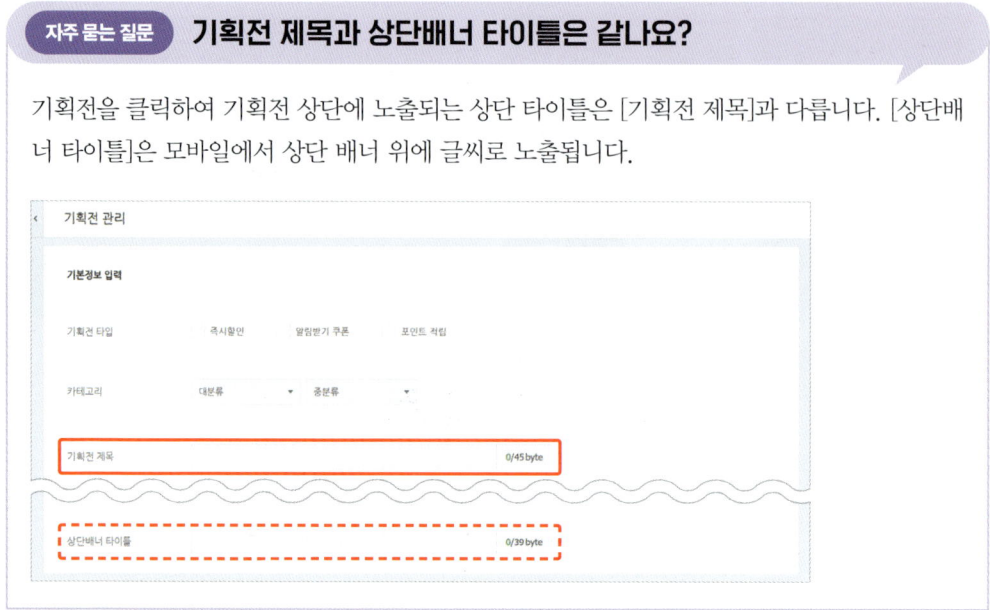

POINT 4. 기획전에서는 태그명으로도 검색이 된다!

태그는 '기획전 제목 입력 후에 태그를 입력하는 영역'과 '섹션별로 상품을 담을 때 섹션별 태그를 입력하는 영역'으로 노출됩니다. 아래처럼 기획전에서 태그명으로 검색이 가능하며, 이때 태그는 기획전 제목 입력 후에 입력하는 태그가 반영되어 검색됩니다.

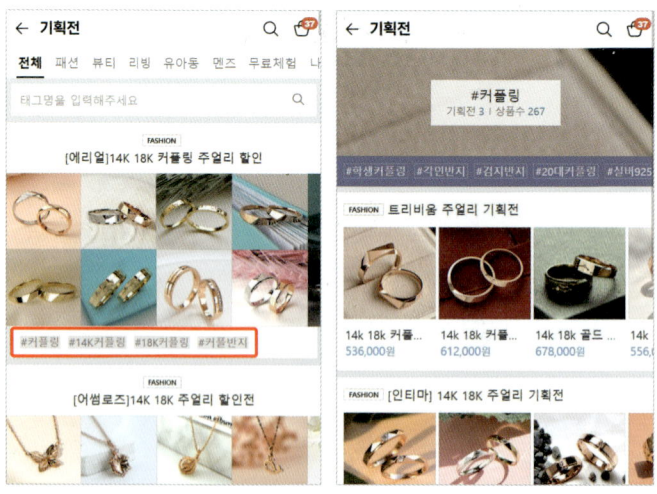

▲ 기획전 페이지에서 '커플링' 검색 결과, #커플링 태그가 포함된 총 세 개 기획전이 노출되는 예시

[네이버 가격비교] 검색 결과에서 기획전이 노출되는 경우가 있습니다. 이를 최대한 활용하기 위해서는 기획전 등록 시 입력하는 태그와 섹션별 태그를 네이버 검색에 최적화된 카테고리와 키워드로 신중하게 선택해야 합니다. 잘 선택된 태그를 사용한 기획전은 네이버 검색 시 더 높은 확률로 노출됩니다.

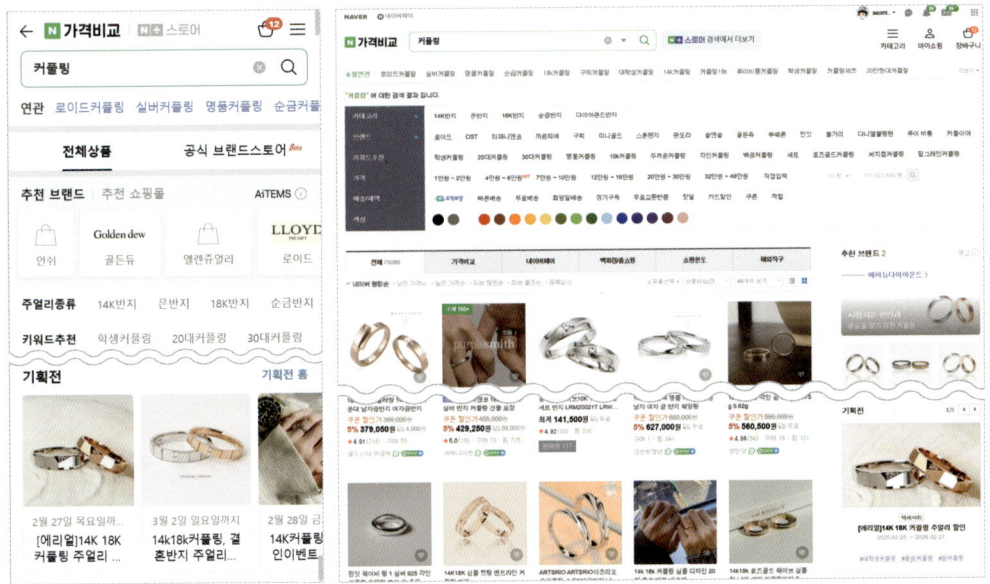

이제 이러한 포인트 네 가지를 바탕으로 기획전을 등록하여 내 상품을 본격적으로 판매해보겠습니다.

기획전을 등록해 본격적으로 판매하자

01 스마트스토어센터에서 ❶ [프로모션 관리]-[기획전 관리]를 클릭합니다. ❷ [신규 기획전 등록]을 클릭합니다.

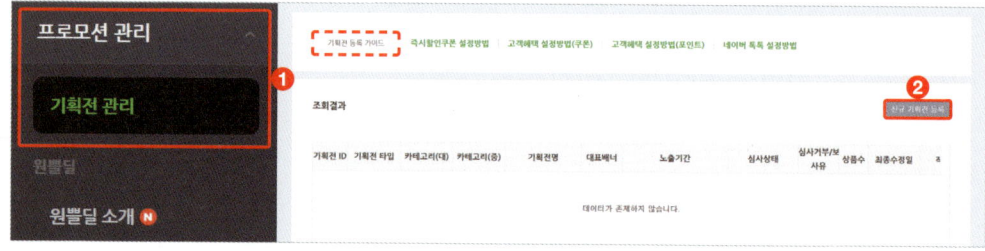

TIP [기획전 등록 가이드]를 클릭하여 가이드 최신 버전을 꼭 확인하세요.

02 기본 정보를 입력합니다.

• 필수 입력 항목 이해하기

① **기획전 타입** | 알림받기 쿠폰을 설정했다면 기본으로 체크합니다. 상품 금액을 즉시 할인 중이거나 포인트를 추가로 적립하고 있다면 체크합니다. 중복 선택 가능합니다.

② **카테고리** | 해당 기획전을 기획전 내 어느 카테고리에 노출할지 선택합니다.

③ **기획전 제목** | POINT 3을 기억하세요. 핵심 키워드를 포함한 기획전 제목이 좋습니다.

④ **태그명** | POINT 4를 기억하세요. 태그는 총 10개까지 등록 가능합니다.

⑤ **기간** | 최소 3일, 최대 14일 가능합니다. 다양한 제목으로 신규 기획전을 자주 열고 싶다면 기간을 짧게 설정합니다. 노출에 의의를 둔다면 기간을 최대로 설정합니다. 현재 기획전 페이지에서 기획전은 최신 등록순으로 노출됩니다.

⑥ **상단 배너 (모바일 / PC)** | 모바일과 PC 사이즈가 모두 다르므로, 권장 사이즈 확인 후 사진을 잘 리사이징해서 등록합니다. 해당 배너에 등록한 이미지의 상품이 기획전 상단에 노출 설정되어야 합니다.

⑦ **상단 배너 타이틀** | 배너 이미지 위에 노출될 타이틀을 입력합니다.

TIP ① 기획전 타입의 [포인트 적립]은 153페이지를 참고합니다.

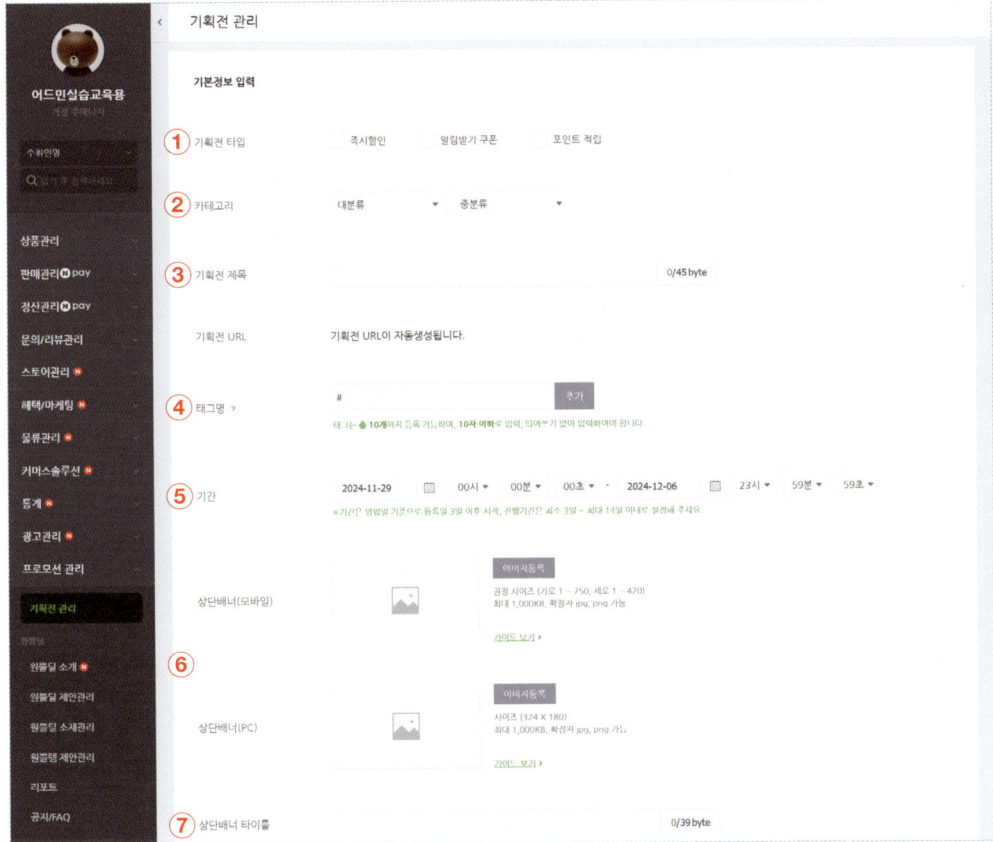

03 하단 [섹션 설정 및 노출 상품 등록]에서 상품을 등록합니다.

● **필수 입력 항목 이해하기**

① **섹션명** | 최소 한 개 입력합니다.
② **섹션추가** | 여러 개의 섹션을 설정할 경우, 기획전 페이지의 구분값이 되어 각 섹션별로 상품이 정렬됩니다. [섹션추가]를 클릭하면 최대 다섯 개까지 섹션 설정이 됩니다.
③ **전시유형** | 각 섹션에서 상품 이미지가 어떻게 노출되면 좋을지 네 가지 타입 중에 하나를 선택합니다.
④ **섹션별 태그 등록** | POINT 4를 기억하세요. 섹션별 최대 열 개까지 태그를 등록합니다.
⑤ **상품관리** | 해당 섹션에서 노출할 상품을 선택합니다.

TIP 모든 섹션 상품의 총 합이 50개 이상이어야 합니다.

TIP 여러 섹션을 사용할 경우, 한 개의 섹션은 최소 11개 이상의 상품이 등록되어야 합니다.

04 [저장하기]를 클릭하고, [기획전 노출 심사요청]을 클릭합니다. 기획전은 영업일 기준으로 등록일 3일 이후 시작하기 때문에, 현재 작성 중인 기획전을 저장하고 이후에 노출 심사 요청할 경우, 진행 시작일은 변경될 수 있습니다.

판매상품수가 적다면 원쁠템&원쁠딜에 참여하자

품목이 적어서 기획전을 진행할 수 없는 상황인가요? 수많은 품목 중에 매출을 높이고 싶은 상품을 주기적으로 기획해서 홍보하고 싶나요? 어떤 상황이든 간에 원쁠템과 원쁠딜은 모든 판매자가 참여할 수 있습니다.

솔직하게 말씀드리자면, 원쁠템보다 원쁠딜이 선정되기가 더 어렵습니다. 그래서 누구나 참여 가능한 원쁠템부터 먼저 기획을 시작하겠습니다.

POINT 1. 상품을 기획하세요!

원쁠템은 1+1, 1+@, 1+POINT 적립 세 가지 방법으로 제안할 수 있습니다. 그래서 기존에 1+1으로 상품을 판매중이었다면 해당 상품을 그대로 제안할 수 있습니다. 이전에 판매 중인 구성이 없다면, 1+1 이나 1+@로 상품 구성을 기획합니다.

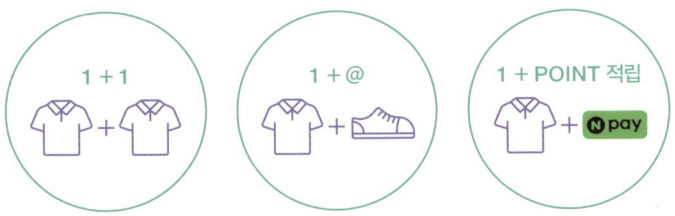

TIP 1+POINT 적립으로도 기획할 수 있지만, 1+POINT 적립 상품은 일정 수량만 노출하므로 불가피한 경우가 아니라면 1+1, 1+@ 구성을 활용하는 것이 좋습니다.

기존에 단품으로 판매하던 상품의 정보를 수정하여 1+1 또는 1+@로 변경하는 것은 위험합니다. 이는 상품ID 재사용 사례로 상품이 삭제될 수 있으니 주의해야 합니다.

기존 상품이 1+1 구성이었다면 그대로 원쁠딜에 참여할 수 있지만, 그렇지 않다면 새로 상품을 등록해야 합니다. 1+1이나 1+@로 기획하여 '신규 상품'으로 등록해야 합니다. 새로 등록한 상품으로 제안하기를 진행합니다.

> **자주 묻는 질문** 상품ID 재사용이 뭔지 잘 모르겠어요!

상품의 구성을 바꾸거나 상품을 바꿀 경우, '상품ID 재사용'으로 판단됩니다. 이에 네이버 쇼핑 검색에서 상품 삭제 될 수 있으며 추후 상품 복구가 불가능할 수 있으므로 절대로 '상품ID 재사용'하면 안 됩니다. 실제로 모두 '상품ID 재사용'으로 상품이 삭제되었던 사례를 소개합니다. 초보 판매자는 상품 등록 시 상품 등록이 익숙치 않아서 상품 정보를 자주 수정할 수 있습니다. 하지만 아예 다른 구성이나 다른 상품으로 변경하는 경우에도 '상품ID 재사용'이 될 수 있으니 유의하세요. 기존에 등록한 상품의 상세페이지를 보완하는 것은 '상품ID 재사용'에 해당하지 않습니다.

- CASE 1 : 유선 빨간색 스탠드를 판매하다가 제품 품절로 이후 무선 검은색 스탠드를 판매하는데 기존 상품의 제목과 이미지를 수정하여 판매 진행함.
- CASE 2 : 여름에 반소매 티셔츠를 수십 장 판매한 이후, 가을이 되어 동일 소재 동일 디자인으로 팔 부분만 길게 해서 긴소매 티셔츠로 추가 제작하고 해당 상품의 제목을 여름 반소매 티셔츠 → 가을 긴소매 티셔츠로 변경하고 대표 이미지를 변경함
- CASE 3 : 마스크 1box를 10,000원으로 등록하여 판매하다가, 마스크 1+1box를 14,000원으로 구성과 가격을 달리하여 제품 정보를 수정함

POINT 2. 1+1, 1+@ 기획은 무료배송이 필수!

원쁠템을 비롯해 원쁠딜까지 모두 '무료배송'이 기본값입니다. '무료배송'이 아니라면 원쁠템과 원쁠딜 상품으로 절대 선정되지 않습니다. 상품의 가격에 배송비를 포함하여 두 개 가격보다는 저렴하게, 한 개 가격보다는 조금 높게끔 적절한 금액을 기획하고 설정하세요.

POINT 3. 기획 상품을 스케줄링하세요!

원쁠템은 가이드라인만 잘 지켜 제안하면 쉽게 노출 및 선정될 수 있어 꾸준히 진행할 수 있다는 큰 장점이 있습니다. 다만 일정과 관련된 몇 가지 제약 사항을 반드시 숙지해야 합니다.

먼저, 제안 당일에는 진행할 수 없으며, 제안일로부터 최소 2영업일이 지난 후부터 시작일로 지정할 수 있습니다. 진행 기간은 최소 3일에서 최대 14일까지 설정 가능하며, 같은 기간 내에는 하나의 상품만 진행할 수 있습니다. 또한 일주일에 한 개의 상품만 제안할 수 있으며, 마지막 제안 이후 7일이 지나야 새로운 제안이 가능합니다. 한 번 진행했던 상품의 경우에는 30일이 지난 후에 다시 제안할 수 있습니다.

예를 들어, 1월 첫째 주에 제안 등록을 하면서 진행 기간은 1월 둘째 주(7일간), 상품 구성은 '사과 1+1 박스'로 제안 등록합니다. 1월 둘째 주(1차 제안 7일 후)에는 앞서 제안한 상품의 진행 기간과 겹치지 않으면서, 다른 상품으로 제안해야 합니다. 그래서 특정 시즌이나 기념일 전에 상품 구성하여 노출하고 싶다면, 제안횟수와 기간 제약 사항을 잘 참고해서 미리 일정을 계획하는 것이 좋습니다.

> **자주 묻는 질문** 무검수 대상(화이트리스트)이 뭔가요?
>
> 조건에 해당하는 스토어 판매자의 경우 무검수 대상(화이트리스트)이 됩니다. 조건에서 벗어나는 경우 다시 선검수 대상이 되며, 무검수 대상에서 제외된다는 뜻입니다.
> ① 최근 3개월간 세 개 이상의 상품을 제안
> ② 매월 1건 이상 제안
> ③ 최근 3개월간 검수 불가 0회
> 단, '화이트리스트' 대상이 되어 무검수 상태로 상품이 노출되더라도, 수시로 진행하는 사후 검수에서 검수 가이드에 맞지 않는 소재 발견 시 즉시 검수 불가 처리되며, 무검수 대상인 '화이트리스트'에서도 제외됩니다.

POINT 4. 원쁠템은 현재 유입수수료가 없다!

스마트스토어로 판매되었을 때 발생하는 네이버페이 결제 수수료 최대 3.63% 외에, 원쁠템으로 유입되어 결제되었을 때는 유입수수료가 발생하지 않습니다. 단, 원쁠딜 영역 외에 쇼핑 검색이나 쇼핑라이브를 통한 유입에는 해당 영역의 수수료가 적용됩니다.

추후 수수료가 발생된다면 그 이전에 스마트스토어센터 공지사항에서 확인할 수 있을 것입니다. 그 전까지는 원쁠템을 보다 더 적극적으로 활용해보는건 어떨까요?

원쁠템 제안하고 많이 팔아보자

01 ❶ [스토어관리]-[네이버서비스연결] 메뉴에서 ❷ [원쁠딜] 토글을 클릭하여 [연동중] 상태로 활성화합니다.

02 ❶ [프로모션 관리]-[원쁠템 제안관리] 메뉴를 클릭하여 ❷ [제안등록] 탭을 클릭합니다.

TIP [원쁠템 가이드 다운로드]를 클릭하여, 최신 버전의 가이드를 확인하세요.

03 [검수불가 누적횟수]를 확인하세요. 5회 누적시 30일간 제안이 불가합니다. 가이드 대로 등록 시, 검수 불가 없이 등록 가능합니다. [확인하고 제안등록]을 클릭합니다.

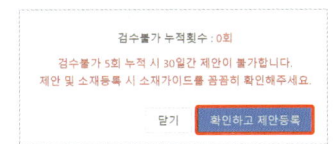

04 [진행상품 연동]에서 제안할 상품을 선택합니다. ❶ [채널선택]에서 내 스토어를 선택합니다. ❷ [상품찾기]-[스마트스토어 상품찾기]를 클릭하여 제안할 상품을 선택합니다.

> **TIP** POINT 1을 참고하여 1+1, 1+@로 등록된 상품 정보를 선택해야 합니다.

05 [소재등록]에서 아래 주의사항을 참고하여 입력한 후 [저장]합니다.

① **상품구성** | 세 가지 타입중 정확한 구성을 선택합니다.

② **원쁠템 상품명** | 60byte(한글로 30자) 이내로 재입력합니다.

③ **원쁠템 제안가** | 원쁠템 기간 동안 판매할 금액을 입력합니다. 현재 판매가와 제안가가 다를 경우, [상품 정보 수정]에서 진행 기간 동안 할인가로 별도 설정이 필요합니다.

④ **재고수량** | 최소 10개 이상으로 등록해야 합니다.

⑤ **유통기한** | 필수가 아닙니다. 단, 식품/화장품/생활세제 등 '유통기한 표기 의무상품군'은 반드시 입력해야 합니다.

⑥ **소재이미지** | 메인 이미지와 서브 이미지를 등록합니다. (메인 : 678×400px, 서브 : 244×244px)

⑦ **진행기간** | 오늘로부터 +2 영업일 이후로 시작 가능합니다. 최소 3일에서 최대 14일로 정합니다. 시간은 고정입니다.

⑧ **미리보기** | 클릭하여 소재이미지와 제목, 가격 정보를 확인합니다. 진행 시간과 [품절임박] 등의 버튼이 상품 이미지를 가리진 않는지 확인이 필요합니다.

▲ 원쁠템 미리보기 예시

06 저장된 내용은 [제안이력] 탭-[제안내역]에서 확인 가능합니다. 오른쪽으로 슬라이딩하면 [검수상태]에서 진행 상황을 확인할 수 있습니다.

원쁠템 다음엔 원쁠딜에 도전하자

원쁠템을 참여하고 검수 불가 없이 진행하면서 원쁠템에 익숙해졌다면, 구체적인 계획과 함께 원쁠딜을 계획해보세요. 원쁠딜은 원쁠템과 매우 비슷하지만 몇 가지 다른 점이 있습니다.

1. 상품을 미리 등록하지 않습니다. 우선 제안을 진행합니다.
2. 원쁠딜 참여는 '제안-선정-상품등록' 순으로 진행됩니다.
   ① 제안은 매우 월요일에만 가능합니다. (월요일 오전 11시~오후 5시)
   ② 제안된 원쁠딜 선정은 차주 월요일에 공지됩니다. (월요일 오전 11시)
   ③ 선정된 상품을 차주 화요일~목요일 중에 [원쁠딜] 메뉴에서 소재로 등록합니다. 소재 검수가 정상적으로 완료되어야 노출됩니다.
   ④ 검수 완료된 상품이 그다음 주에 노출됩니다.
3. 하루에 30개 상품만 엄선하여 노출됩니다.
4. 수수료가 있습니다. 매출 연동 수수료 5%가 발생합니다.
5. '제안가×재고수량'의 매출액이 1천만 원 이상이어야 합니다. 너무 적은 재고 수량은 선정되기가 어렵습니다.

▲ 출처 : 스마트스토어센터 내 [프로모션 관리]-[원쁠딜 소개] 메뉴

원쁠딜 제안하고 적극 노출하자

원쁠딜은 이번 주에 제안하여 다음 주에 선정되면, 그다음 주에 노출됩니다. 노출을 희망하는 주가 있다면 그 전전주에 제안해야 합니다.

01 ❶ [프로모션 관리]-[원쁠딜 제안관리] 메뉴를 클릭하여 ❷ [제안 등록] 탭 또는 [제안 등록하기]를 클릭합니다. 제안 시 주의사항을 숙지합니다.

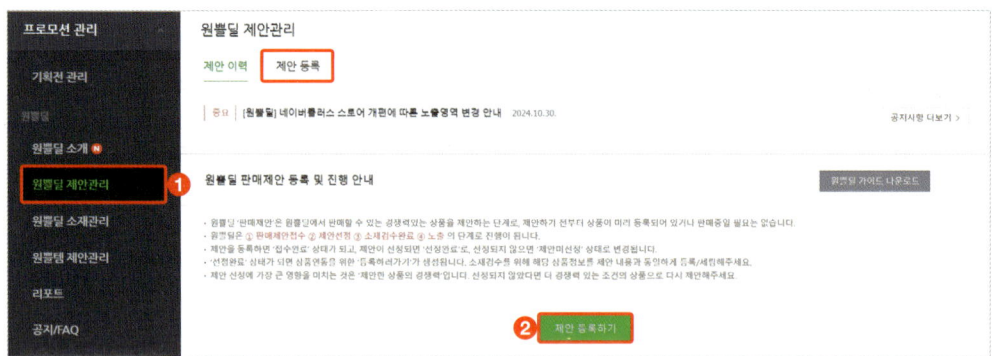

TIP 매주 월요일이 아닌 경우 제안 불가 팝업창이 나타납니다.

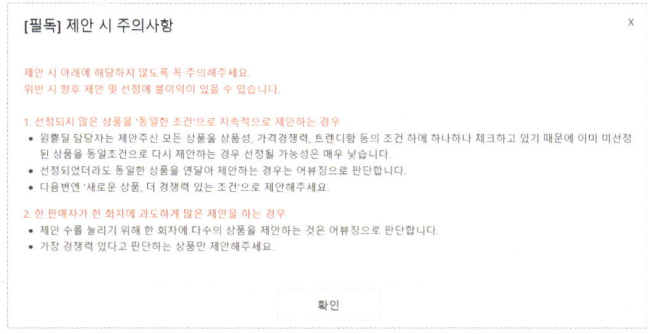

02 원쁠딜 진행 제안 상품에서 아래와 같이 정보를 입력합니다.

① **채널 선택** | 내 스토어를 선택합니다.

② **채널 구분** | 신규 등록과 앵콜 제안 중 선택합니다. 앵콜 제안은 진행 이력이 있는 상품을 다시 진행할 경우 선택합니다.

③ **상품 구성** | 세 가지 타입 중 정확한 구성을 선택합니다.

④ **상품명** | 최대 60byte(한글로 30자) 이내로 입력합니다.

⑤ **카테고리** | 원쁠딜 내에 노출할 카테고리를 선택합니다.

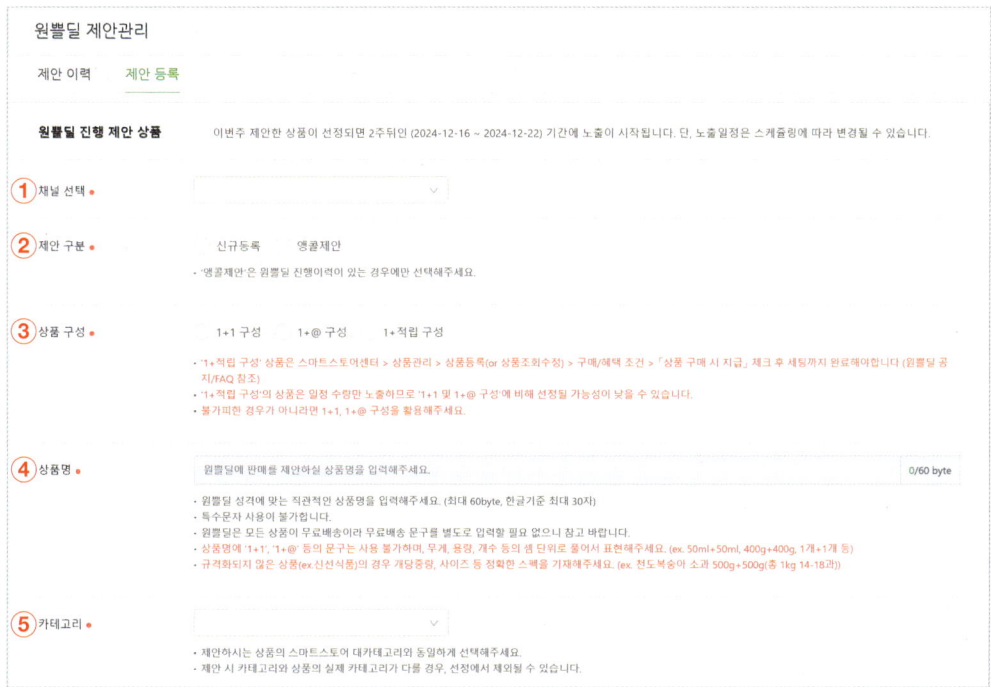

⑥ **기존 판매가** | 기존에 판매하던 가격을 입력합니다. 1+1의 경우, 두 개의 가격을 입력합니다.

⑦ **원쁠딜 제안가** | 적용할 할인 금액을 입력하면, 원쁠딜 최종 가격이 자동으로 계산됩니다.

⑧ **재고 수량** | 판매가 가능한 재고 수량을 입력합니다. 원쁠딜 최종 가격×재고 수량 = 1천만 원 이상이어야 합니다.

⑨ **상품 URL** | 제안할 상품의 기존 상품 주소를 입력합니다. 스마트스토어가 아니어도 괜찮습니다. URL은 최대 두 개 등록 가능합니다.

⑩ **추가 옵션 여부** | 제안 상품 외에 추가 옵션이 있는 경우 [추가상품옵션 있음]을 선택합니다.

⑪ **우대 항목 선택** | 우대 항목에 해당하면 선정될 확률이 높습니다. 가능한 항목이 있다면 선택합니다.

⑫ **희망 노출 타깃** | 성별을 선택하는 경우, 해당 성별 이용자에게 우선 노출됩니다.

⑬ **유통 기한** | 필수가 아닙니다. 식품/화장품/생활세제 등 '유통 기한 표기 의무 상품군'은 반드시 입력합니다. 최소 두 달 이상 남은 상품만 가능합니다.

⑭ **제안 경로** | 해당 사항에 맞는 내용을 선택합니다.

⑮ **이미지 등록** | 메인 이미지와 플러스 이미지를 등록합니다. (메인 : 678×400px, 플러스 : 116×116px)

⑯ **미리 보기** | 클릭하여 소재 이미지와 제목, 가격 정보를 확인합니다. 진행 시간과 [품절 임박] 등의 버튼이 상품 이미지를 가리지 않는지 확인이 필요합니다. 등록한 내용을 확인한 후 저장합니다.

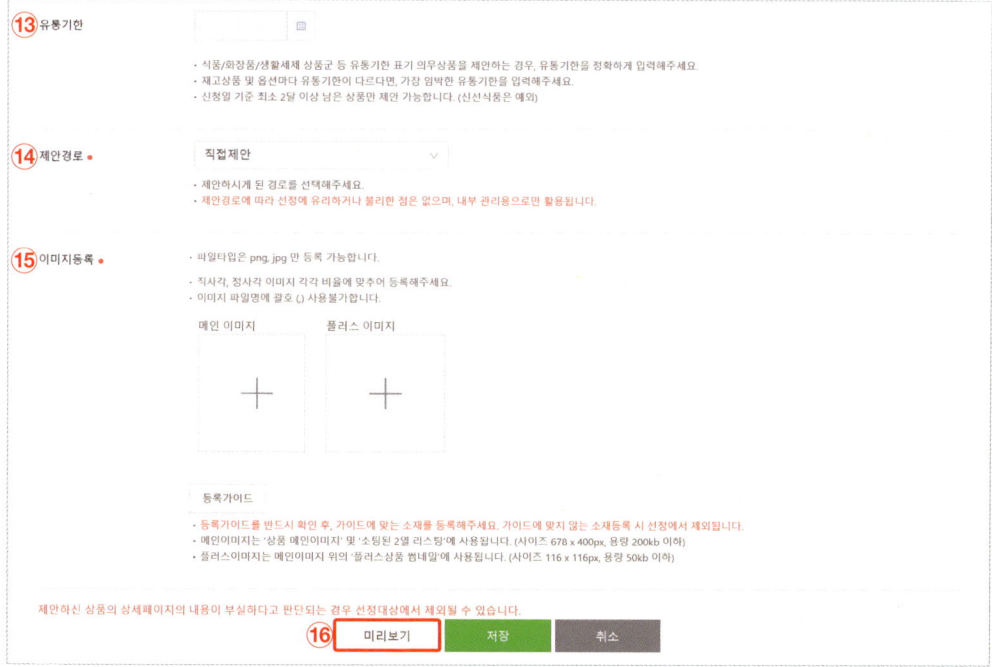

제안한 다음 주 월요일에 선정된 상품이 공지됩니다. 선정된 경우, 제안한 상품 정보를 [원쁠딜 소재관리] 메뉴에서 상품을 등록해야 합니다. 월요일부터 목요일 내에 모든 정보를 등록해야 그다음 주 월요일부터 정상적으로 노출됩니다.

숏클립으로 제품을 생생하게 담아내자

예쁘게 보정된 제품 사진보다 단 몇 초의 영상이 더욱 임팩트 있게 정보를 전달할 수 있는 상품들이 있습니다. 마치 홈쇼핑에서 제품을 시착하고 시연하는 과정에서 리모컨이 멈추는 것처럼 연출해야 하는 부분들은 제품 사진보다 영상으로 어필해보는 것이 좋습니다. 제품에 이러한 특장점이 있는 제품은 영상을 준비해주세요.

- ✓ 탄성이 좋다
- ✓ 깨지지 않는다
- ✓ 탈부착이 쉽다
- ✓ 구성이 다양하다

최근에는 스마트폰으로 쉽게 영상을 촬영할 수 있고, 무료 애플리케이션을 통해 영상 편집도 손쉽게 가능합니다. 이때 중요한 점은 제품의 특장점을 직접적으로 보여주는 영상이어야 합니다. 짧고 간결하며 임팩트 있는 영상은 1분 미만으로 제작해보세요. 이런 설명들은 상세페이지에서 제품 설명으로도 활용할 수 있습니다.

▲ 상품 등록 시 [스마트에디터원]으로 상세 설명을 작성하면 [동영상] 등록 버튼이 나타남

TIP 동영상 파일은 최대 10개, 파일의 용량은 1GB, 영상 길이는 15분까지 업로드 가능합니다.

이러한 매력을 상세페이지에서만 노출하는 것이 아니라 보다 더 어필할 수 있는 영역을 활용해볼 수 있습니다. 특히 검색 결과에서 클릭을 유도하기 좋으므로 숏클립으로 등록하여 보다 많은 유입 경로를 만들어 보는 것을 권합니다.

> **숏클립의 장점**
> 1. 누구나 도전할 수 있습니다.
> 2. 노출 영역이 다양합니다.
> 3. 추가로 프로모션에 참여할 수 있습니다.

숏클립은 쇼핑라이브처럼 스마트스토어 등급으로 제한되어 있지 않고, 모든 스마트스토어 판매자가 등록할 수 있어서 초보 판매자도 쉽게 도전해볼 수 있습니다. 그럼 숏클립이 노출되는 위치를 알아볼까요?

첫 번째, 모바일 네이버쇼핑에서 검색했을 때, 검색 결과 중간에 숏클립이 노출됩니다. 네이버 쇼핑 랭킹 점수가 낮은 내 상품보다 숏클립이 보다 더 앞에 노출되어 고객의 유입을 유도할 수 있습니다. 그래서 스마트스토어 운영에 더욱 매력적으로 활용됩니다.

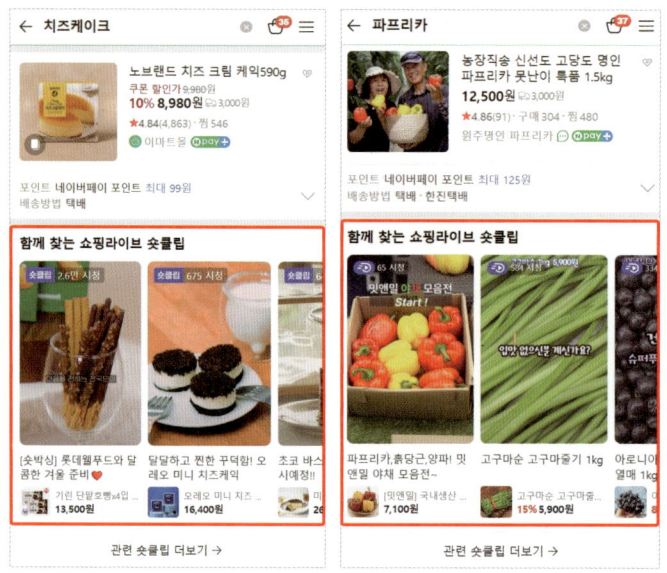

두 번째, 모바일 네이버플러스 스토어에서 [쇼핑라이브] 탭-[숏클립] 섹션에서 노출됩니다.

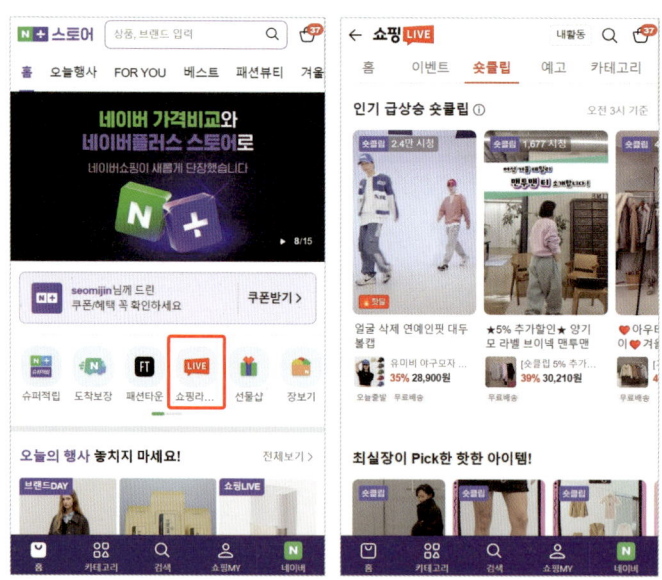

세 번째, 내 스토어에서 다양하게 노출됩니다. [쇼핑LIVE] 카테고리명으로 별도 노출되고, 상세페이지 하단에서도 관련 숏클립으로 노출됩니다.

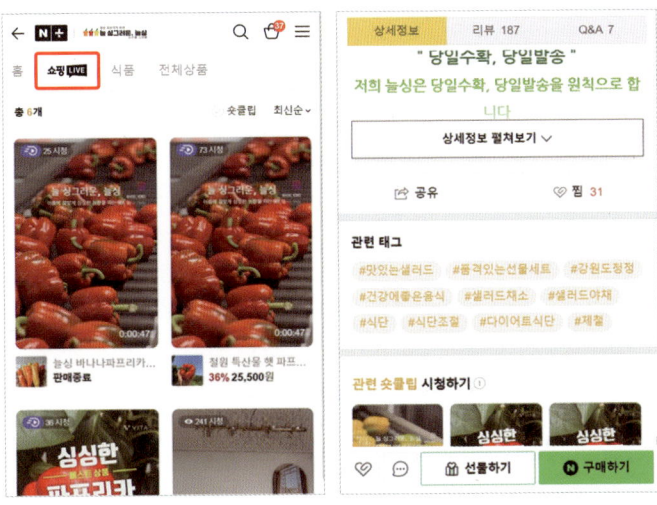

이렇게 다양하게 노출되는 숏클립은 모바일과 PC에서 등록할 수 있습니다. 모바일에서는 스마트폰으로 편집한 영상을 바로 올릴 수 있어서 편리합니다.

모바일에서 숏클립 등록하기

01 [스마트스토어센터] 앱에 접속한 후, 메인페이지에서 ❶ [+상품등록]을 클릭하고 ❷ [숏클립]을 선택합니다.

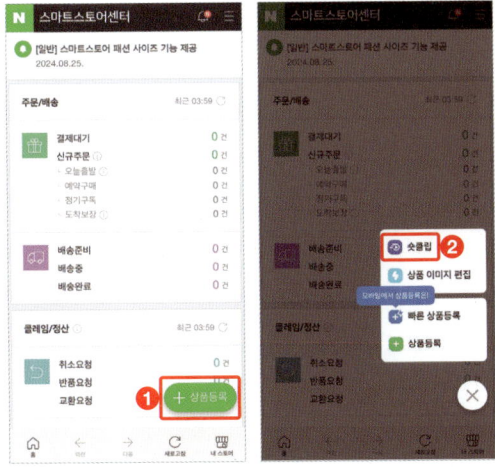

> TIP [숏클립 영상 등록]을 클릭하고 스마트폰에 저장된 영상과 사진을 불러온 경우, [편집] 메뉴에서 클립, 사운드, 스티커, 필터, 텍스트 수정 등 간단한 편집이 가능합니다.

02 [숏클립 정보]를 입력합니다.

① **숏클립 영상 등록** | 휴대폰에 저장된 영상을 불러올 수 있습니다.

② **제목** | 숏클립 제목을 입력합니다. (최대 24자)

③ **설명** | 설명을 입력합니다. 혜택을 포함한 내용으로 기재하는 것이 좋습니다.

④ **숏클립에 소개할 상품** | 최대 100개까지 선택할 수 있으며, 상품의 순서를 변경할 수 있습니다. 가급적 해당 영상과 관련 있는 상품들을 선택해 주세요. 영상에서 설명하는 제품을 [대표 상품으로 설정]합니다.

⑤ **판매자의 다른 상품** | 다른 상품을 추가로 선택할 수 있습니다. 이때 소개할 상품과 너무 다른 상품군을 담는 것은 오히려 좋지 않습니다.

⑥ **공개 범위** | [공개]로 설정하여 다양한 곳에서 노출될 수 있도록 합니다.

⑦ **알림 설정** | 내 스토어 알림 받기한 고객들에게 소식으로 전송되므로 [발송함]을 선택합니다. 하루에 여러 개의 숏클립을 제작하는 경우, 1일 1회로만 제한되므로 가장 매력적인 숏클립으로 선택하여 발송합니다.

⑧ **관련 라이브** | 쇼핑라이브가 가능한 판매자이고, 쇼핑라이브 경험이 있다면 해당 상품의 쇼핑라이브를 관련 라이브로 선택하여 연동할 수 있습니다.

⑨ **전시 카테고리** | ④의 숏클립 소개 상품으로 자동 카테고리가 매칭됩니다.

PC에서 숏클립 등록하기

01 먼저 스마트스토어센터에 접속합니다. ❶ [스토어관리]-[쇼핑라이브 숏클립 등록] 메뉴를 클릭합니다. ❷ [관리 페이지로 이동]을 클릭하면 [쇼핑라이브 컨텐츠 관리] 페이지로 이동합니다.

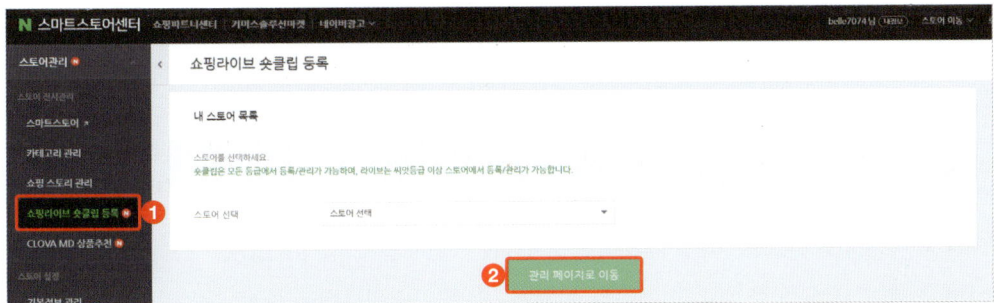

02 작성 내용은 모바일과 동일하지만, PC에서는 가로 영상은 등록되지 않습니다. 또한 편집이 완료된 영상을 등록해야 하는 점도 유의합니다.

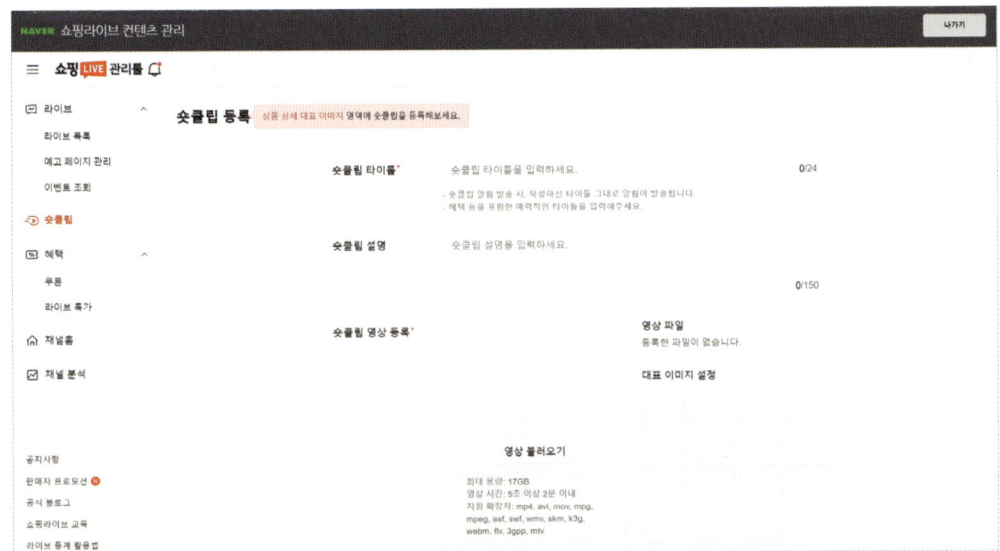

스마트스토어 TIP 숏클립 등록 시 저작권에 유의하세요!

모바일에서 효과적인 노출을 위해 가로로 촬영된 영상보다 세로로 촬영된 영상을 활용하세요. 음원에는 저작권이 있습니다. TV나 라디오가 틀어진 채로 영상을 촬영하거나, 카페나 외부에서 음악이 틀어진 채 영상이 촬영되어 삽입된 음악 때문에 저작권 이슈가 발생할 수 있으니 주의하세요. 과대광고나 허위광고로 비춰질 수 있는 자극적인 문구는 지양하고, 검증된 데이터만을 제시해야 합니다. (매출 1위, 업계 1위, 효과 100% 등)

프로모션에 진심이어야 하는 이유

스마트스토어센터에 상품을 등록하고 네이버쇼핑에 노출시키면, 네이버쇼핑 검색 결과를 통해 상품이 노출되고 고객은 상품을 클릭하여 내 스토어로 방문하게 됩니다.

그러나 단순 검색만으로 고객이 내 상품을 만나는 일이 쉽지 않기 때문에 이번 챕터에서는 네이버 쇼핑의 보다 더 다채로운 영역들 기획전, 원쁠딜과 원쁠템에 대해 구체적으로 알아보았습니다. 보다 적극적인 프로모션의 첫 단계로 반드시 참여해보길 권합니다.

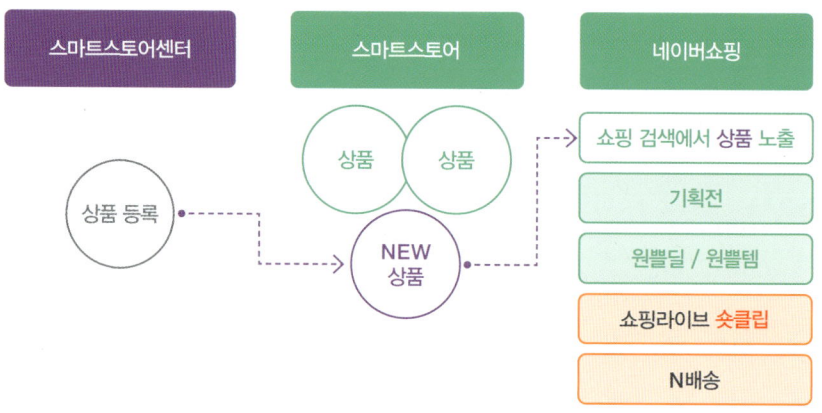

쇼핑라이브는 등급별 참여 권한이 필요한 서비스로, 우리의 연간 기획에 반드시 포함되어야 할 핵심 요소입니다. 고객과의 직접적인 소통을 통해 제품을 직관적으로 소개할 수 있어, 스토어의 성장과 매출 증대에 큰 기여를 할 것으로 예상됩니다.

네이버쇼핑 영역에서 [N배송]처럼 조건이 필요한 서비스는 당장 이용할 수 없습니다. 하지만 현재 참여가 어려운 서비스라 하더라도 내 스토어의 성장에 따라 참여 기회가 열릴 수 있으므로, 각 페이지의 특성을 미리 파악하고 준비하는 것이 중요합니다. 특히 풀필먼트 서비스의 경우, 발생하는 비용과 포장 및 배송을 하지 않아도 되는 득과 실을 잘 계산해보고 효과를 면밀히 분석하여 진입 시기를 결정하기를 바랍니다.

앞으로 새롭게 선보일 페이지들도 주시하며 적극적인 참여 기회를 모색하세요. 이러한 다양한 서비스 구성을 활용한 제안이 가능해지면, 네이버쇼핑 파트너 블로그를 방문하여 더 자세한 정보를 확인할 수 있습니다.

쇼핑파트너 블로그에서 정보 확인하기

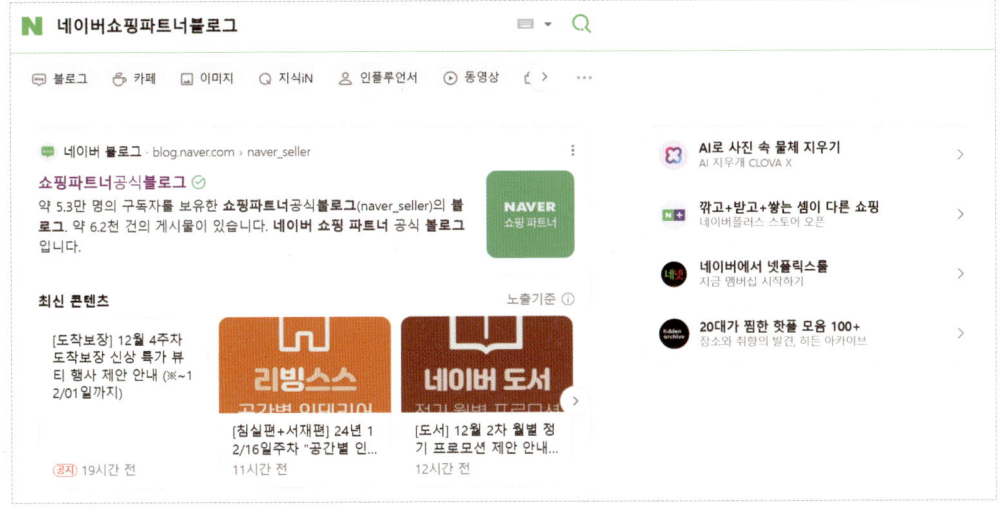

네이버쇼핑 관련 소식과 프로모션 정보를 가장 빠르고 정확하게 살펴볼 수 있는 채널입니다. 네이버쇼핑에 노출되는 스마트스토어 상품들로 프로모션 참여가 가능합니다.

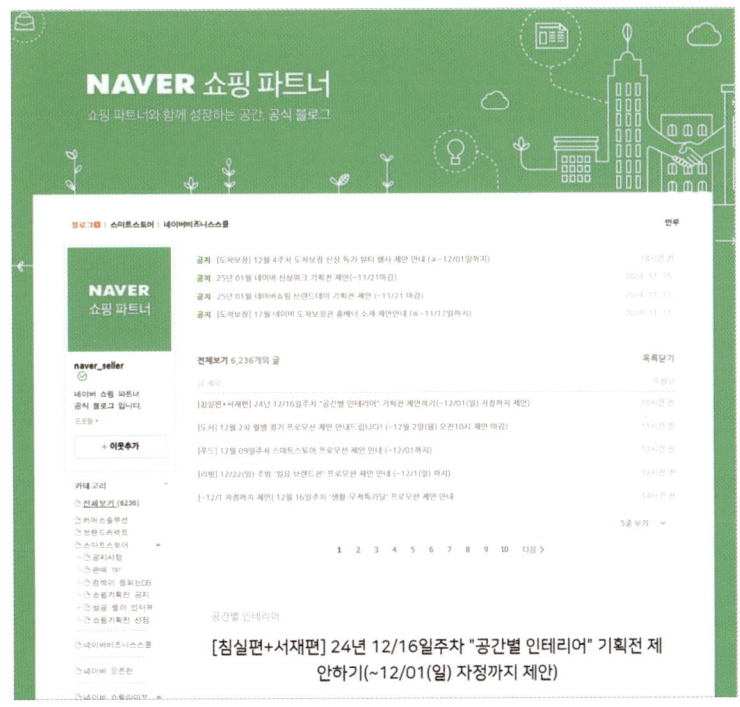

앞서 배웠던 숏클립을 등록한 이후, [숏클립 데이] 등에 참여해볼 수 있습니다. 별도의 광고비 없이, 신청하여 선정된 경우보다 더 많은 영역에 노출되므로 내 스토어의 고객 유입에 도움이 됩니다.

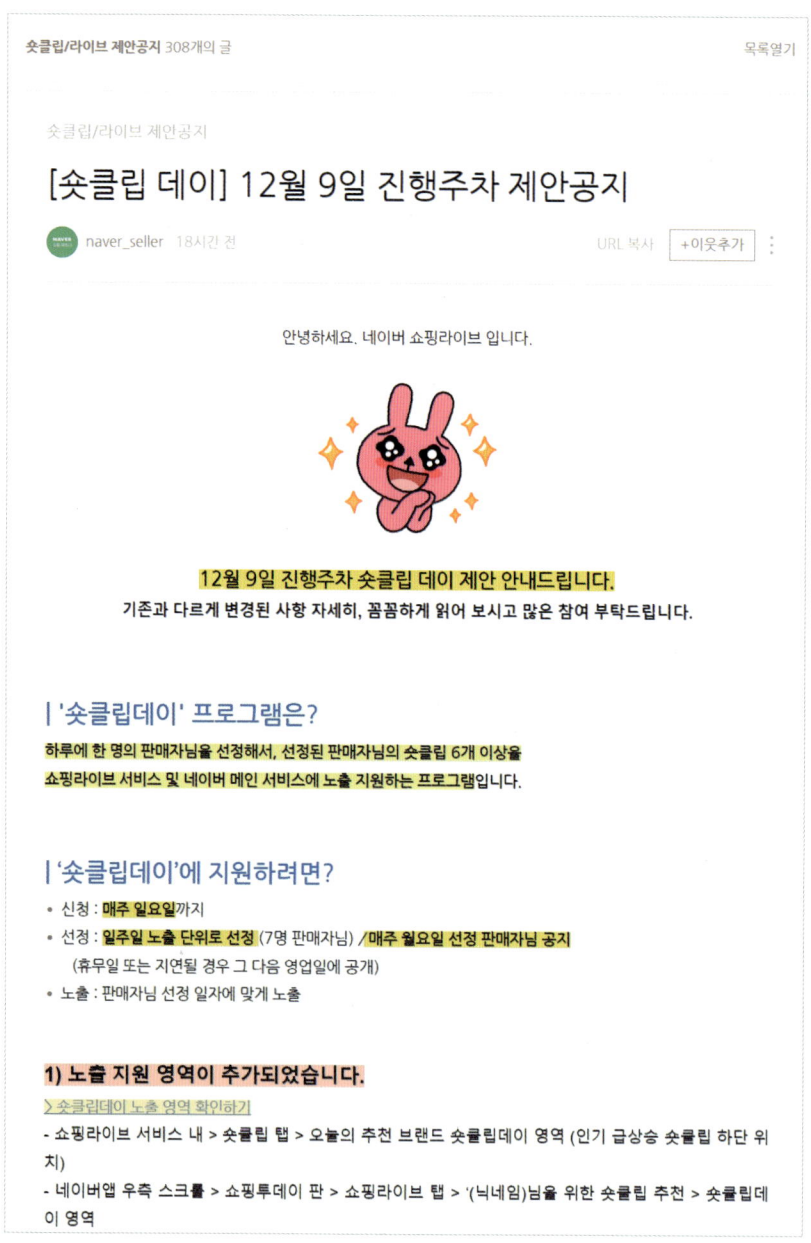

▲ 출처 : 네이버쇼핑파트너 블로그

쇼핑라이브를 시작하게 된다면?

첫째, 방송 준비는 팀워크가 핵심입니다. 스마트폰이나 태블릿으로도 시작할 수 있고, 전문 스튜디오를 이용해도 좋습니다. 하지만 방송은 혼자 하는 것처럼 보여도, 실제로는 2~3명이 함께하고 있습니다. 방송하는 사람 외에도 채팅에 답변하고, 주문을 확인하고, 갑자기 생기는 문제를 해결할 동료가 꼭 필요하기 때문입니다.

둘째, 상품 설명은 핵심만 콕콕 짚어야 합니다. 상품을 너무 잘 아는 것도, 너무 모르는 것도 문제가 될 수 있습니다. 특히 사장님들은 열정이 넘쳐서 말씀하고 싶은 게 너무 많습니다. 하지만 핵심 포인트 세 가지만 골라서 설명하는 것이 효과적입니다. 대본을 미리 써보되, 읽기만 하면 안 되고, 대화하듯 자연스럽게 전달하는 것이 중요합니다.

셋째, 특별한 혜택으로 고객의 마음을 사로잡으세요. 라이브 방송을 보는 고객들은 '뭔가 특별한 것이 있을 것'이라고 기대합니다. 방송 때만 제공하는 추가 할인이나, 덤으로 하나 더 주는 구성 같은 혜택을 준비하세요. 이런 혜택은 화면에 꼭 보여줘야 합니다. 자막으로 띄우거나 쿠폰을 보여주면 됩니다.

넷째, 실전 같은 연습이 실수를 줄입니다. 쇼핑라이브는 미리 연습해볼 수 있다는 장점이 있습니다. 제목이 어떻게 보이는지, 채팅창은 어떻게 움직이는지, 고객들이 어떻게 결제하는지, 질문에 어떻게 답하는지 충분히 연습해보세요. 실수 없이 방송하려면 리허설이 중요합니다.

다섯째, 방송 시작 전 예고편으로 기대감을 높여보세요. 방송 날짜와 시간, 준비한 특별 혜택도 미리 알려주면 좋습니다. 알림 신청한 고객들에게 메시지를 보내면 방송을 시작할 때 기다리던 고객들이 바로 찾아올 것입니다.

여섯째, 질문과 답변도 미리 준비해야 합니다. 고객들이 자주 하는 질문들을 미리 정리해두고, 다른 방송에서는 어떤 질문들이 많이 나오는지도 살펴보면 좋습니다. 질문과 답변을 잘 준비해두면 방송할 때 훨씬 수월합니다. 채팅창이 너무 조용하면 고객들이 금방 지루해하니까, 중간 중간 준비한 질문들로 대화를 이어가면 됩니다.

이렇게 하나하나 준비하다 보면 어느새 쇼핑라이브 진행이 익숙해질 것입니다. 처음이라고 걱정하지 말고, 차근차근 시작해보세요!

CHAPTER 02

네이버 검색을 활용하는 마케팅

오프라인 매장은 몇 시간만 관찰해도 유동인구가 많은 시간대, 주요 방문 연령층, 인기 상품 등 구체적인 데이터를 직접 체감할 수 있습니다. 반면 온라인에서는 우리가 적극적으로 확인하고 분석하지 않으면 고객들의 행동 패턴을 전혀 파악할 수 없습니다. 이번 챕터에서는 고객들이 어떤 검색어로 내 스토어를 발견하는지, 그 데이터를 정확히 파악하고 효과적으로 활용하는 방법을 상세히 알아보겠습니다.

CHAPTER 02 | SECTION 01

네이버 애널리틱스로 고객 데이터 분석하기

오프라인 매장에서는 직접 관찰을 통해 다양한 정보를 얻을 수 있습니다. 시간대별 유동인구, 고객들이 자주 머무는 코너, 상품을 대하는 표정과 반응 등을 보면서 고객의 니즈를 파악할 수 있습니다. 이렇게 수집된 정보를 통해 고객들의 성향에 맞춰 품목을 다양화하고 상품을 재배치하거나, 특정 시간대에 이벤트를 진행하거나, 인기 상품의 재고를 늘리는 등 다양한 대처가 가능합니다.

반면 온라인 판매를 시작하면 대면할 수 없는 고객들에 대해 많은 궁금증이 생깁니다. 언제 왔는지, 몇 명이 방문했는지, 남녀의 성비는 어떻게 되는지, 연령대는 어떠한지, 어디에서 방문했는지, 어떻게 결제했는지 등 다양하고 구체적인 정보를 바로 알기는 어렵습니다. 이러한 수치들을 통해 보다 나은 판매를 기획하고 싶다면 데이터 분석이 필요합니다.

온라인에서는 대면하지 못하는 고객들의 유입 데이터를 다양한 수치로 분석하고 체크할 수 있습니다. 이를 애널리틱스(Analytics)라고 하는데, 구글과 네이버 등의 플랫폼에서 다양한 수치를 추적하고 분석하는 서비스로 제공하고 있습니다.

네이버 애널리틱스를 통해 스마트스토어에 대한 다양한 수치를 확인할 수 있습니다. 기간별로 발생한 수치들을 확인할 수 있고, 이를 통해 마케팅 활동이 매출에 어떤 영향을 끼쳤는지 발견할 수 있습니다. 이 부분에서 우리가 진행하고 있는 마케팅이 계획한 대로 매출에 긍정적인 영향을 끼쳤는지 체크하고 보완점도 찾을 수 있습니다. 나아가 이후 어떤 일들이 발생할 수 있을

지에 대한 예측 데이터까지 보여줍니다. 이제부터 네이버 애널리틱스 서비스에서 제공하는 다양한 현황 파악과 분석 방법을 자세히 알아보도록 하겠습니다.

실시간 분석

지금 내 사이트에 방문한 이용자수, 유입 검색어, 네이버 검색광고 전환 등 사이트 이용 현황을 한눈에 파악할 수 있습니다. 이를 이용하여 마케팅 활동의 시작 여부와 효과를 실시간으로 측정하고 개선할 수 있습니다.

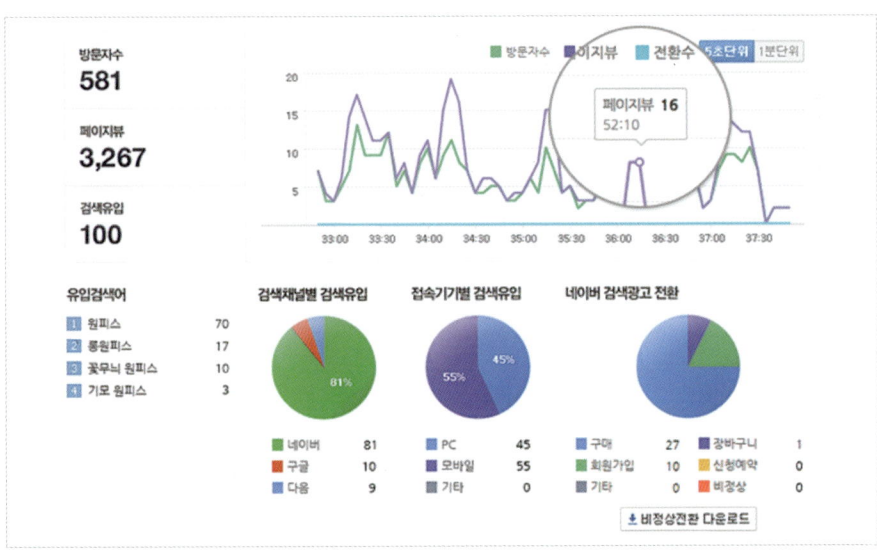

▲ 출처 : 네이버 애널리틱스

유입 분석

방문자들이 어떤 채널을 통해 내 사이트에 유입되는지 상세하게 파악할 수 있습니다. 유입 정보를 알면 주로 유입되는 채널, 검색어 등에 집중하여 효과적으로 사이트 방문을 유도할 수 있습니다.

▲ 출처 : 네이버 애널리틱스

페이지 분석

내 사이트에서 가장 인기 있는 페이지는 어디인지, 각 페이지에 방문자가 머무르는 시간은 얼마나 되는지 등을 알 수 있습니다. 페이지 분석 정보를 통해 인기가 많은 콘텐츠는 강화하고, 그렇지 않은 콘텐츠는 보완하여 전체적인 사이트 품질을 높일 수 있습니다.

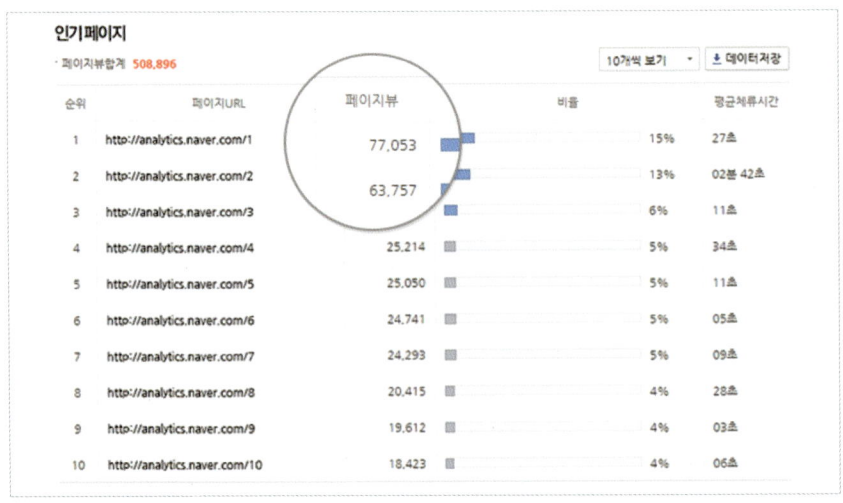

▲ 출처 : 네이버 애널리틱스

방문 분석

방문현황, 페이지뷰, 시간대별 방문 분포, 요일별 방문 분포, 방문 체류 시간, 방문 경로 깊이, 방문 지역 등 방문자의 방문 특성을 이해하기 위한 종합적인 정보를 제공합니다. 중요한 고객 유형(신규/재방문)이 잘 방문하는지, 방문이 집중되는 시간대는 언제인지 등을 참고하여 사이트 운영 방식을 개선할 수 있습니다.

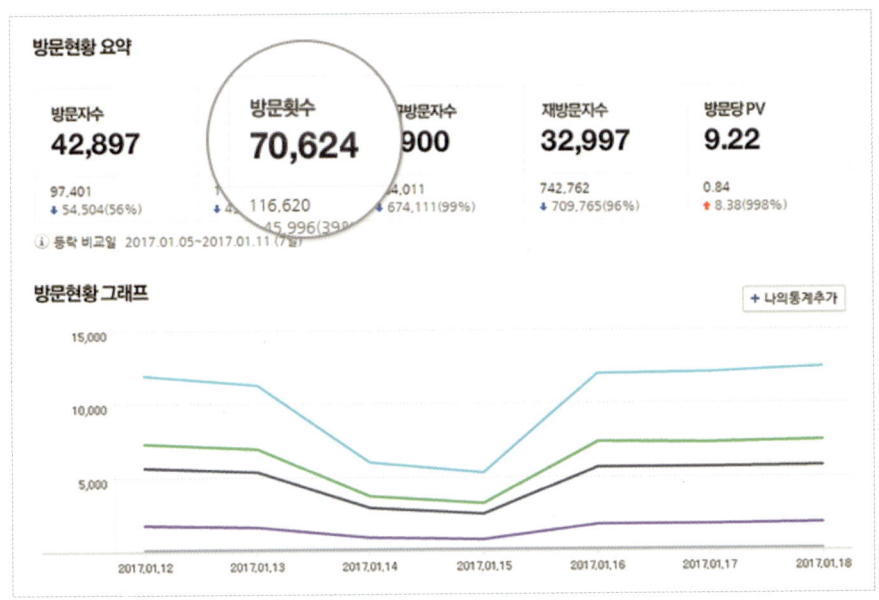

▲ 출처 : 네이버 애널리틱스

사용자 분석

사이트 방문자의 나이, 성별 등 인구통계학적 정보를 제공합니다. 이를 통해 사이트 방문자와 비즈니스를 보다 잘 이해할 수 있고, 비즈니스에 중요한 이용자가 잘 유입되도록 마케팅 활동을 개선할 수 있습니다.

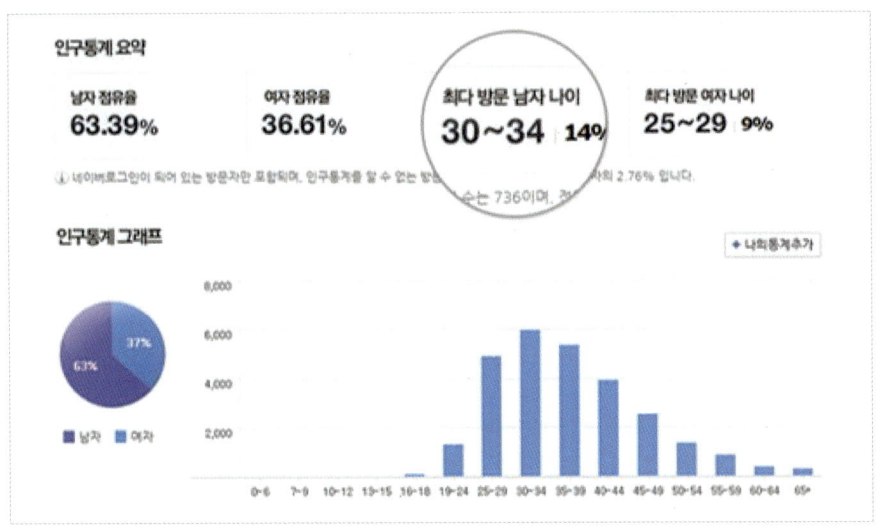

▲ 출처 : 네이버 애널리틱스

해당 내용은 스마트스토어 내에 [통계] 메뉴에서 애널리틱스 데이터에 매출을 더한 구체적인 수치로 확인이 가능합니다.

> **스마트스토어 TIP** [통계] 메뉴 알아보기
>
> - 요약 : 어제 매출 , 오늘 보고서 , 실시간 보고서
> - 판매분석 : 결제 금액, 환불 금액, 채널별 기여 매출, 결제 고객 분석
> - 마케팅분석 : 마케팅 채널별 유입수, 유입 키워드, 마케팅 채널별 성과
> - 쇼핑행동분석 : 상품별 조회수, 조회당 결제율
> - 시장벤치마크 : 내 사이트와 타 사이트 그룹 비교
> - 판매성과예측 : 과거 결제 금액 데이터 이용, 미래 일주일 성과 예측 차트
> - 고객현황 : 전체, 기존 고객, 신규 고객, 관심 고객 분석
> - 재구매통계 : 구매자 대비 재구매자 수치 분석
>
>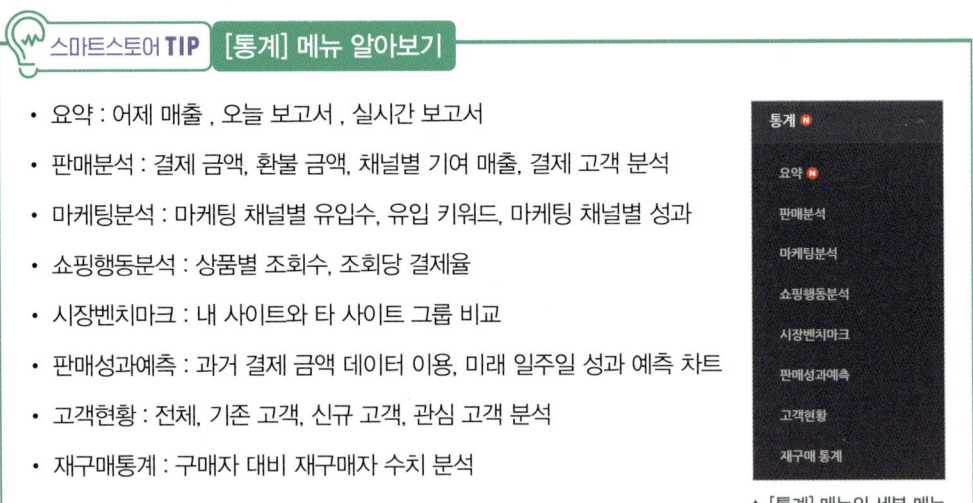
>
> ▲ [통계] 메뉴의 세부 메뉴

내 스토어의 데이터 확인하기

전자 상거래에서 100명 중 1명이 구매한다는 1%의 구매전환율은 널리 알려진 수치입니다. 카테고리별로 차이는 있지만, 현실적으로 2~3% 이상의 구매전환율은 긍정적으로 평가됩니다. 그러나 절대적인 방문자수를 고려해야 합니다. 하루 방문자 100명에 구매자 2명과 5,000명 방문에 구매자 100명(동일 2% 전환율)을 비교하면, 우리의 첫 번째 목표는 '방문자수 늘리기'가 되어야 합니다.

[통계]-[시장벤치마크] 메뉴에서 내 스토어의 주요 카테고리를 선택하면 그룹별 그래프 수치를 확인할 수 있습니다. 여기서는 대표 카테고리를 [패션잡화]로 설정했습니다.

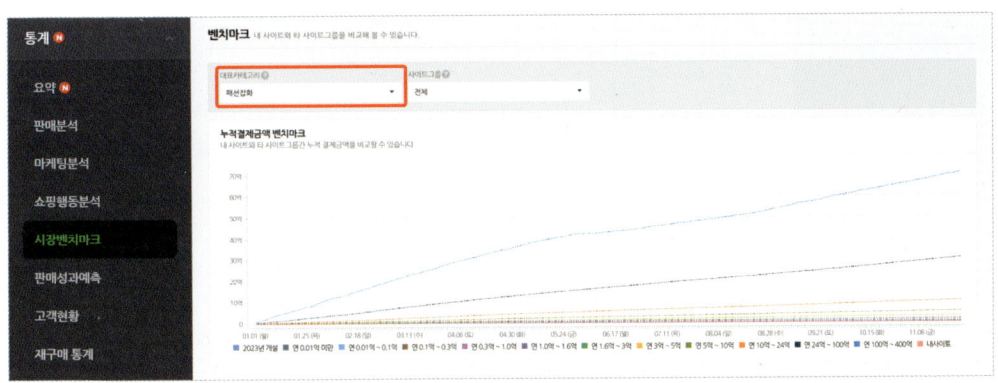

[차원]을 [간단]으로 설정하면 제일 상단에 노란색 음영으로 내 사이트의 데이터를 확인할 수 있습니다. 그리고 스마트스토어 연매출 그룹별로 평균 데이터를 확인할 수 있습니다. 연매출 목표 그룹의 수치와 내 스토어의 수치를 비교 분석해볼 수 있습니다.

대표카테고리	사이트그룹	유입수	결제수	유입당 결제율	결제금액	유입당 결제금액
-	내사이트	186	2	1.08%	35,800	192
패션잡화	연 100억 ~ 400억	1,540,181	11,649	0.76%	7,077,713,030	4,595
패션잡화	연 24억 ~ 100억	1,344,127	21,880	1.63%	3,060,650,898	2,277
패션잡화	연 10억 ~ 24억	573,207	10,501	1.83%	1,038,702,092	1,812
패션잡화	연 5억 ~ 10억	299,864	8,083	2.70%	523,453,563	1,746
패션잡화	연 3억 ~ 5억	215,212	6,071	2.82%	310,940,272	1,445
패션잡화	연 1.6억 ~ 3억	119,086	3,769	3.17%	167,108,938	1,403
패션잡화	연 1.0억 ~ 1.6억	74,577	2,291	3.07%	100,488,487	1,347
패션잡화	연 0.3억 ~ 1.0억	39,519	1,175	2.97%	44,985,770	1,138
패션잡화	연 0.1억 ~ 0.3억	14,494	441	3.04%	15,866,729	1,095
패션잡화	연 0.01억 ~ 0.1억	4,135	103	2.49%	3,717,594	899
패션잡화	연 0.01억 미만	713	16	2.24%	529,906	743
패션잡화	2023년 개설	10,483	218	2.08%	14,491,683	1,382

내 스토어의 어제 일일 보고서 받기

내 스토어의 어제 하루 데이터를 [요약] 메뉴에서 확인할 수 있습니다. 마치 어제 스토어 운영 현황을 보고받는 것처럼, 어제 매출 및 결제건수, 결제 수량, 유입 채널 등 구체적인 데이터를 보여주고 있습니다. 일일 보고서로 활용하기에 좋습니다.

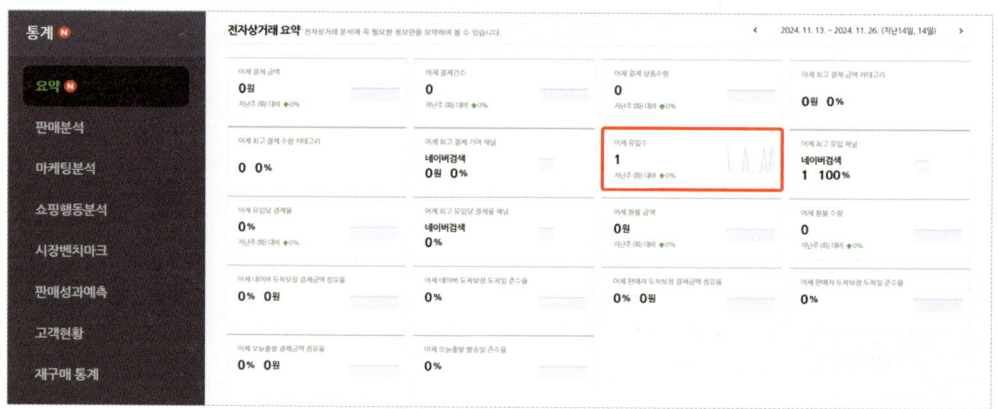

방문자수와 유입 키워드 확인하기

내 스토어의 방문자수와 유입 키워드는 [통계]-[마케팅분석] 메뉴에서 확인할 수 있습니다. [전체채널] 탭에서 기간을 설정합니다.

• 방문자 데이터 수치로 확인하는 방법

일자별 방문자수를 그래프로 볼 수 있고, 유입 채널별로 그래프 색상이 구분되어 있습니다.

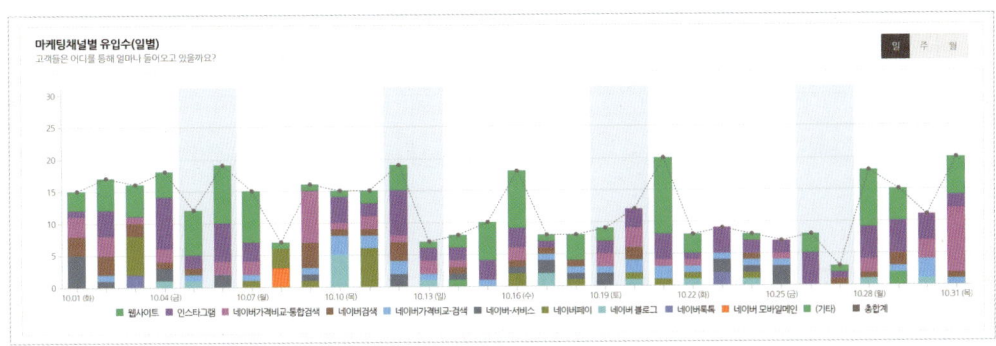

스크롤을 내려보면 수치를 표로 확인할 수 있습니다. 위에서 설정한 기간 동안의 총 유입자수를 유입 채널별로 보여줍니다. 표의 전체적인 데이터에서 [차원]이 [간단]으로 선택되어서 채널 속성(모바일 또는 PC)과 채널 그룹으로 수치를 보여줍니다. 좀 더 구체적인 유입 채널을 보고자 할 때 [차원]을 [상세]로 변경해보세요.

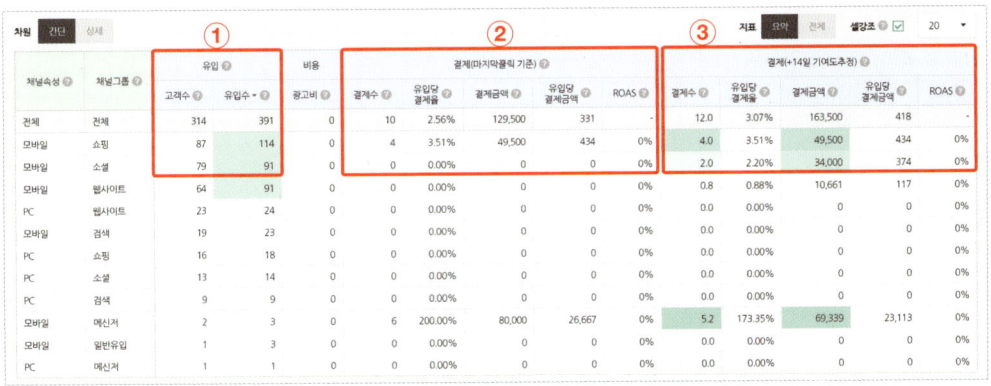

① [유입]에서 [고객수]는 방문한 사람의 수입니다. [유입]에서 [유입수]는 방문한 사람이 사이트에 방문한 횟수를 모두 포함합니다. 100명의 고객수가 150번의 유입수를 보여준다면, 약 50명은 두 번 방문했다고 추측할 수 있습니다.

② [결제]는 해당 채널을 통해 방문한 고객의 결제 금액입니다. 그러나 한 번의 방문으로 바로 결제까지 이어지지 않을 수 있습니다. 그래서 해당 채널을 통해 방문했다가 이후(14일 이

내)에 결제가 이어질 경우, ③ [결제기여도]에서 수치가 보여집니다.

③ [결제기여도]는 마케팅 채널을 통한 유입을 14일 동안 추적하여 해당 채널이 결제에 기여한 정도를 보여줍니다. 여러 마케팅 채널이 기여했을 경우 한 건의 결제가 여러 채널들에 나누어집니다. 예를 들어, 한 명의 고객이 인스타그램과 네이버쇼핑 광고를 통해 여러 번 유입된 후 한 건의 결제를 했을 때, 인스타그램과 네이버쇼핑 광고에서 각각 유입수 0.5로 노출되고 판매 금액은 절반으로 적용됩니다. 즉, 광고의 효율은 [결제기여도]까지 반드시 체크하는 것이 의미가 있습니다.

● **방문자 데이터 검색 키워드로 확인하는 방법**

[통계]-[마케팅분석] 메뉴의 [검색채널] 탭을 선택합니다. 이전에 설정한 기간으로 조회됩니다. 기간 동안 유입된 고객들의 키워드와 유입당 결제 수치를 확인할 수 있습니다.

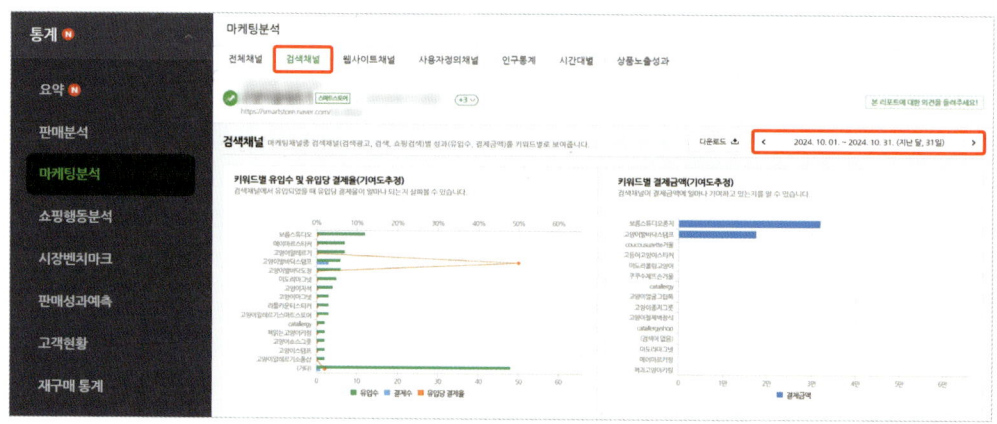

하단으로 스크롤을 내려보면 키워드별로 유입 수치를 표로 확인할 수 있습니다. 키워드별로 유입수, 결제수, 결제기여도를 확인할 수 있습니다.

(검색어 없음)은 키워드 검색없이 유입된 경우를 말합니다. 즐겨찾기했던 URL로 바로 방문하거나, 장바구니 또는 SNS 링크 등을 통해 바로 방문하는 경우, 검색 키워드 없이 유입되었기 때문에 (검색어 없음)으로 표기됩니다. 또한 네이버쇼핑에서 키워드 검색 없이 카테고리를 선택하여 이동한 결과에서 상품을 클릭해 방문한 경우에도 (검색어 없음)으로 표기됩니다.

더 구체적으로 키워드별 유입 채널을 보고자 할 때 [차원]을 [상세]로 변경해보세요. 어떤 광고에서 어떤 키워드로 유입되었는지 등 구체적인 수치를 확인할 수 있습니다. 광고를 진행하고 있는 경우, 우리가 진행하고 있는 키워드 광고가 유입에 어느 정도 효율을 가져오는지도 참고해볼 수 있습니다. 유입에 주력하고 싶은 키워드가 유입수 상위에 존재하지 않다면, 해당 키워드는 광고 효과가 전혀 없는 상태입니다. 광고비를 더 높여야 할 수도 있습니다.

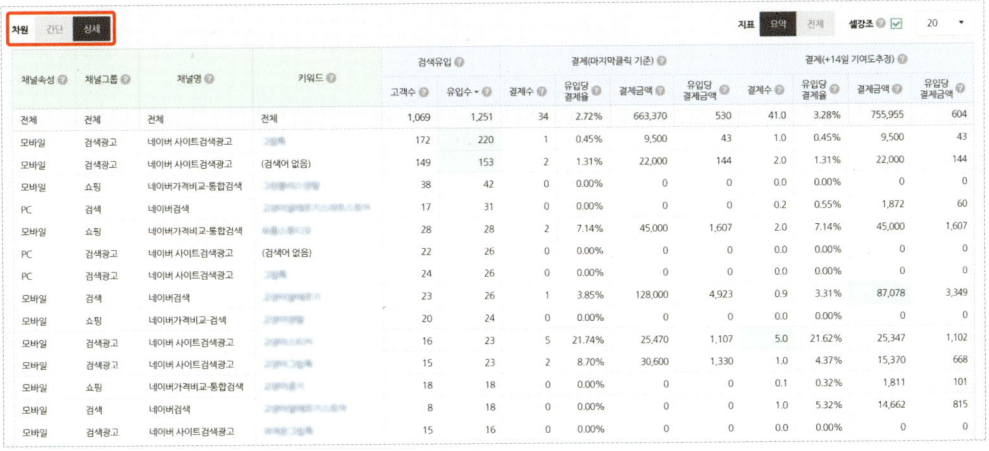

자주 묻는 질문 검색 광고를 통해 유입되었는데도 (검색어 없음)으로 표기돼요!

네이버 검색 광고의 캠페인별 자동 추적 URL 기능이 설정되어 있지 않아서 리포트에서 검색어를 보여줄 수 없는 상황도 있습니다. [자동 추적 URL 파라미터] 기능을 설정하면 검색어를 리포트에서 확인할 수 있습니다.

CHAPTER 02 | SECTION 02

목표 키워드와 네이버쇼핑 상품수로 비교 분석하기

고객들이 쇼핑을 위해서 검색하는 키워드는 어디서 확인할 수 있을까요? 고객들이 모바일로 쇼핑을 할 때는 직접 입력하는 키워드보다 눈에 보이는 키워드를 클릭하는 세부적인 검색이 자주 발생합니다. 고객들의 자주 검색하는 키워드의 검색 결과에서 내 상품이 잘 노출되어야 결국 내 스토어 유입과 매출로 이어질 수 있습니다. 이렇게 고객들 눈에 띄는 세부 키워드를 어디서 발견할 수 있는지 찾아보겠습니다. 이 부분은 스마트폰으로 함께 찾아보세요.

자동완성 키워드

모바일 네이버 메인페이지 검색창에서부터 시작하겠습니다. 검색창에 키워드를 입력하면 자동으로 키워드가 완성되는 [자동완성 키워드] 서비스가 있습니다. [자동완성 키워드]는 고객이 찾으려는 내용을 검색어로 최대한 잘 표현하게 도와주는 역할을 합니다.

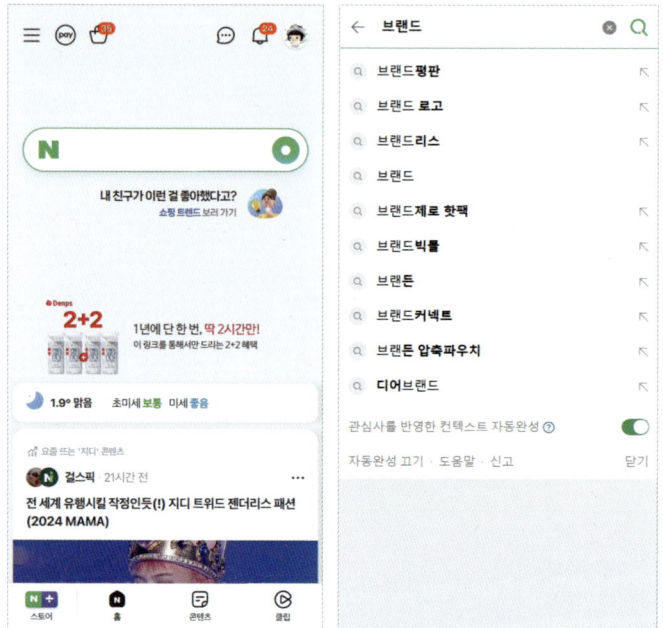

TIP 키워드 입력 시 자동완성 키워드 목록이 노출되지 않는다면 [자동완성 켜기]를 클릭해보세요.

자동완성 키워드 목록은 수시로 변경됩니다. 고객들은 원하는 상품을 검색할 때 완성형 키워드를 입력하기 전에 자동완성 키워드 목록에서 키워드를 선택하기도 합니다. 그래서 자동완성 키워드 목록에 색상, 용량, 용도 등의 구체적인 키워드가 있을 경우, 해당 키워드는 검색량이 많아집니다. 이를 참고하여 우리의 상품 구성도 적절히 대비하는 것이 좋습니다.

예를 들어 '쌀 1kg'라는 키워드가 자동완성 키워드에 있을 경우, 내 스토어에서 '쌀 10kg'만 판매 중이었다면 두 개 상품을 묶은 패키지 상품 또는 총 20kg의 신상품을 기획하여 상품을 등록할 수 있습니다. 또한 생수를 묶음으로 판매 중이라면, '생수' 검색 결과로 나타나는 자동완성 키워드를 활용하면 상품명을 더욱 효과적으로 작성할 수 있습니다. 이는 고객이 실제로 많이 찾는 검색어를 활용하는 것이므로 자연스러운 상품 노출이 가능해집니다.

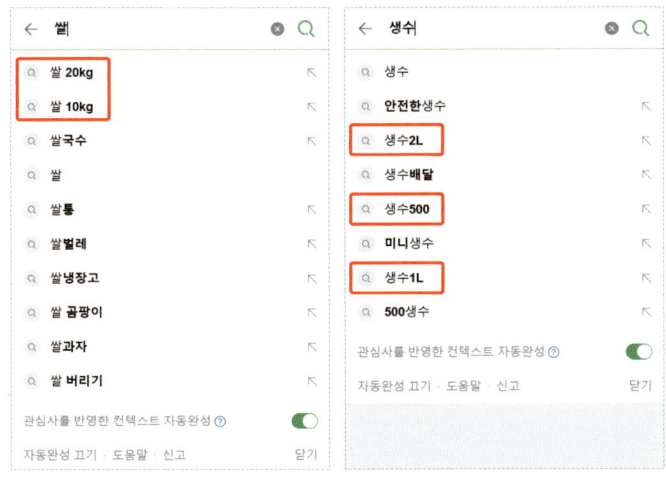

키워드 검색 시 개인마다 자동완성 키워드 목록이 다르게 나타납니다. [관심사를 반영한 컨텍스트 자동완성] 때문입니다. [컨텍스트 자동완성]은 특히 네이버에 로그인하여 검색하는 고객과 유사한 사용자 그룹의 관심사를 빅데이터 기술로 분석해 자동완성 추천을 제공하는 기능입니다. 관심사는 연령별/성별/시간대별 등 사용자의 검색 패턴에 따라 달라지며 또래 사용자가 많이 검색한 단어를 위에 노출합니다. 관심사 그룹과 관심도에 따라 순위와 순위 변화 정도도 달라집니다.

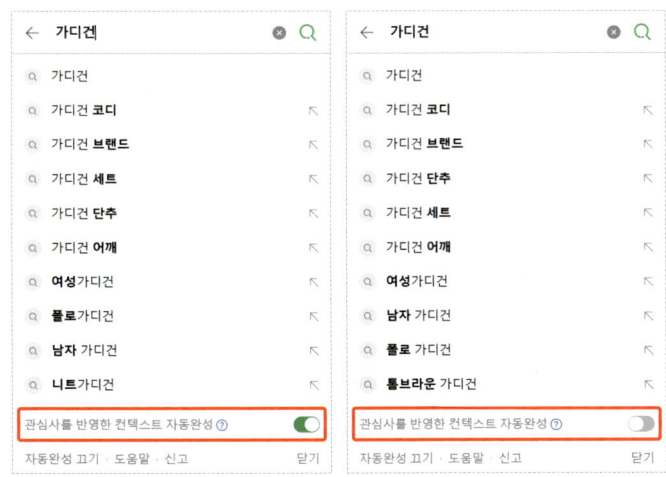

그러니 나의 연령과 성별에 맞는 자동완성 키워드 목록만 볼 것이 아니라, [관심사를 반영한 컨텍스트 자동완성]을 껐다 켰다 하면서 다양한 고객들이 보고 있는 키워드 목록을 살펴봐야 합니다.

네이버쇼핑 키워드 추천

키워드 추천

모바일 네이버 메인페이지 검색창에서 '감자'라는 키워드를 검색해봅니다. 검색 결과 키워드 광고 아래 네이버쇼핑이 노출됩니다. 네이버쇼핑에서 상단에 [키워드추천] 탭을 확인할 수 있습니다. 클릭이 자주 발생하는 부분이며 해당 키워드 추천 목록 클릭 시 '검색어+추천어' 목록으로 재검색됩니다.

[네이버 가격비교 더보기]를 클릭하면 네이버쇼핑으로 이동되는데, 네이버쇼핑 페이지 상단 검색 옵션에서도 동일한 [키워드추천]을 볼 수 있습니다. 이 부분에서 특히 더욱 많이 클릭이 일어나므로, 내 상품명에 적용할 수 있는 키워드들을 학습하고 반영할 필요가 있습니다.

연관 키워드

또한 네이버쇼핑 내에서는 [연관 키워드]도 확인할 수 있습니다. 이는 쇼핑페이지 내에서 해당 키워드와 함께 자주 검색되는 키워드 목록들이므로 참고 자료로 활용하세요.

TIP [키워드 추천]은 PC에서도 확인 가능합니다.

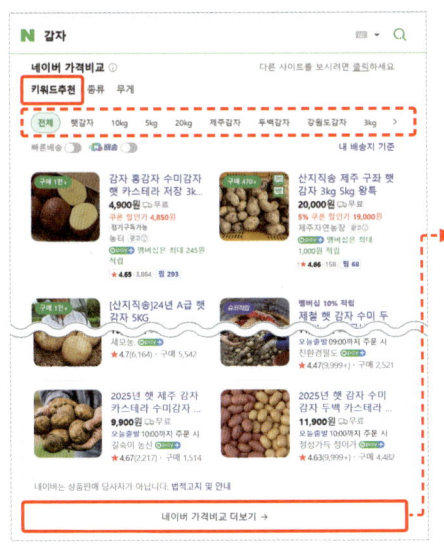

▲ 네이버 검색 결과 [네이버 가격비교] 영역

▲ 네이버 가격비교 페이지 내 검색 결과

그러나 모든 키워드 검색 결과에서 [키워드] 탭이 노출되는 것은 아닙니다. 고객의 검색 니즈에 맞춰 다양한 검색 옵션을 노출하기 때문에 일부 키워드 검색 결과에서는 해당 [키워드추천]이 표시되지 않을 수 있습니다.

◀ 검색 결과 네이버쇼핑에 [키워드추천]이 없는 예시

함께 찾는 쇼핑 키워드

모바일 네이버 메인페이지 검색창에서 **감자**를 검색해봅니다. 검색 결과 키워드 광고 및 지식백과 아래에 [네이버 가격비교]와 [네이버플러스 스토어]가 노출됩니다. 그 아래에 [함께 많이 찾는] 섹션에서 키워드 목록이 나타납니다.

쇼핑을 희망하는 고객들이 쇼핑 탭에서 자주 검색하는 키워드를 추출하여 노출하고 있습니다. 자주 검색되는 키워드 목록들이니만큼 내 상품명에도 키워드를 반영하는 것이 반드시 필요합니다.

네이버 검색 결과 쇼핑페이지 상품수 확인하기

모바일 네이버 메인페이지 검색창에서 키워드를 검색했을 때, 검색 결과 [네이버 가격비교] 영역에서 상품이 보여지고 [네이버 가격비교 더보기]를 클릭하면 [네이버 가격비교] 페이지로 이동합니다. 모바일에서는 해당 키워드의 상품수를 확인할 수 없습니다.

반면 PC 버전에서는 정확한 상품수를 확인할 수 있습니다. '감자' 검색 결과에서는 100만여 개의 상품이 노출되고 있습니다. 내 스토어에 상품을 등록하자 마자 상위에 노출되고 많은 클릭을 받는 것은 불가능한 일입니다. 1페이지 상품들만 봐도 오랜 시간 쌓아온 매우 많은 구매건수와 리뷰수가 있기 때문입니다. [키워드 추천]에서 '20kg'를 선택하니 약 3,400개로 상품이 줄어듭니다. 100만여 개 중에서 1페이지에 노출되는 것은 매우 어려운 일이지만, 300분의 1로 줄어든 검색 결과 3,400개에서는 자신감을 가져볼 수 있지 않을까요?

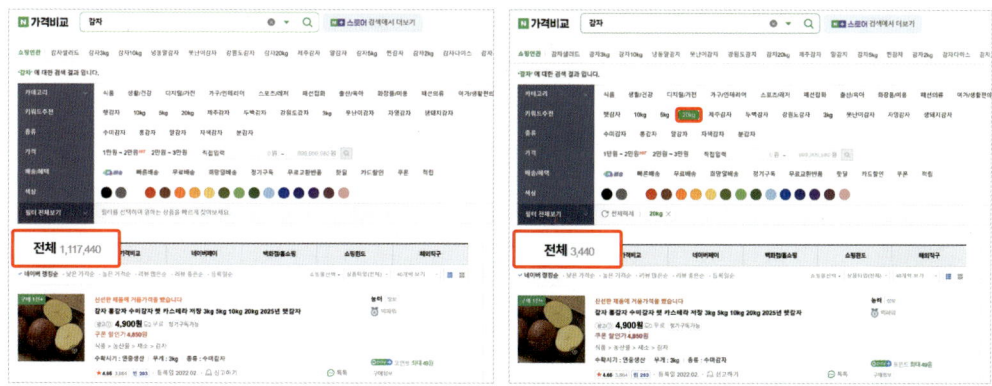

[키워드추천], [연관 키워드] 등에서 찾아볼 수 있는 세부 키워드들을 포함하여 상품명에 잘 반영해보세요. 그 결과에서 검색량이 적지 않고 상품수는 적은 세부 키워드를 만날 수 있을 것입니다. 경쟁력 있는 키워드들을 세밀하게 반영하고 클릭을 쌓아 매출을 높여가세요. 대형 키워

드 목록에서는 촘촘히 네이버쇼핑 랭킹 점수를 쌓아가는 것이 순리적입니다.

AI 알고리즘의 결과, 쇼핑 맞춤상품 이해하기

네이버 스마트스토어 강사인 저는 수강생으로부터 최근 자주 받는 질문이 있습니다.

> "경쟁사 스토어 상품이 너무 많이 노출되는 것 같아요."
> "이 스토어의 상품은 왜 이렇게 잘 보이는 걸까요?"

그러나 제 스마트폰에서는 해당 상품이 전혀 노출되지 않고 있었습니다. 이유가 무엇일까요? 평소 검색하지 않았던, 클릭하지 않았던 제품 키워드를 검색해보세요. 예를 들어, '곶감'을 검색한 검색 결과 페이지에서 네이버쇼핑을 확인해보겠습니다. 아무 상품이나 클릭하고, 다시 뒤로 돌아와서 해당 키워드를 검색합니다.

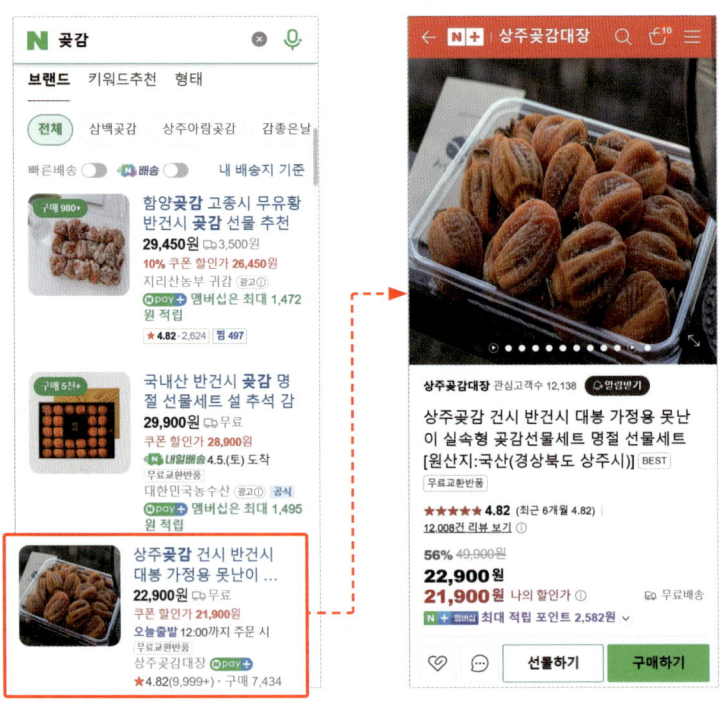

검색 결과 페이지를 살펴보니 이전과 달리 네이버 가격비교 아래에 [방금 본 상품 연관 추천]이 나타났습니다. [추천상품 더보기]를 클릭합니다. [○○○ 님을 위한 오늘의 쇼핑 큐레이션]이라는 세션이 추가로 생성되었습니다. [방금 본 상품 연관 추천]은 네이버가 AI 데이터를 활용하여 운영하는 쇼핑 서비스로, 최근 쇼핑 이력 기반으로 제공되는 맞춤형 검색 결과를 노출합니다. 그래서 개인별로 검색 페이지 결과가 다르게 노출됩니다.

[추천상품 더보기]를 클릭하면 사용자가 클릭하고 방문한 이력이 있는 스토어의 제품과 관련 상품들이 추가로 노출됩니다. 만약 내가 경쟁사 상품을 많이 클릭하거나 특정 키워드의 제품을 자주 찾아본다면, 해당 상품들이 연관 추천 영역에서 노출되는 것이며, 이는 네이버의 절대적인 랭킹 점수가 급상승한 결과가 아닙니다.

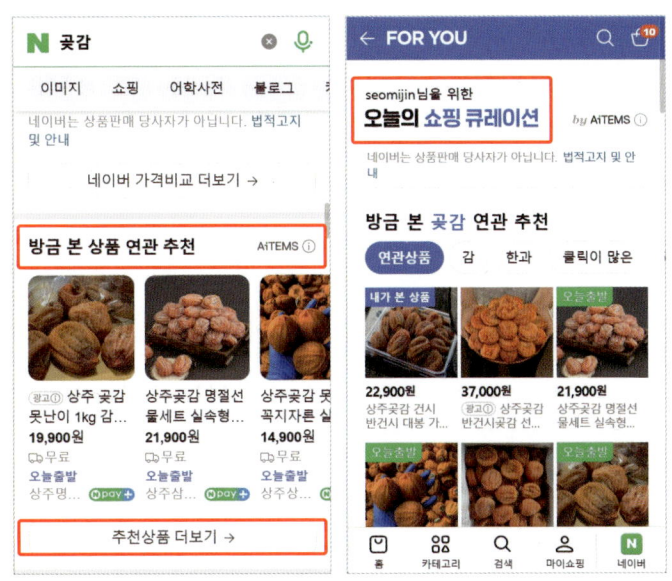

TIP AI 알고리즘이 활용된 대부분의 세션은 AiTEMS라고 노출됩니다.

[오늘 클릭한], [클릭한 ○○○와 함께 보는], [장바구니에 담은 ○○○와 함께 보는], [최근 ○번 방문한 브랜드의] 등의 키워드 배너와 함께 다양한 상품이 노출됩니다. 일단 이 페이지에서 내 상품이 다른 고객들에게 노출되기 위해서는 최소 1회 이상의 클릭이 발생해야 합니다. 그래야 노출 가능성이 높아집니다. 또한 현재 공식적으로 밝혀진 지표는 없지만, 고객이 다른 상품을 클릭한 경우에도 클릭된 제품과 비슷한 이미지 혹은 상품 속성값이 유사한 제품 중 인기

있는 상품들이 추가로 노출되는 경향을 볼 수 있습니다.

당장 상품의 인기도를 급격히 상승시키기는 어렵기 때문에, 우리가 할 수 있는 가장 중요한 전략은 상품의 속성값을 꼼꼼하고 정확하게 채워두는 것입니다. 그리고 클릭이 발생할 수 있는 다양한 영역에 노출되도록 기본적인 마케팅 전략을 잘 수립해야 합니다.

AiTEMS

나의 클릭 히스토리와 클릭한 상품의 특성에 따라 좋아할 만한 상품을 실시간으로 예측하여 추천하는 세션입니다. 추천 상품의 노출 순서는 [네이버 랭킹순]과 다르고, 개개인의 클릭 히스토리에 따라 결정됩니다. 고객이 특정 키워드를 검색하고 여러 상품을 클릭할 경우, 해당 클릭된 상품들의 데이터가 복합적으로 조합되어 구체적인 추천 목록이 생성됩니다.

예를 들어, 고객이 '곶감'을 검색하면서 포장된 선물 세트 이미지의 상품들을 여러 번 클릭하거나 특정 사이즈의 상품을 반복적으로 탐색한다면, 상품 연관 추천 영역에서는 클릭된 상품들과 유사한 특성을 가진 상품들이 조합되어 노출됩니다.

만약 내 스토어의 상품도 이 추천 영역에 함께 노출되길 원한다면, 상품 등록 시 세부 정보를 구체적이고 명확하게 작성하는 것이 중요합니다. 이를 통해 세부적인 데이터의 교집합에서 내 상품도 효과적으로 취합될 수 있습니다. 특히 카테고리, 상품명, 속성값, 태그 등은 이 추천 시스템에서 핵심적인 역할을 합니다. 따라서 구체적인 노출을 증가시키기 위해서는 **PART 01** 상품 등록 부분을 반드시 꼼꼼히 재점검해야 합니다.

상품 목록 하단의 [추천상품 더보기]를 클릭하면 쇼핑 큐레이션 페이지로 이동하며, 사용자가 이전에 클릭했던 상품과 유사한 다양한 상품들을 추가로 노출해줍니다. 이 페이지는 고객의 이력으로 상품 검색/클릭 데이터, 구매 데이터 등 쇼핑 관련 정보가 반영됩니다. 노출되는 상품들은 상품명, 카테고리명, 가격대, 판매처명, 상품ID 등의 텍스트 정보와 상품 이미지 정보를 모두 활용합니다.

이렇게 다른 고객들의 페이지에서 내 상품이 노출되고 있는지, 클릭이 발생하고 있는지 궁금하다면 [통계] 메뉴에서 확인할 수 있습니다. ❶ [통계]-[마케팅분석] 메뉴에서 ❷ [전체채널] 탭을 클릭합니다. ❸ 기간을 설정하고 적용한 후, ❹ 그래프 하단의 표에서 [차원]을 [상세]로 설정합니다.

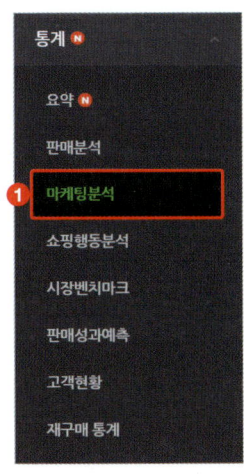

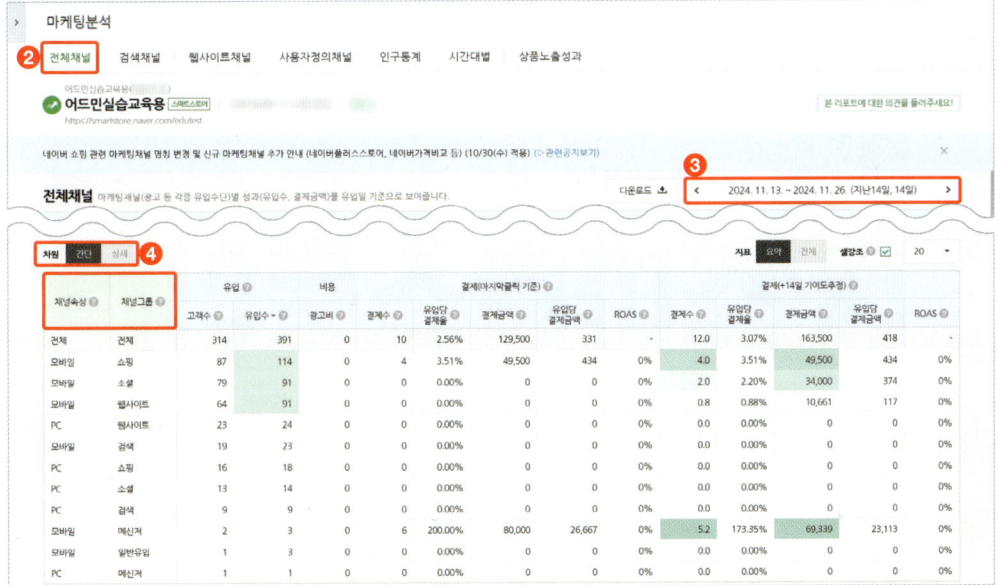

이렇게 [채널상세]에서 AiTEMS라고 노출되는 유입자수가 발견된다면, 내 상품은 고객들의 추천 영역에서 노출되고 있다는 뜻입니다.

채널속성	채널그룹	채널명	채널상세
모바일	쇼핑	네이버쇼핑/서비스	AiTEMS

네이버 검색을 활용하는 마케팅 ▼ CHAPTER 02 ▼ 197

N 스마트스토어

PART
03
내 스마트스토어,
이제는 매출 성장을
준비해야 할 때

CHAPTER 01

내 상품의
유입 경로를 확대하라

내 스마트스토어에 많은 광고비를 투자할수록 방문자수는 분명 늘어나겠지만, 한정된 예산으로 최적의 성과를 내기 위해서는 상품 기획 단계부터 마케팅을 고려해야 합니다. 먼저 비용 없이 할 수 있는 모든 세팅을 완료한 후에 효율적인 광고를 진행하는 것이 현명합니다. 특히 오프라인 매장도 함께 운영한다면, 대부분의 고객이 '검색'으로 매장을 찾는다는 점에 주목해야 합니다. 매장명이나 제품명 검색 시 가장 눈에 띄는 '지도', 즉 스마트플레이스 관리는 온·오프라인 동시 운영 시에는 필수입니다. 단, 순수 온라인 쇼핑몰만 운영하는 경우에는 신경 쓰지 않아도 됩니다.

CHAPTER 01　SECTION 01

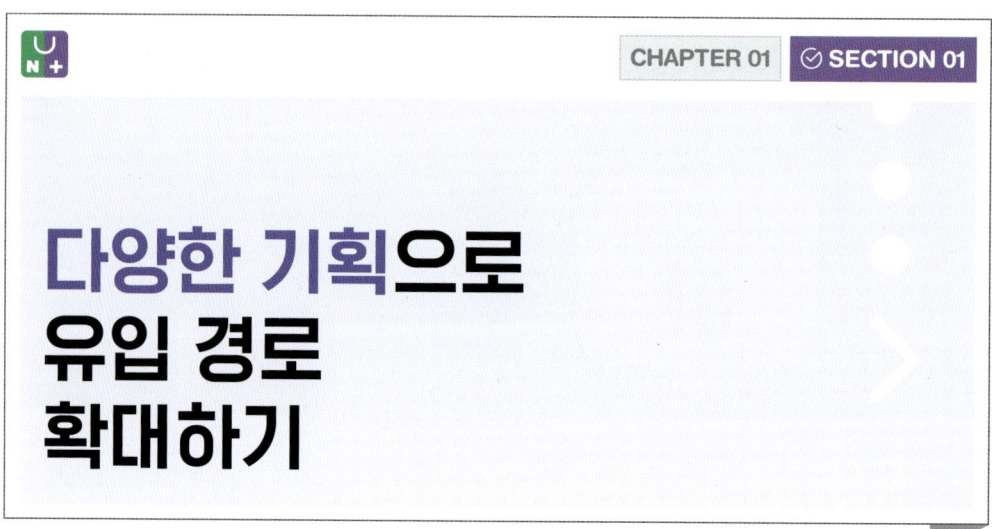

다양한 기획으로 유입 경로 확대하기

상품수가 많으면 유입자수가 늘어날까?

스마트스토어 개설 후 유입 경로를 확대하는 가장 쉬운 방법은 상품의 수를 늘리는 것입니다. 네이버 검색 결과에서 상품을 클릭하여 내 스토어로 이동하는 경로가 많아질수록, 통계적으로 유입자수도 증가할 것입니다.

특정 아이템을 주력 상품으로 판매하는 스토어라면?

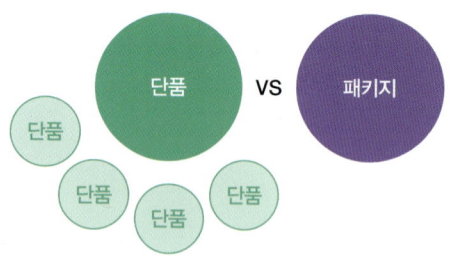

스마트폰 케이스나 원피스처럼 특정 카테고리나 아이템을 주력으로 판매하는 스토어라면, 해당 범주 내에서 품목을 늘리는 것이 좋습니다. '여기 당신이 좋아할 만한 아이템이 하나쯤은

분명히 있을 거예요'라는 마음으로 접근하는 것입니다. 품목을 다양화할 때는 콘셉트(디자인)을 추가하거나, 소재를 다양화하거나, 기능별로 상품을 구성하는 등의 전략적 고민이 필요합니다. 구체적인 예를 들어보겠습니다. 컵이나 포크 등의 리빙 상품을 '귀여운' 콘셉트로 판매 중이라면, 두 가지 방향으로 확장이 가능합니다. '귀여운 컨셉의 리빙 상품' 라인을 더욱 확장하거나, 기존 컵이나 포크 제품군에 '모던한', '컬러풀한', '유럽풍의' 등 새로운 콘셉트를 추가하는 것입니다.

특정 연령대를 타깃으로 하거나, 연령대를 확대하여 아이템을 확장하는 것도 효과적인 전략입니다. 실제로 판매를 하다 보면, 계획했던 타깃층과 실제 구매층이 일치하지 않는 경우가 많습니다. 예를 들어, 아이돌 굿즈나 포토카드 관련 아이템은 10~20대가 주 구매층일 것 같지만, 고가의 프리미엄 굿즈는 오히려 구매력이 있는 30~40대에게서 더 잘 팔립니다. 최근에는 트로트 열풍과 함께 특정 트로트 가수의 팬층에서도 높은 구매력을 보이고 있기 때문입니다.

이때 상품을 개별 등록할 때 상품명을 구체적으로 차별화하는 것이 중요합니다. 비슷한 상품명을 반복적으로 사용하는 것은 피해야 합니다. 검색량은 적정하면서도 경쟁이 덜한 세부 키워드를 찾아내세요. 이러한 틈새 키워드에서 먼저 노출도를 높여 유입량을 늘리다 보면, 주문량과 리뷰수가 자연스럽게 증가하게 됩니다. 결과적으로 네이버쇼핑 검색 결과 랭킹순 인기도 점수도 함께 상승하게 될 것입니다.

판매 품목이 적은 스토어라면?

예를 들어 '깻잎만 판매하는' 혹은 '사과만 판매하는' 단품 스토어의 경우에는 해당 아이템 외에 더 늘릴 수 있는 품목이 제한적입니다. 이런 경우에는 기존 상품의 구성을 다채롭게 기획하는 것이 효과적입니다.

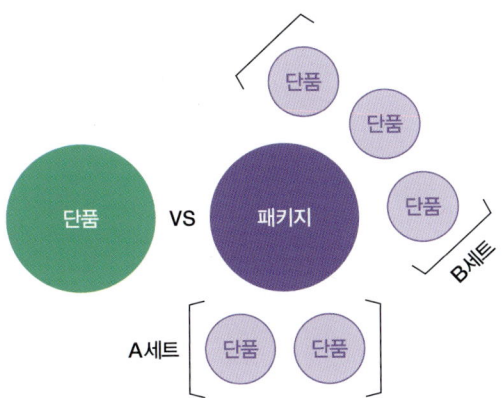

상품을 구매할 고객들의 '목적'을 깊이 생각해보세요. 1인 가구와 4인 가구는 필요로 하는 상품의 구성이나 양이 다를 수 있습니다. 또한 본인이 직접 사용할 제품인지, 선물용인지에 따라 패키지나 선물 포장 등의 유무가 구매 결정에 큰 영향을 미칠 수 있습니다. 참치 선물 세트처럼 가격대별로 상품의 구성이나 양을 달리하여 선물 세트를 기획해보는 것도 좋은 방법입니다.

다른 플랫폼의 예시로, '카카오톡 선물하기'를 보면 대부분의 고객들이 누군가에게 선물하려는 목적으로 방문합니다. 흥미로운 점은 특정 아이템을 찾기보다 선물하려는 가격대로 필터링하여 상품을 검색하는 경우가 많다는 것입니다. 우리의 상품도 선물 세트로 구성할 수 있다면, 다양한 가격대와 구성으로 기획해볼 수 있을 것입니다.

더 나아가 응용해보면, 의류는 단품을 세트로 기획할 수 있고, 머리핀이나 주얼리는 스타일별 5종 세트나 랜덤 3종 세트와 같은 다양한 구성으로 기획하여 등록해볼 수 있습니다. 이러한 상품 기획은 단순히 유입 경로를 확대하는 것뿐만 아니라, 고객의 최종 결제 금액을 높여 매출 상승에도 도움이 됩니다.

단, 동일한 상품을 중복으로 여러 번 등록하는 행위는 금물입니다. 상품 대표이미지만 조금 바꿔서 여러 번 등록하는 행위도 마찬가지입니다. 동일한 제품인데 제목만 조금씩 달리하거나, 동일 제품을 각기 다른 카테고리로 여러 번 등록하는 행위도 [상품중복등록]으로 어뷰징 대상이 될 수 있습니다. 아래의 예시를 참고하세요.

올바른 예	잘못된 예
1번 상품 : 식용유 500ml – 10,000원 2번 상품 : 식용유 1,000ml – 15,000원 3번 상품 : 식용유 2종 선물 세트 – 24,000원	1번 상품 : 식용유 500ml – 10,000원 2번 상품 : 깔끔한 식용유 0.5L – 10,000원 3번 상품 : 튀김에 좋은 식용유 – 10,000원
• 총 세 개의 상품 등록 완료. • 각기 다른 상품으로 이상 없음.	• 한 개의 상품을 다른 제목으로 계속 중복 등록한 사례로, 패널티 받음. • 상품 삭제 가능성 있음. • 어뷰징 대상이 됨.

꼭 스마트스토어에서만 팔아야 할까?

쇼핑윈도 이해하기

네이버 검색 결과에서 상품을 노출시키기 위해서 스마트스토어에 상품 등록하는 방법뿐만 아니라, 네이버 쇼핑윈도에 입점하여 상품을 등록할 수도 있습니다. 쇼핑윈도는 결제와 노출이 스마트스토어와 동일한 방식으로 이뤄지기 때문에, 수수료가 저렴하고 운영이 쉽다는 장점이 있습니다. 네이버 검색 결과에서 내 상품이 노출됩니다. 스마트스토어와 쇼핑윈도, 두 가지의 채널에서 상품이 등록된 후 네이버쇼핑에서 각 상품이 노출되므로, 보다 더 다양하게 프로모션에 참여해볼 수 있습니다.

쇼핑윈도의 가장 매력적인 점은 상품 등록, 주문 관리, 고객 관리 등 스마트스토어센터에서 한 번에 두 개 채널의 운영 관리가 가능하다는 점입니다. 상품 등록 시 카테고리를 선택하고 상품 정보를 입력하는 과정을 동일하게 진행하고, 마지막 노출 채널 영역에서 스마트스토어와 쇼핑윈도에 노출 여부를 선택할 수 있습니다.

◀ 스마트스토어에 입점한 개인/사업자 판매자가 상품 등록 시

◀ 스마트스토어와 쇼핑윈도에 입점한 사업자 판매자가 상품 등록 시

이렇게 상품을 등록하게 되면 네이버 가격비교 페이지에서는 스마트스토어 상품과 쇼핑윈도 상품으로 총 두 개 노출되고, 각 상품을 클릭했을 때는 스마트스토어와 쇼핑윈도로 각각 이동하게 됩니다.

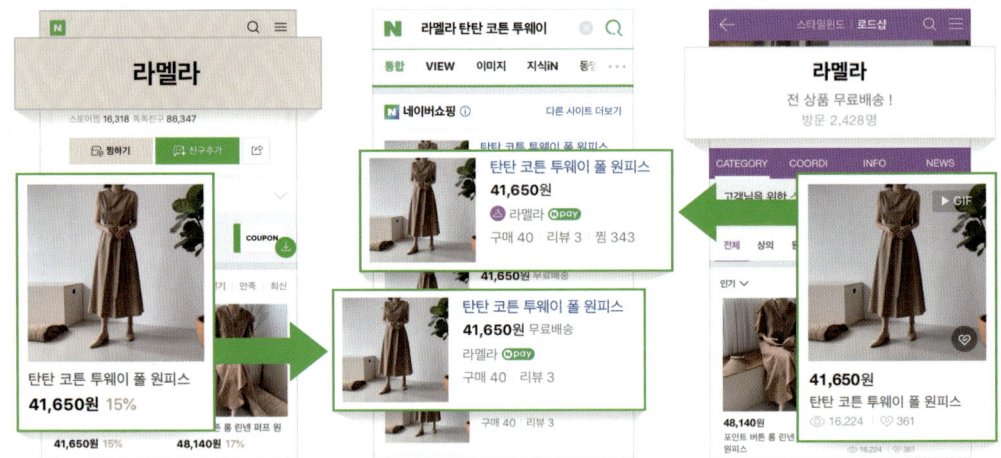

▲ 출처 : 네이버 스마트스토어센터

판매 채널은 늘어났지만, 운영하는 데 들이는 시간과 인력은 그대로이면서, 고객의 유입 경로는 확대됩니다. 또한 쇼핑윈도는 네이버플러스 스토어 블로그에서 다양한 기획전 제안을 공지하고, 관련 상품을 취합하여 네이버쇼핑 영역에서 홍보를 돕습니다.

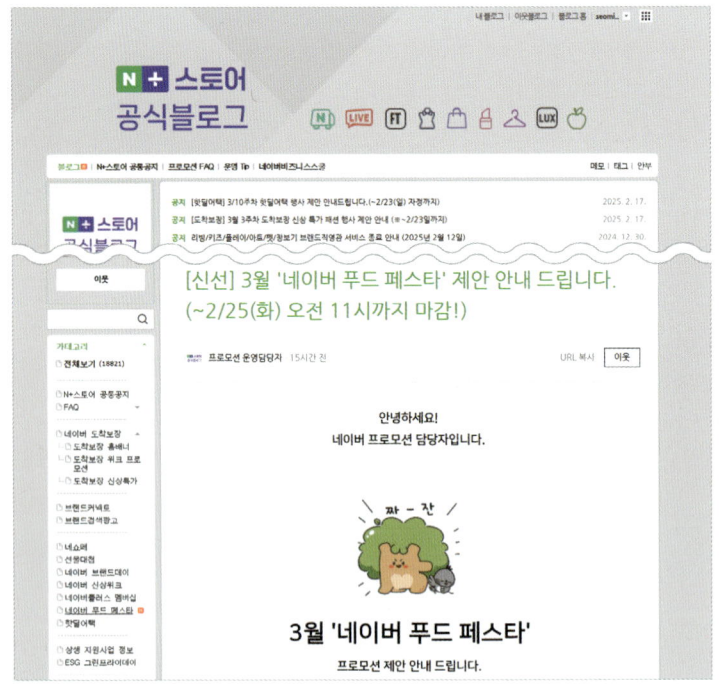

▲ 쇼핑윈도 공식블로그(https://blog.naver.com/n_shopwindow)

쇼핑윈도 입점하기

스마트스토어는 큰 제약 없이 스토어를 개설하고 상품을 등록할 수 있지만, 쇼핑윈도는 절대적인 조건을 갖춰야 입점할 수 있습니다. 보다 자세한 입점 조건은 아래를 참고합니다.

> **쇼핑윈도 입점 조건**
>
> 1. 사업자 판매자만 가능합니다.
>
>   사업자등록증과 통신판매업신고증이 필요합니다.
>
> 2. 상품 등록 시 윈도 가이드에 맞춰 상품 등록을 해야 합니다.
>
>   통 이미지로 제작된 상세페이지를 반려하는 채널이 많습니다(일부 제외).
>
>   스마트에디터를 활용하여 상세페이지를 제작해야 합니다.
>
> 3. 입점 가능한 아이템이 정해져 있습니다.
>
>   소호&스트릿윈도 / 뷰티윈도 / 푸드윈도 / 해외직구(윈도)
>
>   ▶ 의류패션상품군, 화장품, 식품, 해외에서 판매하는 관련 상품군
>
>   보다 자세한 규정은 아래를 참고하세요.

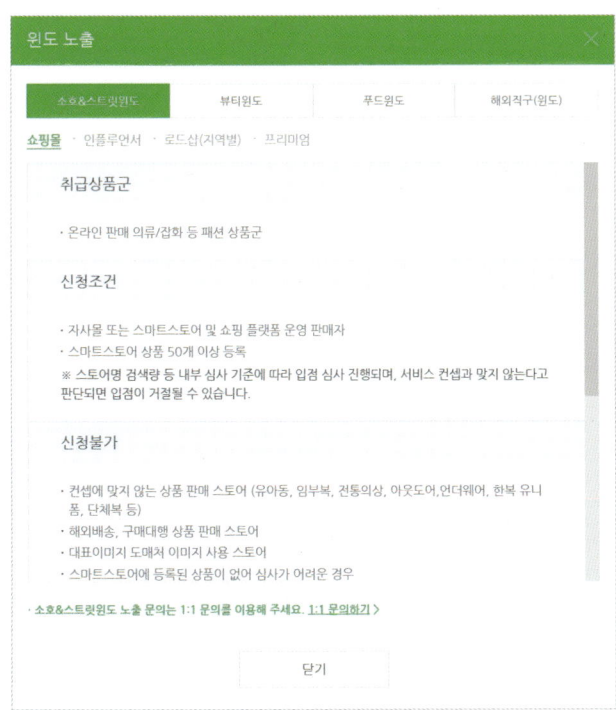

> **스마트스토어 TIP** 쇼핑윈도 한눈에 보기
>
> - 소호&스트릿윈도 : 의류 판매하는 개인 쇼핑몰 / 인플루언서 / 오프라인 매장 / 브랜드 제작 스토어
> - 뷰티윈도 : 화장품의 브랜드 본사, 공식 수입원, 총판 등(증빙 필요)
> - 푸드윈도 : 생산자가 직접 생산한 식품 판매자 / 전통주 생산자 / HMR 상품 판매자 등
> - 해외윈도 : 해외직구(윈도) 서비스 지역의 현지 해외 사업자

푸드윈도는 생산자가 직접 생산하여 산지에서 고객에게 직배송되는 식품(산지직송), 지역하면 떠오르는 식품이나 시장 내 매장을 보유하여 직접 생산하고 고객에게 직배송되는 상품군(지역 명물)으로 기획해보기를 바랍니다. 그 외에 뷰티윈도나 키즈윈도, 네이버 펫 등은 브랜드 본사, 상표 등록 등의 기준이 있고 스마트스토어 운영 기간 또한 입점 조건이 되어 소상공인이 바로 시작하기에는 다소 어려울 수 있습니다.

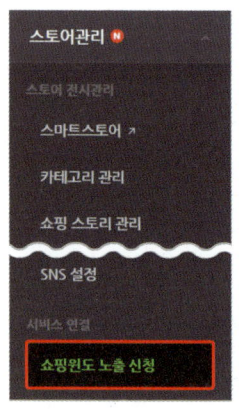

쇼핑윈도 입점은 '개인' 판매자에서 '사업자' 판매자로 전환 후, [스토어관리] 메뉴에서 [서비스 연결]-[쇼핑윈도 노출신청]을 클릭하여 신청할 수 있습니다. 해당 메뉴는 '개인' 판매자일때는 보이지 않습니다. '사업자' 판매자 회원으로 전환 후 노출됩니다.

쇼핑윈도 노출 이해하기

네이버플러스 스토어 메인페이지 메뉴 등에서 각 쇼핑윈도 채널이 다양하게 노출됩니다. 네이버 가격비교의 상품 검색 결과에서 윈도 상품만을 필터링해서도 노출됩니다.

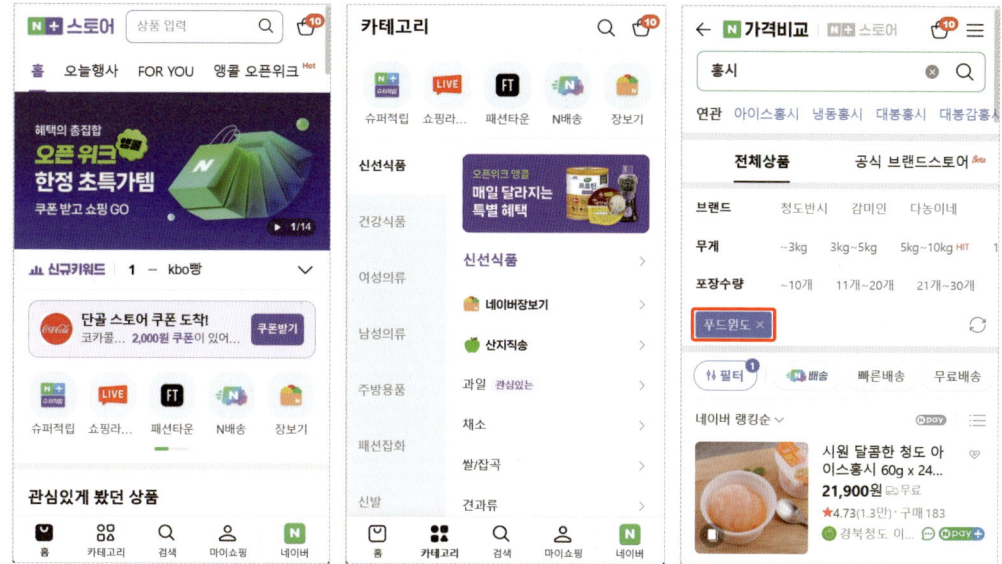

네이버 스마트스토어는 매월 2일에 스토어 등급을 업데이트합니다. 이 등급은 최근 3개월간의 누적 데이터와 구매 확정을 기준으로 산정됩니다. 스마트스토어의 라이브 방송 권한은 등급이 [새싹] 이상일 때 부여됩니다.

만약 전월에 라이브 방송을 진행한 이력이 있다면, 그 다음 달에 등급이 [씨앗] 이하로 떨어지더라도 라이브 방송 권한은 계속 유지됩니다. 하지만 전월에 라이브 방송을 하지 않았고, 등급도 [씨앗] 이하로 떨어진 경우에는 라이브 방송 권한이 회수됩니다.

TIP 쇼핑윈도에 입점하면 쇼핑라이브를 바로 시작할 수 있습니다. 스마트스토어 판매자는 [새싹] 등급부터 쇼핑라이브가 가능합니다.

등급표기		필수조건		
등급명	아이콘 노출	판매건수	판매금액	굿서비스
플래티넘	🏅	100,000건 이상	100억원 이상	조건 충족
프리미엄	🏅	2,000건 이상	6억원 이상	조건 충족
빅파워	🏅	500건 이상	4천만 이상	-
파워	🏅	300건 이상	800만원 이상	-
새싹	-	100건 이상	200만원 이상	
씨앗	-	100건 미만	200만원 미만	

▲ 스마트스토어 등급 기준(산정 기준 : 최근 3개월 누적 데이터, 구매확정 / 등급 업데이트 주기 : 매월 2일)

커머스솔루션마켓 활용법

온라인 판매자는 상품 기획, 구매, 사진 촬영, 디자인, 상품 등록, 배송, 고객 관리, 정산 관리까지 많은 일을 해야 합니다. 그래서 초기 소상공인은 1인 기업으로서 이 많은 일을 혼자 다 해내거나 적은 비용으로 문제를 해결하고자 다양한 서비스를 이용하기도 합니다. 상품을 판매하는 과정에서 생기는 작고 큰 문제들을 유·무료 서비스를 이용하여 해결해볼 수 있습니다. 스마트스토어센터에서 [커머스솔루션마켓]으로 이동해서 보다 자세한 내용들을 확인해보세요.

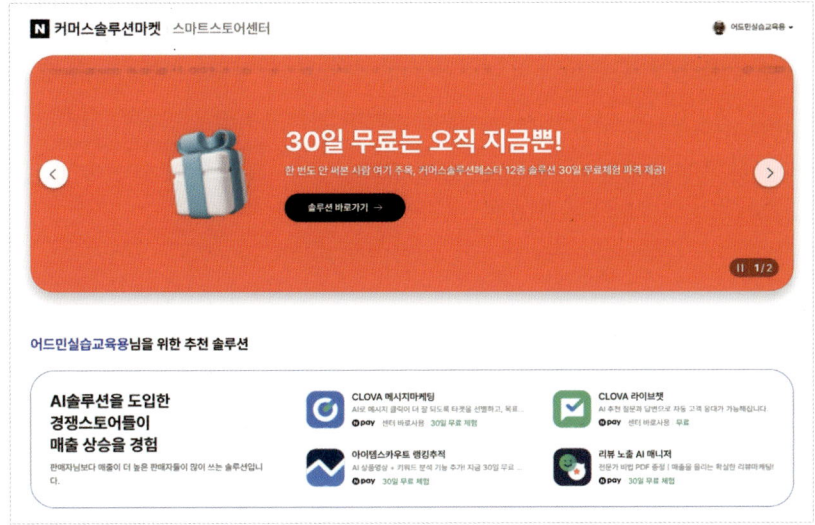

> **커머스솔루션마켓 서비스 종류**
> - 상품 등록에 관한 서비스 (상품명, 이미지, 문구, 상품 일괄 등록 등)
> - 이미지에 관한 서비스 (이미지 편집, 보정 등)
> - 스토어 전시에 관한 서비스 (상품 자동 추천, 콘텐츠 제작 등)
> - 고객 관리에 관한 서비스 (소비자 조사, 고객 메시지, 고객 자동 상담 등)
> - 세무 관련 서비스

무턱대고 서비스를 신청하지는 마세요. 서비스의 종류가 많지만 내 스토어 상품에는 적합하지 않을 수도 있고, 아직 내가 시작해보기엔 시기가 적절하지 않을 수도 있습니다. 커머스솔루션마켓에는 무료 서비스도 있지만 한시적 무료 또는 유료 서비스도 많습니다. 등록된 상품의 수가 한 개라면, 고객에게 맞는 상품을 추천하는 서비스는 내 스토어와 적절하지 않습니다.

그러나 등록된 상품의 품목이 많고, 고객이 내 스토어에서 보다 더 정확하게 원하는 상품들만을 찾아서 바로 클릭해서 스토어 체류 시간을 늘리기 위한 방법으로 이러한 서비스들을 활용해보는 것은 꽤나 의미가 있습니다. 다양한 서비스들이 많지만 카테고리별로 적합한 서비스가 있고, 내가 판매하는 상품의 구성에 맞는 서비스가 분명 존재합니다. 잘 살펴본 후 신청하기를 바랍니다.

커머스솔루션 활용하기

알림받기한 고객들에게 단체 메시지를 발송할 수 있습니다. 이때 단체 메시지 제목과 소개 문구 두 줄은 단체 메시지의 클릭률을 좌우하며 내 스토어로의 재방문을 결정짓는 중요한 요소가 됩니다. 혼자 고민하고 작성하는 것보다 AI의 힘을 빌려 타깃을 선별하고 목표에 맞는 메시지를 추천받는 것도 방법입니다. 단체 메시지는 알림받기 고객수에 따라 발송할 수 있는 메시지의 개수가 정해져 있습니다. 좀 더 의미 있는 결과를 위해서는 500명 이상의 알림받기 고객이 존재할 때, 무료 체험 기간으로 잘 활용하고 그 결과를 토대로 결제 여부를 고민해보는 것을 추천합니다.

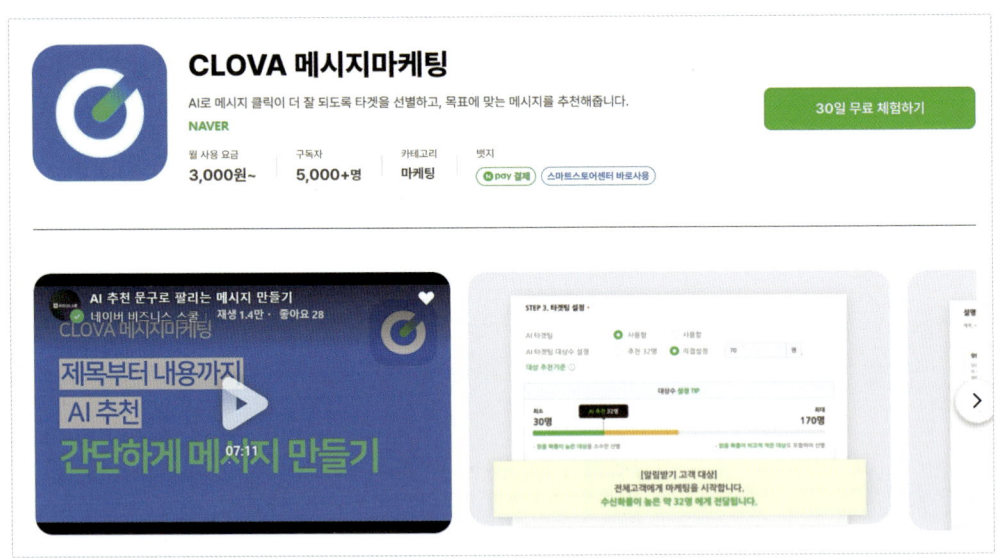

구독 서비스 설정법

구매 빈도수가 잦은 상품들이 있습니다. 식품이나 생활용품의 경우, 고객의 취향을 사로잡으면 지속적인 재구매로 이어질 수 있습니다. 그러나 끊임없이 등장하는 온라인 신상품과 눈에 띄는 프로모션에 밀려 재구매가 쉽지 않을 수 있습니다.

한 번 구매했던 상품을 꾸준히 구매하는 충성 고객을 확보하기 위해 구독 서비스를 도입해보세요. 고객은 원하는 배송 주기, 이용 횟수, 배송 희망 요일을 선택하여 정기구독을 신청할 수 있으며, 이를 통해 자동으로 상품을 결제하고 배송받을 수 있습니다.

이러한 자동결제 시스템을 통해 고객은 재주문의 번거로움 없이 꾸준히 상품을 받아볼 수 있습니다. 판매자 입장에서는 일회성 거래가 아닌 장기 고객을 확보할 수 있으며, 매주 구독 서비스 고객의 주문 수량을 미리 파악하여 재고 관리에도 용이합니다.

구독 서비스의 지속성을 높이기 위해 재주문 시 추가 할인을 제공하는 방법도 있습니다. 이를 통해 고객에게 실질적인 혜택을 제공하고, 판매자는 안정적인 매출과 고객 기반을 확보할 수 있습니다. 매주 또는 매달 좋은 상품을 판매하고 있다면, 지금 바로 정기구독 서비스를 시작해보세요!

정기구독 설정 조건

- 국내 사업자 판매자만 가능합니다.
- 네이버쇼핑 정기구독 솔루션 사용료 3%가 적용됩니다.
- 정기구독이 가능한 대상 카테고리가 있습니다.
▶ 대분류 기준 : 식품, 출산/육아, 화장품/미용, 디지털/가전, 생활/건강, 가구/인테리어, 스포츠/레저, 패션의류, 패션잡화

구독 설정 시작하기

01 상품 등록 시 [구독 설정]을 [설정함]으로 체크합니다.

02 [커머스솔루션마켓]에서 [정기구독] 페이지로 이동한 후 [추가하기]를 클릭합니다.

03 정기구독으로 발생한 매출에 대해 3%의 수수료가 과금되기 때문에, 서비스 추가 시 별도로 지급하는 과금 없이 바로 서비스 추가가 가능합니다. 약관 동의 후 [추가하기]를 클릭하면 정기구독이 완료됩니다.

상품 등록 시 구독 설정 정보 입력하기

01 상품 등록 메뉴에서 [구독설정]-[설정함]을 클릭합니다. 아래 설명을 참고하여 구독 설정을 완료합니다.

▲ 상품 등록 시 구독 설정 완료 예시

① **구독 유형** | [정기구독]을 선택합니다.
② **배송 주기** | 고객이 이 상품을 몇 주 간격으로 받아보면 좋을지 주기를 정할 수 있습니다. 모든 주기를 선택해도 좋습니다.
③ **배송 회차** | [설정안함] 시, 고객의 정기구독 취소 때까지 주기적으로 계속 주문이 발생합니다. [설정함]은 4, 8, 12회차 중에서 선택할 수 있으며, 계절 상품 같은 특수한 경우에만 선택하는 것이 좋습니다.
④ **배송 불가 요일 설정** | 내 스토어에서 배송이 불가한 요일을 선택합니다. 해당 요일은 고객이 배송 희망일로 선택할 수 없습니다.
⑤ **정기 구독 할인 혜택** | 설정한 회차부터 상품의 금액을 더 할인해주는 혜택을 제공할 수 있습니다.

▲ 구독 설정 시 상세페이지에서 노출되는 정기 구독 혜택 노출 예시

TIP 정기 구독 할인 혜택은 상품 구매 페이지에서 추가적으로 할인이 되는 점을 어필할 수 있어 고객들의 정기 구독 욕구를 높여줄 수 있습니다. 그러나 과도한 설정은 이미 등록된 상품의 판매가에서 추가로 할인되어 무리가 있을 수 있으니, 과도한 설정은 자제해야 합니다.

⑥ **정기 구독 자동 해지** | 정기 구독 회차에 결제가 미진행인 경우, 최소 3회 이상 연속 결제가 실패하면 정기 구독은 자동 해지됩니다.

TIP 정기구독 상품을 일시 중단할 경우, [상품관리]-[상품조회/수정] 메뉴를 통해 정기구독 설정한 상품을 [설정안함]으로 진행하더라도 기존 구독 신청 내역은 유지됩니다. 정기구독은 구매자 취소만 가능합니다. 만약, 부득이한 상황으로 신청 건의 취소가 필요한 경우 판매자가 직접 구매자에게 안내하거나 구매자가 직접 취소할 수 있도록 요청해야 합니다.

02 [상품관리]-[구독관리] 메뉴에서 구독 중인 고객 리스트를 확인할 수 있습니다.

03 [구독상세]에서 [확인]을 클릭하면 신청자 및 배송지 정보를 확인할 수 있습니다.

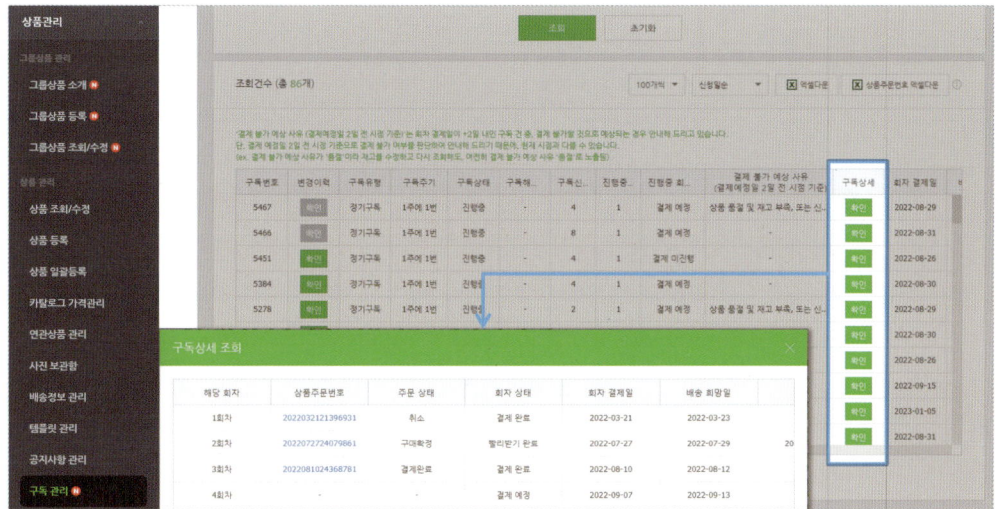

> 💡 **스마트스토어 TIP** 　고객의 개인 정보를 다른 용도로 사용하면 안 돼요!
>
> 정기구독 서비스 제공 과정에서 구매자에게 필요한 필수 안내(배송 일정 변경, 재고 부족, 옵션 변경 안내 등)를 위해 제공되는 개인 정보이며, 다른 용도로 사용하거나 광고성 정보 전송은 금지됩니다. 정기구독 권한 등 제재를 받을 수 있습니다.

CHAPTER 01 | SECTION 02

네이버 서비스로 유입 경로 확대하기

오프라인 매장이 있다면, 필수인 스마트플레이스

스마트스토어 사업자이면서 오프라인 매장을 운영중이라면, 스마트플레이스 운영 관리 또한 소홀히 할 수 없습니다. 스마트플레이스는 기존 네이버 지도 영역으로, '지역명+서비스', '지역명+메뉴', '아이템 키워드' 등으로 검색 결과에서 자주 상위 노출되는 콘텐츠 영역 하나입니다. 오프라인 매장에서 고객을 응대할 수 있는 원데이 클래스, 체험 공방, 매장 방문을 통한 서비스 이용 또는 제품 픽업 등 다양한 방식으로 고객을 맞이할 수 있다면 스마트플레이스 운영 관리는 필요합니다. 그리고 네이버 서비스 간 연동 기능으로 스마트플레이스 페이지에서도 스마트스토어 홍보가 가능해집니다.

스마트플레이스 이해하기

네이버 검색 결과에서 지역 정보를 검색하거나 업체명을 검색하면 크게 세 가지 경우로 나뉩니다.

❶ 아예 검색되지 않음

❷ 스마트플레이스에서 업체 정보가 노출되어 클릭했을 때 기본 정보만 노출되면서 [사장님, 플레이스를 무료로 직접 관리하세요] 배너가 노출됨

❸ 나 또는 누군가가 입력한 매장 정보가 노출됨

검색이 아예 되지 않을 때는 '스마트플레이스'를 검색하여 [업체 신규 등록]을 진행합니다. 이때 사업자등록증이 필요합니다.

네이버 로드뷰를 통해 저장된 기본 정보만이 노출되는 경우, [권한받기]를 클릭하여 ARS인증 또는 사업자등록증 인증을 통해 관리 권한을 받을 수 있습니다.

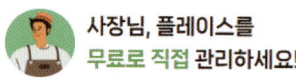

자주 묻는 질문: 네이버 스마트플레이스가 궁금해요!

1. 누구나 스마트플레이스에 등록할 수 있나요?
업체 정보는 [신규등록] 탭을 클릭해서 신청할 수 있으며, 무료 서비스입니다. 다만, 업체정보가 스마트플레이스의 등록 기준에 맞지 않는 경우 신청한 내용이 편집되어 등록되거나, 등록이 보류될 수 있습니다.

2. 실시간 등록이 되나요?
실시간 등록이나 수정이 불가합니다. 업체 정보를 등록하면 약 5일(업무일 기준) 이내에 검수하여 결과를 확인할 수 있습니다.

3. 네이버 아이디로 여러 개 등록할 수 있나요?
한 ID 당 하루에 세 개, 최대 30개까지만 등록 신청이 가능합니다. 오프라인 매장이 여러 개인 경우에도 내 아이디로 모두 관리할 수 있습니다.

스마트플레이스와 네이버 서비스 연동하기

오프라인 매장 정보를 등록하는 스마트플레이스를 관리하는 판매자라면, 네이버의 다른 서비스들과 잘 연동하여 활용하는 것이 좋습니다.

블로그

네이버 스마트플레이스에서 업체 정보를 클릭했을 때 방문자 리뷰와 블로그 리뷰가 노출됩니다. 또한 블로그 글을 스마트플레이스에 연결해 내 가게의 관련 콘텐츠를 노출할 수 있습니다. [스마트플레이스]-[내업체]-[솔루션]-[블로그 새소식 연결하기]를 통해 네이버 블로그 정보를 입력할 수 있습니다. 블로그를 개설하고 연동하여 가장 기본적인 정보들부터 친절하게 안내해보세요.

TIP 블로그에 글을 기재할 때는 반드시 우리 매장 지도 정보를 포함하기를 권장합니다.

스마트스토어

스마트플레이스와 스마트스토어는 양방향으로 연동이 가능합니다. 스마트플레이스에서는 홈페이지 URL을 입력하는 영역에 스마트스토어 주소를 등록할 수 있습니다. 스마트스토어에서는 [스토어관리]-[네이버 서비스 연결]에서 [스마트플레이스] 토글을 클릭하여 [설정함] 상태로 활성화합니다.

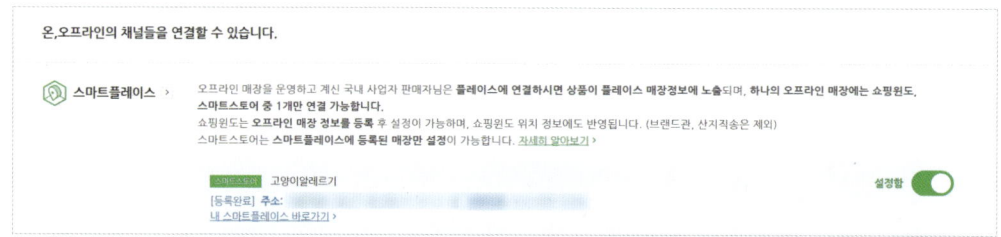

주소지 정보를 확인하고 연동이 완료되면, 네이버 스마트플레이스 정보에서 [상품] 탭으로 스마트스토어 상품이 노출됩니다.

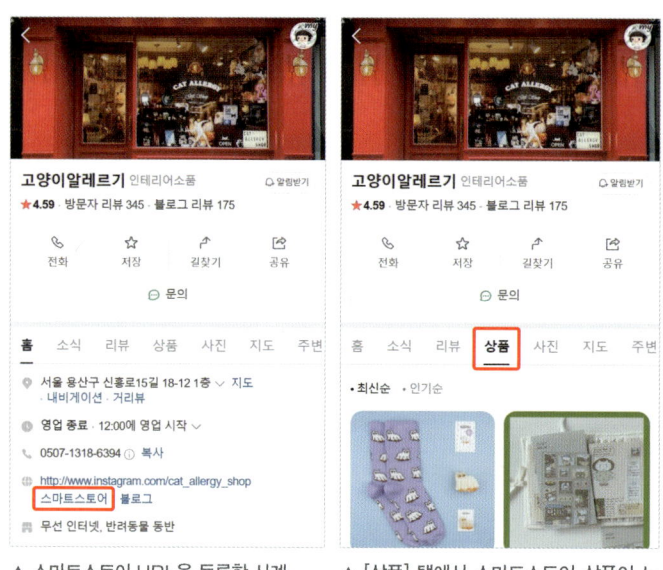

▲ 스마트스토어 URL을 등록한 사례

▲ [상품] 탭에서 스마트스토어 상품이 노출되는 사례

스마트스토어 TIP URL 등록하고 유입 분석하기

스마트플레이스에 스마트스토어 URL을 등록하면 이후 스마트플레이스를 통한 스마트스토어 유입에 도움이 됩니다. [통계] 메뉴의 [마케팅분석]–[웹사이트채널] 탭에서 확인 가능합니다.

채널속성	채널상세	웹사이트유입	
		고객수	유입수
전체	전체	85	99
모바일	m.place.naver.com	53	62
PC	pcmap.place.naver.com	17	17

예약

네이버 스마트플레이스의 풍부한 정보 전달과 고객의 방문자 리뷰를 높이고, 고객의 방문 편의를 돕기 위해서 네이버 예약 서비스를 활용할 수 있습니다.

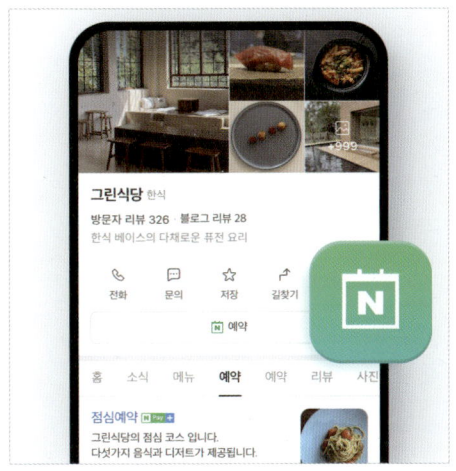

▲ 출처 : 네이버 스마트플레이스(https://new.smartplace.naver.com/introduction/solution-market/booking)

주문

식당 업종(식당, 뷔페, 레스토랑, 배달/포장)을 운영한다면 네이버 주문을 이용할 수 있습니다. 신메뉴, 추천 메뉴를 쉽게 관리할 수 있고 이용자가 직접 QR 코드를 촬영하여 주문 및 결제까지 한번에 가능합니다. 또한 테이블 주문과 포장 주문이 가능합니다.

톡톡

고객이 스마트플레이스 정보를 보고 [톡톡]으로 메시지를 전송할 수 있습니다. 고객과 상담 응대가 가능해집니다. [톡톡]은 스마트스토어와 스마트플레이스, 블로그 등 네이버 다른 서비스에서도 함께 연동할 수 있습니다. 알림받기에 동의한 고객들에게 휴무, 세일, 특가 안내 등의 마케팅 메시지도 발송할 수 있습니다. [톡톡파트너센터]에서 추가적인 상담 정보 설정이 가능합니다.

TIP [톡톡파트너센터] 앱을 별도로 설치하면 고객 관리가 용이합니다. PC와 모바일에서 알람 설정도 가능합니다. 고객 응대 자동 메시지 설정 등 추가적인 정보 설정이 가능합니다.

스마트콜

업체 정보 등록/수정 시 개인 연락처를 공개하고 싶지 않다면 [스마트콜] 서비스를 활용하세요. 스마트콜은 050으로 시작하는 가상 번호로, 고객이 해당 번호로 전화를 걸면 등록된 개인 휴대폰으로 연결됩니다. 개인 정보 보호와 효율적인 고객 응대를 위해 스마트콜 서비스 사용을 적극 권장합니다.

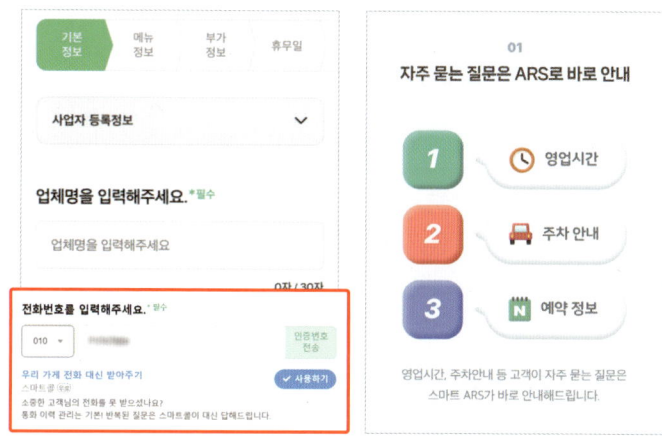

▲ 스마트플레이스 신규 등록 시 [스마트콜]   ▲ 스마트콜 서비스 안내
연결

스마트콜 서비스의 주요 장점은 크게 세 가지가 있습니다.

- 검색 결과와 고객에게는 050으로 시작하는 가상 번호만 노출되어 개인정보 유출을 방지할 수 있습니다.
- 스마트콜 관리 페이지에서 부재중 전화, 자주 연락하는 고객 등의 정보를 체계적으로 관리할 수 있습니다.
- 스마트스토어센터 고객센터 연락처로 스마트콜 전용 번호를 등록하여 개인정보 노출을 최소화할 수 있습니다.

스마트콜 번호를 내 스토어 고객센터 연락처로 설정하고 싶다면, [스토어관리]-[기본정보관리]에서 고객센터 전화번호를 변경하고 ARS 인증합니다.

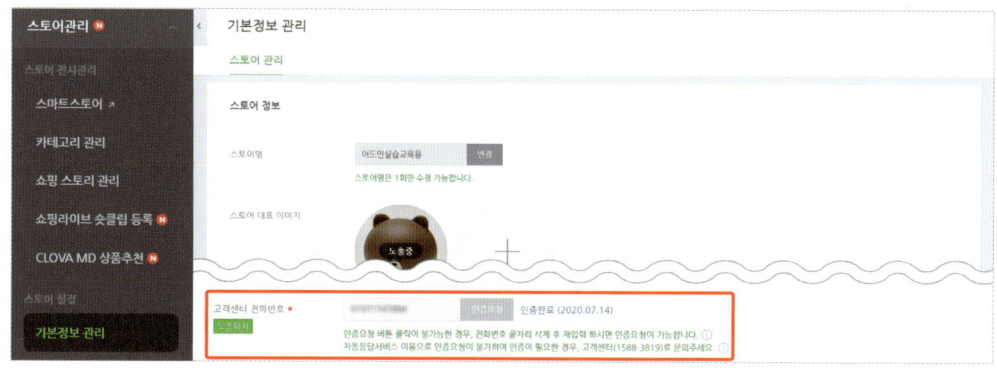

통계

스마트플레이스는 스마트콜을 이용하여 개인 휴대폰번호 대신 050으로 시작하는 가상 번호를 노출해주며, 스마트콜로 유입된 고객 관리 및 분석도 가능해집니다. 스마트콜뿐만 아니라 스마트플레이스의 업체 정보를 고객이 어떤 키워드를 검색해서 확인했는지, 어느 지역 또는 어느 성별의 사람들이 어느 시간대에 검색하여 방문했는지 등의 데이터 분석이 가능해집니다. 스마트플레이스 통계 메뉴에서 확인 가능합니다.

모바일 홈페이지를 등록하고, 플레이스에 웹사이트 정보에 모두를 연동할 수 있습니다. 플레이스에서 규격화된 정보를 입력하고, 보다 더 많은 회사, 브랜드 정보, 제품 소개, 매장 안내 등의 구체적인 홍보가 필요한 경우 모바일 홈페이지를 만들고 연동해보세요. 무료입니다.

고객 리뷰를 늘리는 방법

네이버 예약과 주문 활용하기

네이버 스마트플레이스에서는 두 가지 리뷰가 노출됩니다. 방문자 리뷰와 블로그 리뷰입니다. 방문자 리뷰는 네이버 예약, 네이버 주문을 통한 서비스 이용 고객들의 리뷰와 오프라인 방문 후 영수증 인증을 통해 작성된 리뷰로 집계됩니다. 오프라인 매장에서는 영수증 리뷰가 원활하게 쌓일 수 있도록 리뷰 작성 시 추가 서비스나 혜택을 제공하는 등의 프로모션을 기획해보기를 바랍니다.

또한 매장을 방문하는 고객들이 쉽게 인지하고 적극적으로 참여할 수 있도록 테이블 배너나 안내판 설치를 통한 홍보 활동이 반드시 필요합니다. 만약 고객들이 네이버 예약을 통해 간편하게 예약하고 방문할 수 있는 서비스라면, 다른 예약 서비스보다 네이버 예약을 최대한 활용하세요. 네이버 예약으로 방문한 고객들의 리뷰 작성을 독려하기 위한 다양한 서비스 기획도 필요합니다. 리뷰가 많이 쌓일수록 스마트플레이스 내 노출이 개선되고, 잠재 고객들이 방문을 위해 검색할 때 더욱 긍정적으로 받아들입니다.

네이버 주문은 특정 업종에서만 이용 가능한 서비스이므로, 해당되는 업종이라면 적극적으로 활용해보세요.

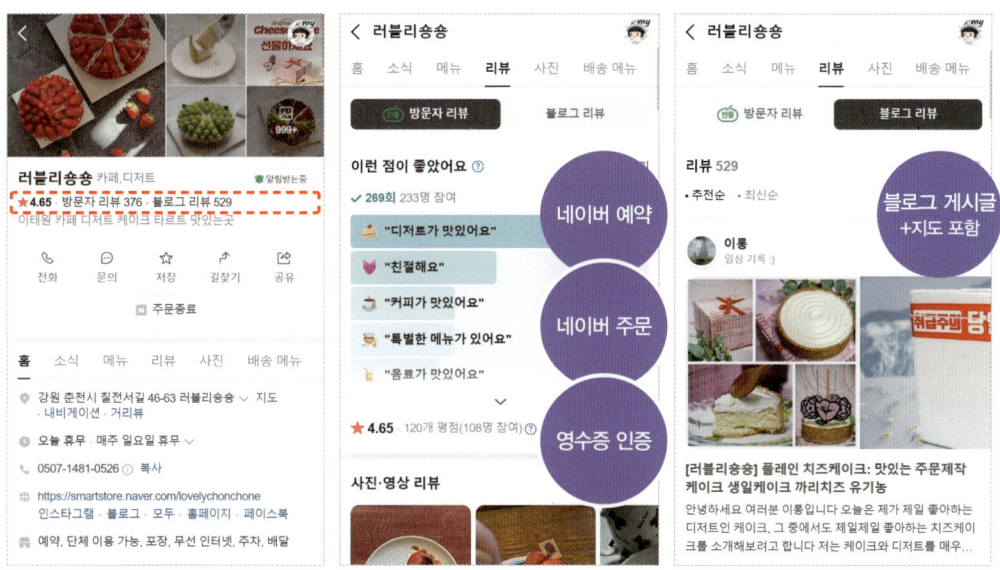

블로그 리뷰 활용하기

블로그 리뷰는 블로그, 카페 등에 게시된 콘텐츠 중 해당 스마트플레이스의 지도 정보가 포함된 리뷰들이 자동으로 노출됩니다. 블로그에 글을 작성할 때는 반드시 [장소]를 클릭하여 매장 이름을 검색하고 지도에서 선택하여 적용해야 합니다.

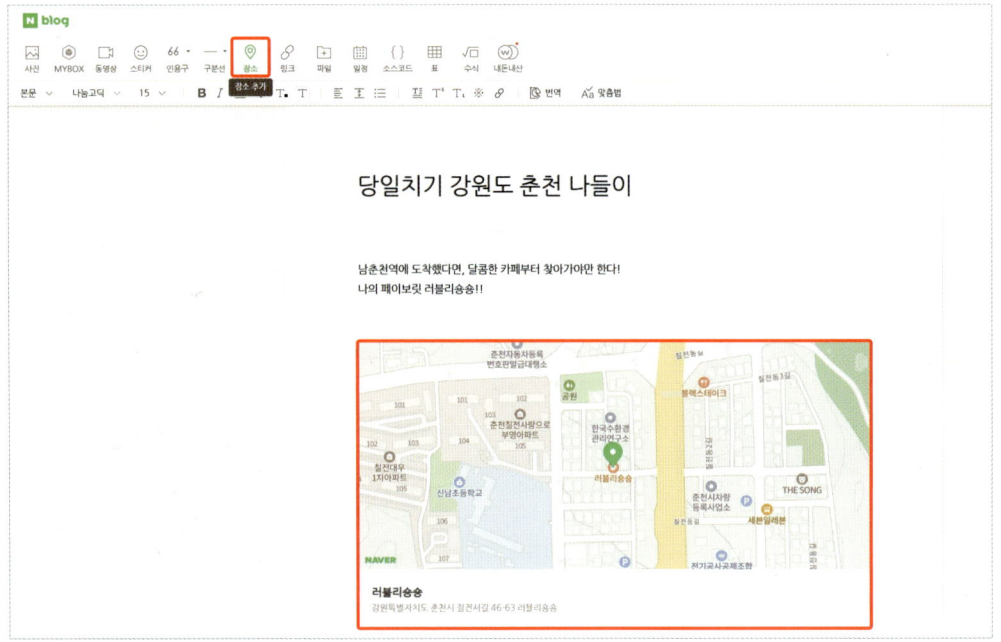

블로거들의 다채로운 방문 후기는 잠재 고객들에게 매장에 대한 긍정적인 정보를 전달하는 중요한 역할을 합니다. 직접 블로그를 운영하면서 매장 정보나 제품 소개 등의 콘텐츠를 꾸준히 올리고 [장소] 정보를 입력하는 것만으로도 블로그 리뷰에 포함될 수 있습니다.

다만 주의할 점이 있습니다. 검색 노출 기준(적합성)이 적용되어 일부 포스팅은 노출되지 않을 수 있으며, 과도한 홍보성 글이나 동일 내용의 반복 등록은 절대로 하면 안 됩니다. 또한 특정 게시글의 노출 순위 조정이나 노출 여부를 임의로 설정할 수 없습니다. 리뷰 작성 후 업체 상세페이지의 리뷰 영역에 반영되기까지는 약 일주일 정도의 시간이 소요되므로, 꾸준한 콘텐츠 업데이트가 필요합니다.

리뷰수가 현저히 적을 경우 노출에 불리할 수 있으므로, 고객들이 긍정적인 리뷰를 꾸준히 작성할 수 있도록 독려하는 것이 중요합니다. 스마트플레이스를 통한 상위 노출로 스마트스토어의 유입이 증가하게 되면, 이는 자연스럽게 온라인 매출 향상으로 이어질 수 있습니다.

▲ 리뷰수가 낮은 업체가 더 많은 업체보다 상위 노출되는 예시

TIP 리뷰 클렌징 시스템은 10여 종의 자동 탐지 모듈로 리뷰를 분석하여 신뢰도를 판단하고 있습니다. 따라서 고객이 작성한 모든 리뷰가 스마트플레이스 업체 페이지에 노출되는 것이 아니며, 비정상적인 행위로 리뷰를 작성하는 사용자는 어뷰징 정도에 따라 리뷰가 노출되지 않거나 서비스 이용이 제한됩니다.

메모

CHAPTER
02

네이버쇼핑의
모든 것을 파헤쳐라

이차선 도로보다 팔차선 도로에서 더 많은 자동차가 오가듯이, 우리 스토어로 연결되는 유입 경로가 많을수록 더 많은 방문자를 확보할 수 있습니다. 물론 각각의 경로마다 효율성의 차이는 있겠지만, 스토어 개설 이후에는 다양한 유료 광고들도 적극적으로 검토해볼 필요가 있습니다. 여기서 중요한 것은 단순히 비용이 많이 드는 광고를 선택하는 것이 아니라, 우리 제품에 실제로 관심이 있는 잠재 고객들과 만날 수 있는 효과적인 방법을 찾는 것입니다.

CHAPTER 02   SECTION 01

키워드 검색 결과와 알고리즘의 이해

로직을 이해하고 보완할 수 있는 방법

네이버쇼핑 키워드 검색 결과 이해하기

우선 네이버에서 키워드 검색 결과를 살펴보겠습니다. 쇼핑에 관련된 키워드를 검색하면, 검색 결과 페이지에서는 광고, 네이버 가격비교, 네이버플러스 스토어 순으로 노출됩니다.

① **광고(파워링크)** | 무조건 비용이 발생하는 영역으로, 원하는 키워드를 입찰하여 사이트 정보를 노출할 수 있습니다. 다양한 키워드 입찰이 가능하며, 키워드 검색 결과마다 맞춤 정보 노출 설정이 가능합니다. 이는 클릭당 과금되는 방식으로 운영됩니다.

② **네이버 가격비교** | 이 영역에는 네이버쇼핑에 입점된 오픈마켓, 쇼핑몰, 스마트스토어의 상품들이 '네이버쇼핑 랭킹순'으로 노출됩니다. 핵심 키워드의 경우 검색량과 상품수가 많아 자연스러운 상위 노출이 쉽지 않습니다. 따라서 구매 니즈가 높은 세부 키워드를 발굴하여 직관적인 노출을 목표로 하는 것이 효과적입니다. 이 영역에서도 쇼핑 검색 광고를 통해 추가 노출이 가능합니다.

③ **네이버플러스 스토어** | 스마트스토어 상품만이 노출되는 공간입니다. 네이버 가격비교와 동일 상품이 중복 노출되지 않도록 관리되며, '추천순'으로 상품이 노출됩니다. 추천순 상품 리스트의 상위에도 일부 '쇼핑 검색 광고' 상품이 노출되어 있습니다.

자동차 키홀더

파워링크 — ① 광고 (파워링크)

자동차키홀더' 관련 광고입니다. 등록 안내

smartstore.naver.com/carved_by_anod 광고 Npay+
내 차 맞춤 자동차 키링·전차종 맞춤제작
내 차가 그대로 작아졌다 & 번호판까지 내 차와 똑같다? 오직 아노드공방에서
할인 찜할인+ 2개이상 무료배송

G마켓 · gmarket.co.kr 광고 N로그인
자동차키홀더 G마켓 · 신세계적 혜택을 한번에!
자동차키홀더 전회원 10% 쿠폰 지급! 스마일배송 첫구매 시 15% 할인까지!
G마켓베스트 · 슈퍼딜특가 · 이달의 쿠폰 · 유니버스클럽

네이버 가격비교 — ② 네이버 가격비교

다른 사이트를 보시려면 클릭하세요

전체 | 스타벅스 | 루이비통 | 구찌 | 질스튜어트 | 몽블랑 | 디즈니 | 프라다
빠른배송 ○ N도착보장 ○   내 배송지 기준

1+1이벤트 차 키케이스 자동차 스마...	(무료각인)제네시스 F타입 G80GV80 G...	자동차 스마트 차 키케이스 TPU 가죽...	카렌디 자동차 스마트 차 키케이스 키...
23,900원 🚚3,000원	23,900원 🚚3,000원	18,900원 🚚3,000원	쿠폰 할인가 33,000 **32,000원** 🚚3,000원
오늘출발 오늘(일요일) 배송 휴무 트니르 광고① Npay+ 멤버십은 최대 1,195원 적립 ★4.89 9,999+ 찜 6,795	오늘출발 오늘(일요일) 배송 휴무 트니르 광고① Npay+ 멤버십은 최대 1,345원 적립 ★4.83 1,833 찜 1,143	페로바니 공식 Npay+ ★4.93 (6,784)	카렌디 공식 Npay+ ★4.86 (9,999+)

네이버플러스 스토어 — ③ 네이버플러스 스토어

네이버플러스 멤버십 슈퍼적립으로 최대 10% 추가적립

1+1이벤트 차 키케이스 자동차 스마트 커...	노블크루 차 키케이스 자동차 스마트 키홀...
~~39,900원~~ 40% **23,900원** 🚚3,000원 트니르 광고① ★4.89(9,999+)	나의 할인가 ~~37,000원~~ 2% **36,000원** 🚚3,000원 더레이즈 공식몰 공식 ★4.84(283)

차 키케이스 스마트 자동차 홀더 커버 tpu...	바이어웨이 침착한호랑이 차 스마트 키케...
~~14,900원~~ 33% **9,900원** 🚚3,000원 블루지브라 ★4.84(9,999+)	나의 할인가 ~~30,000원~~ 35% **19,300원** 🚚3,000원 BUYERWAY ★4.87(3,300)

네이버플러스 스토어 로직 '추천순' 이해하기

비용을 들이지 않고도 등록한 상품 정보만으로 노출을 보완할 수 있다면, 이를 반드시 파악하고 설정해두는 것이 중요합니다.

네이버플러스 스토어의 검색 결과 '추천순'은 적합도, 상품 인기도, 판매자 신뢰도, 개인 선호도를 종합적으로 평가한 점수입니다. **PART 01**에서 설명했던 네이버쇼핑 랭킹순의 적합도, 인기도는 매우 유사한 개념입니다. 매우 낯익은 듯하면서도 조금 달라진 부분들을 살펴보겠습니다.

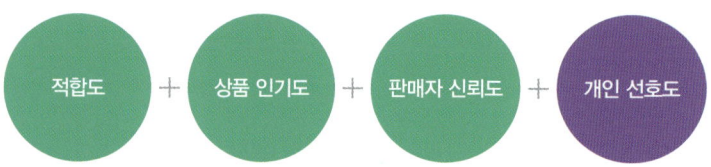

● 판매자 신뢰도

판매자 신뢰도에서 '판매자의 안정적인 서비스 제공 여부'는 배송과 CS를 뜻합니다. 배송 지연이 있거나 고객 응대 점수가 낮을 경우, 신뢰도가 낮아집니다. 주문 확인 후 빠르고 신속한 배송과 하루를 넘기지 않는 고객 응대가 중요해집니다. 어뷰징이란 상품 중복 등록, 허위 리뷰 작성, 가짜 판매 등으로 네이버로부터 패널티를 받을 만한 행위들을 말합니다. 불법은 피하고 정당한 마케팅 활동으로 상품 판매를 이어가길 바랍니다. 판매자 혜택 제공으로는 상품 금액 할인, 할인 쿠폰 제공, 포인트 지급 등이 있습니다. 스마트스토어센터 [상품등록] 메뉴와 [혜택/마케팅] 메뉴를 이용한 적절한 설정이 필요합니다.

● 개인 선호도

사용자의 유저 특성과 사용 이력 등을 분석한 상품 선호 경향 등을 포함하고 있습니다. '겨울 모자' 검색 결과를 살펴보면, 우측보다 좌측이 검색하는 사용자의 성별에 맞는 상품들을 더 상위에 노출하고 있습니다. 추후에는 좀 더 구체적이고 디테일한 개인 선호도가 반영될 것으로 예상됩니다. 실제로 로그인을 한 상태에서 다양한 키워드 검색 시, 사용자의 특성과 쇼핑 이력 및 관심 상품에 대한 선호도를 반영해서 클릭했던 상품, 구매했던 상품, 방문했던 스토어, 알림받기 동의했던 스토어들의 상품들이 맞춤 상품으로 노출되기도 합니다.

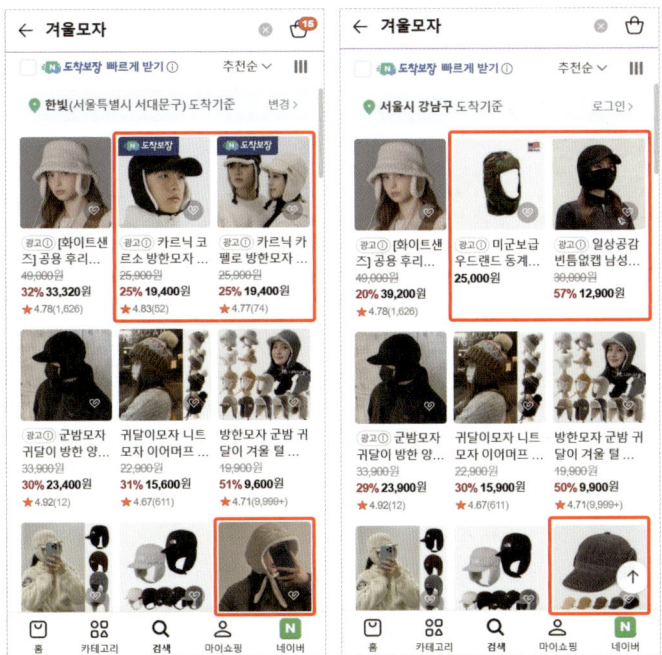

▲ 40대 여성이 '겨울모자'를 검색한 결과 ▲ 로그인하지 않은 상태(사용자 정보 없음)로 검색한 결과

이 영역을 잘 이해하고 활용하기 위해서는 한 번 방문한 고객들이 내 스토어에서 알림받기 쿠폰을 꼭 다운로드받도록 마케팅하는 것도 필요합니다. 또한 체험단이나 공동 구매 등을 통한 구매와 리뷰 이벤트를 진행할 때도 내가 타깃으로 하는 연령대와 성별의 사용자들을 대상으로 꾸준히 진행해야 그 이후에도 해당 타깃에게 더 직접적으로 노출되기가 유리합니다.

고객의 검색 결과에서 내 사이트를 노출하기 위해 고객이 검색할 만한 키워드들을 광고로 입찰하여, 고객이 검색하는 상품 키워드를 구매해서 해당 검색 결과에서 내 사이트를 노출할 수도 있습니다. 키워드는 많고 다양하게 구매할 수 있습니다.

알고리즘을 뛰어넘어 상품을 노출하기

유료 광고 영역 이해하기

네이버 검색 결과에서 비용을 들여서라도 내 상품을 보다 앞에 노출 시킬 수 있는 방법은 바로 광고 비용을 쓰는 것입니다. 이러한 방법들을 알아보겠습니다.

① **광고(파워링크)** | 파워링크 광고는 고객이 검색할 만한 키워드를 구매하여 내 사이트를 검색 결과에 노출시키는 방식입니다. 광고 비용은 클릭당 과금될 희망 금액으로 입찰하는 형식으로, 더 높은 클릭당 과금액을 제시한 사이트가 상위 노출됩니다. 수시로 키워드 광고 진행 여부를 ON/OFF 할 수 있고, 광고 비용도 조절할 수 있습니다. 다양한 키워드를 구매할 수 있고, 키워드마다 광고비를 달리 설정할 수 있습니다.

검색량이 많은 키워드일수록 경쟁률이 높아 광고비가 비쌉니다. 그러나 검색량이 많다고 해서 매출로 직결되지는 않기 때문에, 내 상품의 구매 의지와 연관되는 세부적인 키워드들을 잘 관리하는 것이 좋습니다. 내 상품에 맞게 용량, 색상, 사이즈, 시즌 등의 키워드를 조합하여 다채로운 세부 키워드들로 구성할 수도 있습니다. 내 스토어에 판매하는 상품과 직접적인 키워드들을 잘 관리하는 것이 광고비를 효율적으로 이용하는 방법입니다. 몇 개의 키워드를 광고하는가, 얼마의 광고비를 사용하느냐보다 더 중요한 것은 내 스토어의 상품을 고객이 쉽게 찾을 수 있도록 직관적인 키워드들을 설정하는 것이 좋습니다.

② **네이버 가격비교** | '네이버 랭킹순'으로 노출되는 상품들의 랭킹 점수를 뛰어넘어서 내 상품을 노출할 수 있는 방법은 '쇼핑 검색 광고'입니다. 쇼핑 검색 광고는 키워드를 구매하는 것이 아니라, 네이버쇼핑에 노출 중인 내 상품들 중에서 '광고' 영역에 노출할 상품을 선정하는 것입니다. 광고 상품으로 선정된 상품은, 상품명으로 검색 결과에 노출 가능한 모든 검색 결과 페이지에서 광고 영역에 추가로 노출됩니다. 특정 키워드 광고가 아닌 상품 광고이기 때문에, 검색 결과에서 상품 수가 많을 때는 광고 상품 또한 많아서 내 광고 상품이 다른 광고 상품들에 비해 상위에 노출되는 것도 다소 어려울 수 있습니다. 마찬가지로 클릭당 과금으로 광고비가 지불되므로, 더 높은 상위 노출을 위해서는 광고비 조정이 필요할 수 있습니다.

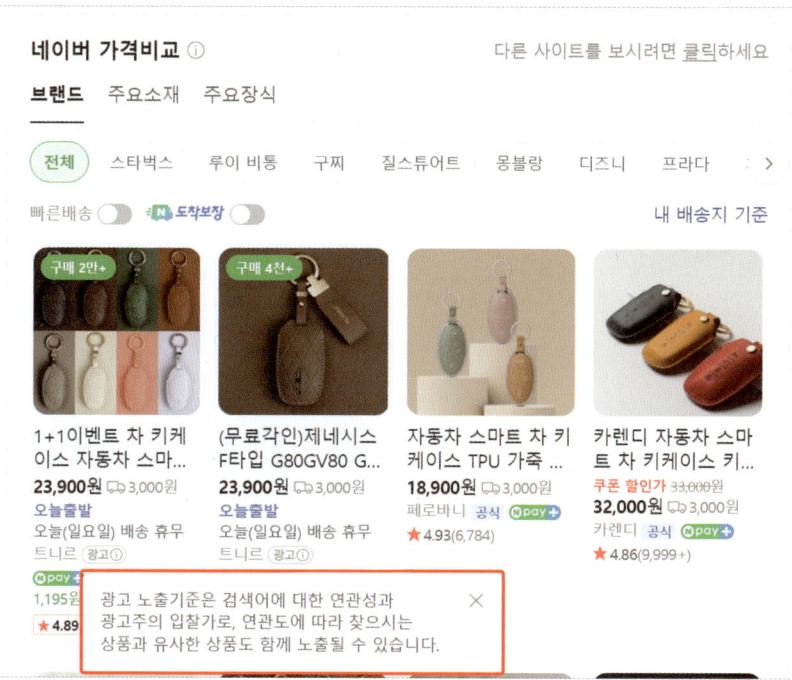

> **스마트스토어 TIP** 유료 광고를 처음 진행한다면 꼭 명심하세요!
>
> - 내 스토어의 매출을 높이기 위해 주력 상품으로 광고를 진행하세요.
> - 내 스토어의 주력 상품을 광고로 등록해서 매출을 높이기 위한 계획을 세워보세요.
> - 검색량 대비 상품 수가 적은, 혹은 광고 경쟁률이 낮은 키워드들의 결과에서 상품의 상위 노출을 노려보세요.

③ **네이버플러스 스토어** | 쇼핑 검색 광고는 네이버플러스 스토어 검색 결과 중에서도 상위 광고 영역에 노출됩니다. 다만 광고의 노출 기준이 네이버 가격비교 영역에서 노출되는 것과 조금 다릅니다. 입찰가와 광고 품질 점수가 중요하며, 광고 품질 점수는 검색어와 상품의 연관도, 인기도, 판매자 신뢰도, 개인 선호도를 종합하여 점수화됩니다.

네이버쇼핑 검색 광고 활용하기

스마트스토어에 등록된 상품은 네이버쇼핑에서 노출됩니다. 오픈마켓, 중·대형몰, 개인 쇼핑몰의 상품들과 함께 네이버 랭킹순으로 검색 결과에 노출되는데, 이 랭킹 점수를 뛰어넘어 내 상품을 노출할 수 있는 방법이 네이버쇼핑 검색 광고입니다.

쇼핑 검색 광고는 네이버쇼핑에 노출되는 상품을 선택하여 해당 상품이 검색될 수 있는 모든 검색 결과의 광고 영역에 추가로 노출됩니다. 특정 키워드가 아닌 상품 단위로 광고하기 때문에, 검색 결과의 상품 수가 많을 때는 광고 상품도 많아져 내 상품이 광고 영역 상위에 노출되기가 어려울 수 있습니다. 내 스토어의 매출을 높이기 위해서는 주력 상품으로 광고를 진행하세요. 검색량 대비 상품 수가 적은 상품을 낮은 입찰가로 광고하여 상위 노출과 유입 증가에 집중하는 전략을 세워보세요.

검색 광고 이해하고 경험하기

01 이 광고들은 스마트스토어센터 상단 [네이버광고]-[검색광고]에서 가능합니다.

02 검색광고 서비스 회원가입이 필요합니다. 네이버 아이디로 가입합니다.

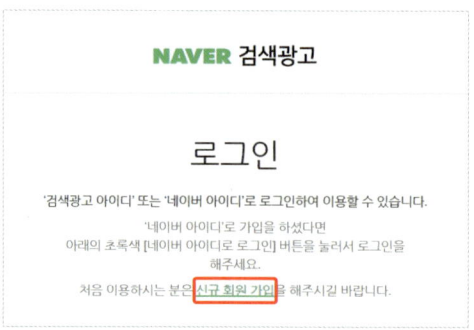

TIP 회원가입을 해도 비용이 발생하지 않습니다. 광고는 비즈머니를 충전하고, 충전된 비즈머니에서 광고비가 차감됩니다.

03 [광고플랫폼]을 클릭하여 광고관리 페이지로 이동합니다.

04 [광고관리] 페이지 좌측 상단에 [광고 만들기]를 클릭합니다.

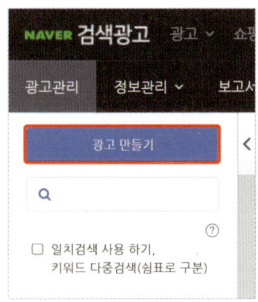

05 앞서 설명했던 광고는 [파워링크 유형], [쇼핑검색 유형]을 선택하여 광고를 시작해볼 수 있습니다.

> **TIP** 모든 광고는 광고 정보를 입력 후, 네이버로부터 승인을 받아 광고가 시작됩니다. 비즈머니 잔액이 부족하면 검토가 진행되지 않으니 비즈머니 충전 전까지는 학습용으로 광고 등록을 연습하고, 충분히 이해한 후에 비즈머니를 충전하고 광고를 집행합니다.

대행사와 직접 광고 진행하기

내가 광고할 키워드 또는 상품을 선택하여 광고 캠페인을 만들고, 광고 그룹을 설정하고 키워드와 소재를 등록한 뒤 비즈머니를 충전하고 광고를 시작합니다. 이후 소진된 광고비에 대해 적절히 사용되었는지, 효과는 어떠한지, 광고비를 높이고 낮추거나 소재를 수정 보완하여 효과를 재탐색하는 과정은 초보 판매자에게 많은 시간이 필요할 수 있습니다. 그러나 처음부터 많은 키워드와 많은 상품으로 광고를 할 필요는 없습니다. 상품의 구매 의지가 있을 만한 세부 키워드들을 광고하거나 주력 상품을 광고하는 방법으로 적은 금액으로 광고를 진행하면서 광고의 기승전결을 파악하는 것은 매우 중요한 과정입니다. 그 과정에서 효율적으로 광고를 운영하고 있다면, 광고비의 5%를 되돌려받을 수도 있고 더 다양한 마케팅을 기획해볼 수 있기 때문입니다. 그러나 시간은 한정적이고 내가 해야할 업무의 분야가 매우 다양하다면, 광고 대행사(네이버 파트너사)를 이용하는 것이 효과적일 수 있습니다. 네이버 광고 파트너사는 내가 충전한 비즈머니를 효율적으로 사용하여 노련한 실력으로 효과적으로 광고를 진행해주고, 그 결과를 구체적으로 보완할 수 있는 경험치가 있으므로 더 높은 성장을 보여줄 수도 있습니다. 파트너사가 너무 많아서 어렵다면, 해당 사이트들을 클릭하여 방문해보고 내 상품군을 보다 더 많이 경험해본 파트너사를 이용하는 것이 효과적입니다.

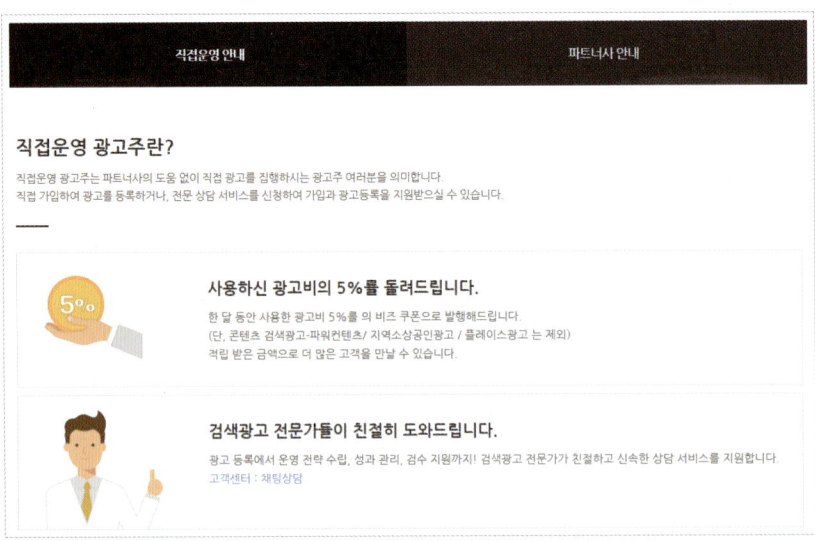

그러나 소액의 광고비를 지출하겠다고 하면, 파트너사에서도 환영하지는 않을 것입니다. 또는 해당 광고들 외에 인플루언서 광고, 체험단 광고, 블로그 광고 등 광고비가 고정적이지 않은 광고들의 필요성을 이야기하며 다채로운 마케팅 방법과 장기 할인 혜택으로 유혹적인 영업을 받을 수도 있습니다.

내 스토어가 성장하면서 광고는 거의 필수적으로 사용되지만, 아직 준비되지 않은 스토어에서 광고는 다소 어불성설입니다. 아직 테이블도 배치되지 않은 가게에서 식사를 할 고객은 없습니다. 내 스토어의 상품 등록과 전시 및 프로모션들이 적절히 설정된 후에 내가 할애할 수 있는 광고비 선에서 직접 진행하거나 파트너사를 이용하는 것이 좋습니다. 무턱대고 장기계약을 진행하는 것은 절대 반대합니다.

스마트스토어 TIP 스스로 직접 광고를 진행해보고 싶다면?

네이버에서 직접 제작한 온라인 수업으로 충분히 학습하면서 실습해볼 수 있습니다. 네이버 비즈니스 스쿨의 [광고] 메뉴에서 다양한 광고 진행을 온라인 수업으로 만나볼 수 있습니다.

스마트스토어에서만 진행할 수 있는 광고

스마트스토어 판매자 전용, N+상품광고

검색 결과에서 노출하는 광고 외에도, 네이버플러스 스토어 메인페이지에서 내 상품을 노출할 수 있는 광고가 있습니다. 바로 N+상품광고입니다. 이 광고는 스마트스토어 판매자만 진행할 수 있으며, 스마트스토어센터 [광고관리]-[N+상품광고] 메뉴에서 직접 등록할 수 있습니다.

> **N+상품광고 장점**
> - 네이버플러스 스토어 메인페이지에서 노출됩니다.
> - 2주에 한 번 광고 입찰이 가능합니다(화요일).

네이버플러스 스토어에서 스마트스토어 판매자만 광고할 수 있는 영역으로, 네이버플러스 스토어(모바일) 메인페이지에 아래와 같이 상품이 노출됩니다.

노출되는 아홉 칸 영역 중에서 광고 한 칸(하나의 슬롯)을 구매하고 상품 이미지와 문구를 등록하여 고객의 클릭을 유도하는 광고입니다. 광고 슬롯은 총 200개 구좌를 판매하고, 판매자별 구매수 제한은 없습니다. 여러 개를 구매하여 다양한 상품을 노출할 수 있습니다.

> **N+상품광고란?**
> - 한 번의 참여로 2주 동안 노출할 수 있습니다.
> - 노출 중에 이미지를 수정하거나 문구를 변경할 수 있습니다.
> - 광고비는 입찰제로, 입찰 시작가는 100만 원부터 입찰 금액 단위는 10만 원입니다.
> - N+상품광고는 네이버쇼핑 충전금으로만 구매 가능합니다.
> - 화요일에 광고 입찰이 시작됩니다.
> - 화요일에는 네이버쇼핑 충전금 최소 10만 원이 필요합니다. 허위 광고 입찰을 막기 위해 광고 입찰 시작가의 10%(입찰증거금)을 입찰 시 결제하기 때문입니다.
> - 광고 최종 낙찰 금액에서 입찰증거금을 제외한 금액을 광고비로 차감합니다.

▲ 출처 : 네이버스마트스토어센터

N+상품광고 노출 시작 2주 전

① **입찰 시작** | 2주 전 화요일 오전 9시~오후 3시에 입찰 가능합니다. 입찰증거금은 네이버쇼핑 충전금으로 충전하는 것이 필수입니다.

② **입찰 종료** | 화요일 오후 3시에 입찰이 마감되고, 화요일 오후 3시 30분에 입찰 결과와 낙찰자를 공지합니다. 이때 입찰가 1등부터 200등까지 입찰가 순위가 결정되고 모든 슬롯의 광고비는 최저가 낙찰제로, 200등이 제시한 광고비로 동일하게 차감합니다.

> **낙찰 예시**
> - 화요일 낮 : A 판매자 광고비 200만 원, B 판매자 광고비 280만 원 제시
> - 화요일 오후 3시 반 : 낙찰자 공개 A 판매자 1등 입찰가, B 판매자 200등 입찰가로 확정 (1~200등 모두 200만 원으로 광고비 차감 예정)

③ **광고비 1차 차감** | 수요일에 광고비가 차감됩니다. 네이버쇼핑 충전금으로 광고비 충전이 필수입니다.

④ **광고비 2차 차감** | 목요일 2차 낙찰자가 공지됩니다. 수요일에 충전금이 제대로 결제되지 않은 슬롯수에 대해 201등부터 순차적으로 추가 낙찰자가 선정되고, 광고비가 차감될 수 있습니다.

N+상품광고 노출 시작 1주 전

⑤ **소재 제작** | 월요일부터 금요일 오후 4시까지 슬롯에 노출될 이미지와 문구, 링크 주소를 소재로 등록해야 합니다. 오후 5시에 검수가 마감됩니다. 부적절한 이미지, 과도한 문구, 잘못된 경로는 승인되지 않습니다.

광고 진행 기간(2주)

⑥ **노출 시작** | 광고가 진행됩니다.

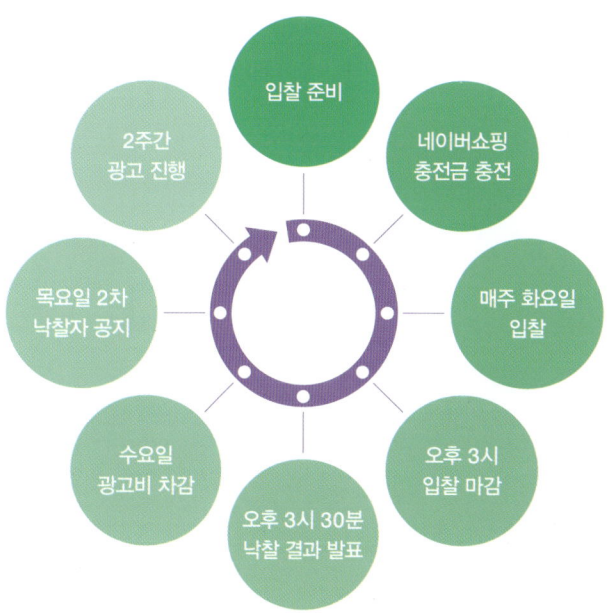

N+상품광고는 직접 진행할 수도 있고, 광고대행사(네이버 광고 파트너사)를 통해 진행할 수도 있습니다. 2주간 진행되는 광고이므로 평균적으로 수백만 원의 광고비로 낙찰되는 사례도 있습니다. 한번에 많은 금액을 광고비로 지불해야 하기 때문에 소상공인에게는 다소 어려울 수 있습니다.

그러나 이 광고를 설명하는 이유는 무엇일까요? 네이버플러스 스토어가 새로 생겼고, 그 페이지에서 유일하게 새로 생긴 광고 영역이기 때문입니다. 2주에 400만 원의 입찰가로 광고한다면, 1주에 100만 원, 1일에 약 14만 원 정도의 광고비가 소진되는 셈입니다. 그래서 광고비에 대한 여유가 있고 일 평균 10만 원 정도의 예산으로 입찰이 가능한 시즌이라면 관심을 가져볼 만합니다.

특히나 예쁜 이미지 중심의 상품으로 클릭이 잘 발생할 수 있거나, 특정 시즌에 집중 공략해서 판매해야 하는 제품이라면 섬네일 이미지와 문구를 열심히 기획해서 높은 효과를 기대할 수 있습니다.

내 스토어의 소식을 직접 전하는 쇼핑 소식 광고

내 스토어 혜택이나 프로모션 소식 등 알리고 싶은 정보를 효과적으로 노출할 수 있는 방법이 바로 쇼핑 소식 광고입니다.

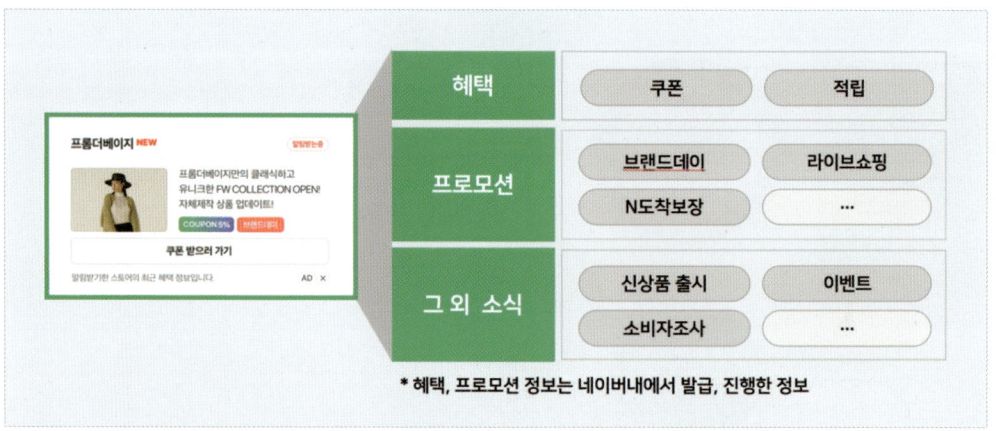

▲ 출처 : 네이버 통합광고주센터(https://ads.naver.com/help/faq/841?t=1740000713109)

쇼핑 소식 광고는 내 스마트스토어에 알림받기한 고객에게만 타깃팅하여 노출할 수 있습니다. 알림받기 고객수가 적을 경우 네이버 성과형 광고의 다양한 타깃팅 설정을 활용할 수 있습니다. 원하는 성별, 연령대, 지역, 관심사 등을 선택해 맞춤형 광고를 진행할 수 있습니다.

쇼핑 소식 광고 진행 전 체크할 사항

① 성과형 디스플레이 광고 플랫폼에 가입하고 광고 계정을 생성합니다.
② 광고 계정에서 스마트스토어의 URL을 비즈채널로 등록합니다.
　비즈채널 등록이 완료되어야만 알림받기 타겟을 설정하고 쇼핑 소식 광고를 집행할 수 있습니다.
③ 캠페인 목적 중 [쇼핑 프로모션]을 선택하여 광고를 생성합니다.
④ 광고그룹 생성 시 [맞춤타겟 〉 알림받기 타겟]을 설정합니다.
　단, [도구]-[타겟관리]에서 [알림받기 타겟]을 미리 생성해야 합니다.

▲ 출처 : 스마트스토어센터-[광고관리]-[쇼핑 소식 광고] 메뉴

쇼핑 소식 광고 활용하기

01 스마트스토어센터 상단 [네이버광고]-[성과형 디스플레이광고] 메뉴를 실행합니다.

02 [통합 광고주센터]에 회원가입한 후, 광고 플랫폼에서 [성과형 디스플레이 광고]를 선택합니다.

03 [비즈채널 등록하기]를 클릭하여 스마트스토어 URL을 비즈채널로 등록합니다.

04 광고 플랫폼 우측 하단의 [캠페인 만들기]를 클릭해 광고 등록을 시작합니다.

05 캠페인 목적을 [쇼핑 프로모션]으로 설정합니다.

06 [캠페인 설정] 단계에서 광고그룹 설정(타겟 설정, 노출 위치 설정, 예산 설정)을 진행합니다. 광고 소재를 등록한 후 광고를 실행합니다.

TIP 쇼핑 소식 광고는 특정 상품 홍보뿐만 아니라 스토어의 이벤트, 혜택, 인기 상품을 효과적으로 노출해 스토어 방문자를 증가시키는 데 유용합니다.

브랜드 스토어 운영하기

팬데믹 이후 소비 트렌드는 오프라인에서 온라인 구매로 급격히 전환되었고, 이러한 소비 경험은 쉽게 바뀌지 않고 있습니다. 빠른 배송의 중요성이 부각되면서 네이버는 [N배송], [내일배송] 같은 서비스를 적극적으로 강화했고, 로켓 상품의 매력도 높아졌습니다.

최근에는 중국을 포함한 해외 사이트에서도 쉽게 상품을 구매할 수 있게 되었습니다. 강력한 마케팅에 힘입어 글로벌 상품 접근성은 높아졌지만, 동시에 사진과 다른 상품, 낮은 퀄리티 등 품질 문제도 대두되었습니다. 흥미로운 점은, 배송이 조금 느리더라도 상품의 품질이 좋다면 충분히 성공적으로 판매할 수 있다는 것입니다. 신뢰도를 바탕으로 제품의 성능과 기능을 잘 어필하고 합리적인 가격을 제시한다면 고객의 마음을 사로잡을 수 있습니다.

이때 가장 중요한 무기는 바로 '브랜딩'입니다. 네이버 검색에서 정보가 노출되지 않거나, SNS 채널이 방치되어 있거나, 업데이트되지 않는 계정으로 보이는 경우 고객은 신뢰감을 얻기 어렵습니다.

신뢰감을 얻기 위해서는 다양한 노력이 필요하며, 대부분 많은 시간과 투자가 요구됩니다. 그중 비교적 빠르게 준비할 수 있는 방법은 내 스마트스토어 이름이나 제품의 브랜드명으로 상표권을 등록하는 것입니다. 상표권을 확보한 스마트스토어는 브랜드 스토어를 운영할 수 있으며, 이는 브랜드 패키지 권한과 직결됩니다.

브랜드 패키지 신청하기

[브랜드 패키지]는 신규 상품의 카탈로그 페이지 정보를 직접 만들 수 있습니다. 공식 판매처를 지정하여 공식 판매처 배너를 노출할 수 있고, 네이버에서 제공하는 카탈로그 페이지 내의 상품 정보를 빠르게 수정할 수 있습니다.

01 [쇼핑파트너센터]에서 브랜드 패키지를 알아보겠습니다. 페이지 하단 [브랜드 패키지 소개]를 클릭합니다.

▲ 브랜드 패키지 접속 링크 : https://center.shopping.naver.com/brand-info

02 상표권 등록증 또는 상표권 계약서를 준비합니다. [브랜드 권한 신청하기]를 클릭하여 관련 서류를 제출합니다.

브랜드 권한을 신청한 이후에 브랜드 스토어 운영이 가능합니다. 네이버는 [브랜드 전용 전시 관리툴]을 제공하여 스마트스토어의 다양한 기능을 활용할 수 있게 하고, 브랜드만의 고유한 개성을 살릴 수 있는 전시 관리를 지원합니다.

다만, 브랜드 스토어 권한은 브랜드 패키지를 보유한 스토어 중 내부 기준에 따라 선별적으로 부여됩니다. 스마트스토어를 운영하면서 브랜드 패키지를 획득한 후에는 더 많은 노출 영역에서 상품을 홍보할 수 있는 기회를 얻게 됩니다.

주의할 점은 무분별한 상표권 등록이 곧바로 브랜드 권한으로 이어지지 않는다는 것입니다. 신중하고 전략적인 접근이 필요합니다. 즉, 오프라인에서 이미 시작한 브랜드 사업자가 아니라면, 상표권 등록보다는 스마트스토어 성장이 먼저입니다.

자주 묻는 질문 브랜드 권한 신청 시 주의해야 할 사항은 무엇인가요?

- 상표권은 필수로 첨부해야 하며, '출원/공고' 상태로 조회되는 상표권은 심사 진행이 불가합니다.
- 특허청(키프리스)에서 상표권 조회 시 법적상태가 '등록'으로 확인되는 상표권을 첨부하여 신청해야 합니다.
- 안정적이고 효율적인 운영을 위해 네이버쇼핑에서의 인기도, 인지도, 판매 실적을 반영한 서비스 참여 기준이 있으며 기준 미달 브랜드는 권한을 신청할 수 없습니다.

메모

N 스마트스토어

스마트스토어 판매자를 위한 성장 전략과 최신 정보

특별 부록

막막함을 넘어
성장 가속화하기

스마트스토어 창업 교육생을 대상으로 오프라인 수업과 컨설팅을 진행하다 보면, 시작 전에는 다양한 계획과 꿈을 품고 있지만 실현 가능성이 낮은 이야기들을 준비하는 경우가 많습니다. 그래서 막상 스토어를 개설하고 운영하다 보면 낮은 숫자(유입수, 조회수, 매출 등)에 기운이 빠지고 사업에 흥미를 잃게 됩니다. 내 스토어를 열심히 운영하고 있지만, 원하는 만큼 성장하지 못할 때 느끼는 막연하고 답답함을 가진 분들이 자주 묻는 질문에 대한 답변을 정리해보았습니다. 모든 분들께 완벽한 해답이 될 수는 없지만, 막막함을 조금이나마 해소하는 데 도움이 되길 바랍니다.

네이버 블로그, 꼭 해야 하나요?

스마트스토어 하나 개설하고 운영하는 것만으로도 벅차고, 블로그를 저렴하게 운영해 준다는 광고 전화를 받을 수도 있습니다. 블로그 콘텐츠 제작사를 경험해봤거나, 직접 하려고 했지만 잘 안 되는 분들도 수두룩합니다.

모든 사업자가 블로그를 운영해야 하는 것은 아닙니다. 그러나 명확한 고객층이 정해져 있거나, 상품에 대한 다양한 정보가 필요하거나, 상품 이해에 많은 학습이 필요한 경우에는 스스로 전문가가 되어 블로그를 운영하는 것을 적극 권장합니다.

네이버 검색 결과에는 네이버쇼핑(네이버 가격비교, 네이버플러스 스토어)만 노출되는 것이 아닙니다. 그리고 고객들은 상품 키워드로만 검색하지 않습니다. 고객들은 상품에 대한 정보를 얻기 위해 다양한 키워드로 검색하고 학습하는 과정을 거칩니다. 따라서 단순한 상품 사용법이나 매뉴얼이 아닌, 고객이 자주 묻는 질문이나 전문가 관점에서 바라본 상품에 대한 다양한 견해를 꾸준히 블로그에 포스팅하기를 적극 권장합니다. 물론 블로그에는 스마트스토어로 연결되는 링크나 위젯을 반드시 설치해두면 좋습니다.

기록에는 힘이 있습니다. 상품 기획 과정, 제작 과정, 운영 히스토리 등을 꾸준히 기록하면 그 내용에서 진정성을 전달할 수 있습니다. 이를 통해 제품을 구매하는 고객을 만나거나 더 좋은 판로로 확장할 기회를 얻는 사례가 많습니다. 기록은 글과 사진으로 함께 전달하는 블로그뿐만 아니라, 이미지나 영상으로 더 정확한 정보 전달이 가능한 인스타그램도 활용할 수 있습니다. 예쁘고 감성적인 이미지의 제품이라면 인스타그램은 필수적이며, 정적인 사진보다는 동적인 영상(릴스, 쇼츠)이 이제는 필수적이라고 할 수 있습니다. 두 가지 모두 반드시 해야 한다기보다는, 내 제품과 소개 방식에 맞는 플랫폼에서 시작해보세요.

광고, 꼭 해야 할까요?

스마트스토어만 개설하고 상품을 등록한 채 아무런 활동을 하지 않으면, 네이버 검색 결과에서 노출되는 경로만으로 고객을 만나게 됩니다. 검색 결과에서 내 상품이 고객에게 잘 노출되지 않는다면, 그 경로는 매우 좁고 희미해져 고객과의 접점이 크게 줄어들게 됩니다.

그래서 키워드를 공부하고, 상품명을 계획하고, 검색 최적화 작업을 하게 됩니다. 여기서 뚜렷하게 타깃층을 좁힌 상품 키워드가 아니라면 노출이 어려워지므로 유료 광고가 필수적일 수 있습니다. 스마트스토어 강사인 필자가 아는 판매자 100명 중 98명은 온라인 광고를 진행할 정도입니다.

초기 창업자나 소상공인은 광고를 어려워하거나 불편해합니다. 적은 금액으로 직접 학습하며 시작해보고 광고의 흐름을 이해한 후에 광고대행사에 맡기는 것도 좋은 방법입니다. 그러나 긴 계약 기간과 상당한 광고 비용으로 무작정 계약을 진행하는 것은 위험합니다. 그러니 원하는 광고를 어떻게 진행해 줄 수 있는지 잘 알아보고 계약하세요.

광고대행사를 통한 광고가 부담스럽다면, 내가 직접 광고하고 싶은 상품을 선택하고 크리에이터와 제휴할 수 있는 새로운 서비스에 관심을 가져보세요. 스마트스토어 판매자가 직접 크리에이터와 제휴하여 광고할 수 있는 '쇼핑커넥트'가 새롭게 시작되었습니다.

이 서비스에서는 광고하고 싶은 상품을 선택하여 직접 쇼핑 커넥트 사용료를 설정할 수 있습니다. 크리에이터는 블로그, 인스타그램, 유튜브 등 자신의 채널에서 상품을 홍보하고, 판매된 만큼만 자동으로 정산됩니다. 따라서 무작정 광고비가 소진되는 것이 아니라 매출에 비례하여 수수료를 지급하게 되어 소상공인에게는 더 안정적인 광고 효과를 기대할 수 있습니다.

또한 무작정 아무나 광고하는 것이 아니라, 원하는 조건의 크리에이터를 찾아 추천받을 수도 있어 마케팅을 시작하는 데 더 효과적인 방향으로 진행할 수 있습니다. 현재 베타 버전으로 운영되고 있으니, 더 많은 수수료가 발생하기 전에 먼저 경험하는 것이 좋습니다.

▲ 출처 : 네이버 브랜드 커넥트

더딘 성장세에 막막함을 느끼고 있다면?

1인 스마트스토어 판매자, 소상공인이 성장해 가는 과정에서 도움이 될 수 있는 다양한 지원 프로그램들이 존재합니다. 소상공인을 위한 정부 지원사업도 많고, 타깃별로 다양한 지원사업이 마련되어 있습니다.

● 어디에서

소상공인진흥재단, 각 지역의 경제진흥원, 테크노파크, 일자리종합센터 등 지자체에서 지원하는 사업들이 많습니다.

● 누구에게

여성, 청년, 중장년, 신규사업자, 폐업소상공인, 재창업자 등 다양한 기준으로 지원 사업을 제공합니다.

● 어떤 지원을

패키지 제작, 웹디자인, 사진 지원, 판로 개척, 마케팅 지원 및 컨설팅, 고용보험료 또는 임대료 지원 등 소상공인을 위한 다양한 지원사업이 있습니다. 단, 대부분 예산에 맞춰 특정 기간에만 신청을 받고 지원해주는 경우가 많으므로, 사업장과 가까운 곳을 찾아본 후 지원받는 것을 추천합니다.

프로젝트 꽃이란?

네이버에서도 '프로젝트 꽃'을 통해 SME(Small and Medium Enterprise, 중소기업)가 브랜드로 성장할 수 있도록 다양한 지원 사업을 진행하고 있습니다. 특히 스마트스토어를 운영하는 판매자들을 대상으로 스마트스토어센터에서 'SME 브랜드 런처' 프로젝트를 기수별로 진행하며 성장을 지원하는 다양한 프로그램을 운영해왔습니다.

네이버에서 '프로젝트 꽃'을 검색하여 매년 새롭게 기획되고 운영되는 사업들에 참여해보세요. 특히 브랜드로 성장하는 데 있어 가장 중요한 핵심은 '내 제품'이므로, 단순 유통보다는 매력적인 기획상품이 포함된 스토어 운영이 절대적으로 필요합니다.

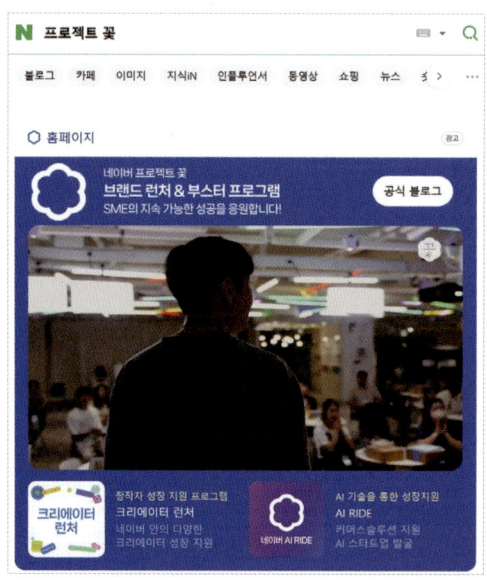

네이버플러스 스토어 앱이 출시되었습니다!

네이버플러스 스토어 앱을 설치한 고객은 직관적인 쇼핑을 바로 경험할 수 있습니다. 현재 네이버플러스 스토어 앱에서는 스마트스토어 상품과 브랜드 스토어 상품만 노출되므로, 내 상품이 더 자주 노출될 수 있는 기회가 생겼습니다.

네이버는 이용자에게 상품을 추천하는 기능을 강화하여, 검색을 통한 노출뿐만 아니라 추천과 탐색 영역을 세밀화하여 다양한 상품이 노출되도록 했습니다. 따라서 이 부분을 잘 활용하기 위해서는 상품의 기본 정보를 더 상세하게 입력할 필요가 있습니다.

2025년 3월 12일에 출시된 이 앱은 사용자 수를 늘리기 위해 앱 설치자에게 할인 쿠폰을 제공하고, 네이버플러스 멤버십 회원에게는 무료배송, 반품비 무료, 추가 적립 등의 혜택을 제공하여 사용자 확보에 주력하고 있습니다. 앱 출시 3주 만에 사용자 338만여 명을 확보했을 정도로 많은 관심을 보이고 있습니다.

이런 변화에 대응하여, 고객이 많이 유입되는 경로에 내 상품이 더 잘 노출될 수 있도록 계획하고 마케팅하는 것이 중요합니다. 앱에서 상품을 검색하면 로그인한 정보 기준으로 맞춤 상품이 노출됩니다. 따라서 내가 판매하는 상품의 타깃과 성별, 연령대가 다르다면 로그아웃한 상태에서 상품을 검색해보고, 로그인 상태와 어떻게 다르게 노출되는지 비교해보는 것이 좋습니다.

2025년 6월부터 판매 수수료가 변경됩니다!

네이버쇼핑 유입수수료 폐지, 판매수수료 도입

네이버쇼핑의 유입수수료는 폐지되며, 판매수수료가 도입됩니다. 네이버쇼핑 노출 연동 시 부과되던 기존 유입수수료 2%(부가세 포함)는 폐지되며, 유입경로와 무관하게 네이버 스마트스토어에서 거래되는 모든 판매에 대하여 판매수수료가 부과됩니다. 스마트스토어 판매자는 2.73%의 수수료가 발생합니다.

판매자 마케팅 수수료는 무엇인가요?

네이버 마케팅 또는 스마트스토어판매자센터에서 '마케팅 링크'를 발급받으세요. 적용한 외부 마케팅을 통해 발생된 주문 건은 판매자 마케팅 수수료가 적용되어 기본 판매수수료보다 낮은 수수료율이 과금됩니다. 즉, 네이버 광고를 통해 유입된 고객의 결제금액에는 0.91%의 수수료가 적용됩니다.

스마트스토어 (판매자 마케팅)	브랜드 스토어 (판매자 마케팅)	스마트스토어	브랜드 스토어
0.91%	1.82%	**2.73%**	3.64%

▲ 판매수수료(VAT 미포함)   출처 : 스마트스토어센터 공지사항

 **스마트스토어 TIP** | 판매자 마케팅 수수료 경로 알아보기

① 네이버 내부 마케팅(네이버 광고 상품, 판매자센터 통한 유입채널[다나와/에누리])을 통해 스토어 홈 또는 상품 페이지에 유입되어 판매된 상품의 경우 자동으로 판매자 마케팅 수수료율 적용

② 외부 마케팅(SNS, 블로그, 카페 등)을 통해 직접 홍보한 경우, 판매자센터에서 정식 '마케팅 링크'를 발급받아 적용 가능

③ 스마트스토어는 0.91%, 브랜드 스토어는 1.82% 판매수수료(VAT 제외) 적용
   (자세한 사용 방법은 2025년 5월 내 별도 공지 예정)

④ 구매 시점 기준 가장 근접한 유입된 이력을 기준으로 할인 여부 결정
   자세한 사항은 스마트스토어센터 공지사항을 확인하세요.

▲ 출처 : 스마트스토어센터(https://sell.smartstore.naver.com/#/center-notice/detail/100017611)